LES PRIMITIFS
DE LA RÉVOLTE
DANS L'EUROPE MODERNE

DU MÊME AUTEUR

Et le monde changea : Marx et le marxisme, Actes Sud, 2012.

Rébellions. La résistance des gens ordinaires, Aden Editions, 2011.

L'empire, la démocratie, le terrorisme. Réflexions sur le XXIe siècle, André Versaille éditeur, 2011.

Marx et l'histoire, Demopolis, 2008.

Aux armes historiens !, La Découverte, 2007.

L'invention de la tradition, Amsterdam, 2006.

Franc-tireur. Autobiographie, Ramsay, 2005.

L'historien engagé, Éditions de l'Aube, 2000.

L'âge des extrêmes. Histoire du court XXe siècle, 1914-1991, Complexe, 1999 ; reéd. André Versaille éditeur, 2008.

Les bandits, La Découverte 1999 ; rééd. Zones, 2008.

Nation et nationalisme depuis 1870, Gallimard 1992 ; rééd. folio, 2001.

L'ère du capital, 1848-1875, Fayard, 1994

L'ère des empires, 1875-1914, Fayard, 1989.

L'ère des révolutions, 1789-1848, Fayard, 1970.

Dans la même collection

L'ère du capital, 1848-1875.

L'ère des empires, 1875-1914.

L'ère des révolutions, 1789-1848.

Marx et l'histoire.

Franc-tireur.

ERIC J. HOBSBAWM

LES PRIMITIFS DE LA RÉVOLTE DANS L'EUROPE MODERNE

Préface inédite de l'auteur

Présentation de Jacques Le Goff

Traduit de l'anglais par Reginald Laars

Pluriel

Ouvrage publié dans la collection Pluriel
sous la responsabilité de Joël Roman

Cet ouvrage est la traduction intégrale du livre de langue anglaise
Primitive Rebels, Eric Hobsbawm, 1959

Couverture : Rémi Pépin
Illustration : akg-images

ISBN : 978-2-8185-0278-5
Dépôt légal : septembre 2012
Librairie Arthème Fayard/Pluriel, 2012

Préface

Pourquoi republier aujourd'hui, en le modifiant à peine, le travail d'un jeune historien paru il y a plus d'un demi-siècle ? Les territoires historiques que j'ai tenté d'explorer, sans systématisme, mais avec enthousiasme, restent passionnants. Le livre est toujours disponible en anglais et dans d'autres langues et, ces dernières années, de nouvelles traductions ont été publiées. J'espère qu'on le lira encore avec plaisir, intérêt et profit, et les lecteurs doivent garder en tête que ce livre était précurseur au moment où il a été écrit. Toutefois, plus de cinquante ans d'évolutions historiques et historiographiques en ont depuis rendu caduque une bonne partie.

Ainsi, lorsque j'ai travaillé sur la Mafia sicilienne, il n'y avait que peu d'informations disponibles sur l'après-guerre, et nous n'avions qu'une connaissance très incomplète de son organisation et de son fonctionnement. Par exemple, on ne savait pas encore si les cérémonies formelles d'initiation étaient d'usage en Sicile, même si les journalistes qui couvraient la Mafia américaine (dont le FBI niait l'existence) pensaient qu'elles l'étaient aux États-Unis. Un coup d'œil rapide sur Google montrerait à quel point nos connaissances se sont transformées. *Les primitifs de la révolte* fut en effet l'un des premiers livres à évoquer la 'N'drangheta calabraise, qui, à l'échelle du pays, est devenue depuis une organisation criminelle peut-être plus redoutable encore que la Mafia ; mais il se fondait principalement sur quelques travaux de communistes calabrais et comptes rendus dans des journaux nationaux. Quant à la Camorra napolitaine, son nom n'était même plus employé au moment où j'ai écrit le livre. L'ancienne Camorra d'avant 1914 semblait avoir disparu et après 1944, les rackets à Naples et en Campanie n'étaient pas associés à ce nom. L'emprise extraordinaire qu'a exercée la Camorra sur l'économie napolitaine est probablement due à la stabilisation de la vie politique italienne dans l'après-guerre sous les démocrates-chrétiens.

De même, il est évident que cinquante années de recherches universitaires nous en ont appris beaucoup sur les mouvements millénaristes comme les Lazzarettistes et les Fasci siciliens et qu'elles ont approfondi notre connaissance de l'anarchisme espagnol au-delà de ce que l'on pouvait découvrir sous l'Espagne de Franco, même si deux travaux classiques, *The Spanish Labyrinth* de Gerald Brenan (éd. française : *Le Labyrinthe espagnol*, Ivrea, 1984) et la remarquable *Historia de la agitaciones campesinas andaluzas*, parue en 1929, avaient déjà éclairé le sujet.

Certains chapitres sont moins datés que d'autre (par exemple, celui sur les sectes ouvrières, VIII) ; c'est néanmoins un texte de son époque, pas une recension de nos connaissances d'aujourd'hui. L'auteur aurait-il dû le mettre à jour ? Comme je m'en suis aperçu quand j'ai commencé à reprendre le texte original d'un chapitre, cela serait impossible sans écrire un nouveau livre, un livre auquel je pensais déjà sur une « politique du peuple » avant la construction de l'État moderne, territorial, administratif, avec ses institutions, ses fondements idéologiques, son nouveau vocabulaire politique et ses modes d'action.

Ce livre porte sur des cas particuliers, dont la relation avec le phénomène plus général de la politique « archaïque » ou, plus exactement, de la politique pré-XVIIIe siècle est laissée en suspens. Cela reflète les limites de mes connaissances à l'époque, et si j'ai délibérément réduit le périmètre du livre à l'Europe, c'est en partie pour encourager les historiens à s'intéresser à des sujets qu'ils avaient spectaculairement négligés, en partie parce qu'à ce moment-là, je n'avais pas eu la possibilité d'explorer ce sujet sur d'autres continents, particulièrement en Amérique latine. Mon ambition n'était pas uniquement de montrer, par exemple, que le banditisme n'est pas seulement un crime mais aussi un phénomène social majeur, mais encore de trouver comment écouter les voix et les pensées de ceux qui habituellement restent muets tout en reconstruisant la cohérence intellectuelle de leur pensée. C'était une histoire fondée sur les chansons, les ballades que l'on vendait sur les marchés populaires, et surtout sur les gens bavards au café, dans des wagons, des bars, avant des corridas (puisqu'après, les hommes ne parlaient pas, ils allaient au bordel). Reste que je n'avais pas encore trouvé comment comprendre une pensée dont le sens ne pouvait émerger d'entretiens occasionnels, mais qu'il fallait lire dans les actions, les gestes et les symboles, comme par exemple l'occupation collective des terres par les paysans, où les procédés des Indiens

Quechua dans les Andes péruviennes rejoignent quasiment ceux des paysans de l'Italie du Sud.

Certains de ces problèmes me sont apparus quand j'ai essayé de mettre à jour le chapitre sur le banditisme comme phénomène social ou « la théorie et la pratique de Robin des Bois » en 1969, 1971, 1981 et 1999, dans des éditions toujours plus volumineuses. En un sens, ils illustrent bien les forces et les faiblesses de l'édition originale des *Primitifs de la révolte*. D'un côté, ce livre a été un laboratoire d'idées. Mon chapitre original a suscité beaucoup d'intérêt et inspiré un champ de recherches florissant et une littérature substantielle sur les bandits des cinq continents. D'un autre côté, il faut dire que ces nouveaux historiens du banditisme ont largement rejeté ma thèse originale, principalement au motif que Robin des Bois n'existe pas comme réalité mais comme un mythe et un espoir pour les hommes et les femmes liés à d'infréquentables bandits et gangsters, et que quoi qu'il en soit, l'idéalisation de la figure du bandit s'appuyait trop largement sur les écrits d'intellectuels romantiques. Beaucoup de ces critiques étaient fondées, bien que cela ne suffise pas à amoindrir vraiment l'importance sociale et intellectuelle d'un mythe connu par tout le monde, constant et répandu dans tout le monde occidental. L'universalité des croyances en Robin des Bois a un sens historique, même s'il existe peu de Robins des Bois dans le monde réel. Je l'ai moi-même entendu dans le Chaco Argentin, autour d'un maté, de la bouche d'un ancien policier rural qui ne doutait pas qu'un des hommes qu'il avait jadis poursuivi était digne d'estime morale, contrairement à ceux qui n'étaient que des scélérats.

Ainsi le problème impliqué par la mise à jour de la thèse sur le banditisme social dépasse la simple prise en compte des critiques ou leur discussion : il s'agit d'un problème beaucoup plus général. Quelles visions du monde et de la société ces pensées et ces voix traduisent-elles ? Si elles étaient toutes des réactions de dominés à une société de classe dirigée principalement par des propriétaires terriens entraînant avec eux d'autres segments sociaux, comment ces sociétés de classe combinaient-elles l'héritage égalitaire et souvent différent des conquérants militaires de la steppe, des déserts et du Nord glacé, qui devinrent des seigneurs féodaux et des maîtres ? Certains se savaient faire partie d'entités plus grandes – des empires qui représentaient un ordre moral cosmique ou du moins le rêve d'une justice lointaine. Mais comment et dans quelle mesure cela pouvait-il affecter les vies de ceux qui, à la différence des seigneurs, n'avaient pas conscience de l'existence des rois et des empereurs ? Dans ces systèmes de pouvoir, les classes subalternes vivaient dans leur propre monde qui mêlait le collectif à la propriété individuelle, qui combinait égalité et hiérarchie, liens de parenté et nouveaux venus à l'intérieur de leurs communautés, mais qui, à l'extérieur, faisaient une distinction claire entre « eux » et « nous ». Que voulait dire exactement « justice » et « injustice » dans un tel monde ?

Aucune de ces questions n'aurait reçu l'ombre d'une réponse par la simple mise à jour des *Primitifs de la révolte*. Dans mon grand âge, j'ai caressé le rêve d'écrire un livre qui pourrait y répondre, mais il se révéla être hors de portée des moyens d'un historien des années 1990.

Il y a toutefois un élément du texte original qui n'est pas sans porter sur ce problème. C'est la distinction entre une vieille société somme toute tolérable et une société radicalement nouvelle et différente, anticipée au Moyen Âge par la distinction entre le « règne de la justice » et le « règne de la liberté » effectuée par le grand Joachim de Flore. Pour les gens de ma génération, c'était aussi la distinction entre « réformisme » et « révolution ». Comme beaucoup d'autres, explicitement ou implicitement, ce livre écrit dans les années 1950 était un livre sur le temps présent. Mon principal souci en l'écrivant était ainsi de prêter attention aux formes de sensibilité et d'action collectives qui avaient clairement une dimension politique, mais qui n'entraient pas dans le cadre classique du discours politique moderne, à tel point que certaines d'entre elles n'était pas répertoriées du tout comme telles, mais relevaient du registre du crime ou du fait divers. L'objet spécifique du livre, ainsi que du colloque organisé par l'anthropologue Max Gluckman au cours duquel ces thèses furent initialement formulées, était de s'interroger sur ce qu'il advient du « politique », implicite dans le banditisme social et les diverses formes de millénarisme, lorsqu'il est immergé dans le monde politique des XIXe et XXe siècles.

Dans les années 1950, ce n'était pas qu'une question académique, mais aussi une question politique. Ces gens n'entraient pas dans le paradigme des mouvements socialistes ouvriers classiques – ils en étaient même tenus à distance, comme en Colombie où le Komintern déplorait que les progrès parmi les travailleurs soient moins rapides que dans les communautés indiennes. De fait, les partis révolutionnaires modernes avaient acquis une audience de masse auprès de populations dont les priorités politiques étaient très éloignées de celles de Lénine, comme dans la société clanique féodale du Monténégro après la Révolution russe. Le Parti communiste italien se développa dans la ville de Naples, pauvre mais superstitieuse, après avoir accepté de garantir que le miracle périodique de la liquéfaction du sang de Saint Janvier pourrait continuer à se produire même sous un maire rouge. En bref, *Les primitifs de la révolte* était, entre autres choses, un plaidoyer pour que le mouvement socialiste ouvrier adopte une approche plus réaliste et compréhensive qu'il était d'usage parmi ses dirigeants.

En même temps, le livre soulignait les limites de l'action sociale et politique des anciens mouvements « pré-politiques ». Sans coordination ni direction nationales, ils étaient perdants. Dans les années 1950, je ne connaissais pas encore l'exemple le plus spectaculaire de ces faiblesses : la révolution des communautés paysannes au Pérou. « Les mouvements paysans, pour reprendre les mots d'Eric R. Wolf, sont des affiliations instables et changeantes d'entités autonomes et antagonistes animées seulement épisodiquement par un rêve millénariste. » Ils ont abattu à deux occasions le système foncier et les propriétaires des Andes : durant la guerre du Pacifique entre le Pérou et le Chili (1879-1883) et dans les années 1960. Dans le premier cas, le vieux système de la propriété foncière se rétablit de soi après quelques années ; dans le second, il fallut l'aide d'un gouvernement de généraux réformateurs pour détruire effectivement le système foncier andin.

Comme ce livre le montre clairement, l'auteur appartient à une génération qui connut son propre rêve millénariste, même si nous – et l'auteur des *Primitifs de la révolte* aussi – étions pleinement conscients de sa ténuité. Après 1945, il sembla un instant que, grâce à l'organisation et au pouvoir, il pourrait être plus que temporaire. Lorsque le livre fut écrit, au lendemain de la dénonciation par Khrouchtchev des crimes de Staline et en pleine désagrégation du mouvement communiste international, la fragilité de notre propre rêve millénariste et sa faillite devinrent évidentes. Étions-nous, nous aussi, destinés à être des perdants et non des vainqueurs ? La mobilisation des espoirs millénaristes archaïques au temps de la crise mondiale pouvait-elle revitaliser notre propre capacité de transformer le monde ? Un des effets non prévus des *Primitifs de la révolte* fut que les militants étudiants du début des années 1960 en Californie non seulement lurent le livre, mais se considérèrent eux-mêmes comme des « Primitifs de la révolte ». Dans cette mesure, ce livre, bien qu'involontairement, servit de pont entre la gauche démoralisée d'après 1956 et l'esprit des mouvements de révolte de 1968.

Présentation

Si le médiéviste que je suis a accepté de présenter au public français le beau livre d'Eric J. Hobsbawm ce n'est pas seulement parce qu'il aime et admire cette gerbe d'essais perspicaces.

C'est d'abord parce qu'il n'est pas dépaysé en compagnie des héros de cet ouvrage. L'auteur évoque lui-même à plusieurs reprises le caractère « médiéval » des situations, des comportements, des mentalités de ses frustes rebelles. Ici Robin des Bois s'appelle Giuliano, là paysans calabrais ou andalous professent la croyance millénariste en la venue d'un âge des purs ou rêvent d'une abolition générale des impôts aux cris de « vive le roi » comme les paysans du XIIIe siècle espéraient de Saint Louis la suppression des tailles ou du pape Célestin V l'excommunication des dîmes. Là encore la populace urbaine a l'aspect du « popolo minuto » du Trecento italien et le rituel des sociétés secrètes ouvrières s'apparente au cérémonial des Cathares ou des Templiers. Dans certains cas d'ailleurs une continuité réelle relie les Lazzarettiani toscans aux disciples médiévaux de Joachim de Flore, les rites d'initiations des francs-maçons s'enracinent dans un compagnonnage ancien.

Mais le lecteur ne doit pas s'attendre à trouver ici le pittoresque de situations et de personnages anachroniques, un simple folklore de la révolte sociale. Le propos d'Eric J. Hobsbawm est autre et meilleur.

Ce qui l'intéresse en effet dans ces phénomènes Primitifs ou archaïques, c'est leur situation paradoxale au centre d'économies et de sociétés évoluées. Ce qui lui importe, ce qui excite sa curiosité et son intérêt d'historien, c'est que ces révoltés aux réflexes primaires agissent au cœur — ou aux flancs — du monde industriel de l'Europe occidentale du XIXe et du XXe siècles. Là gît le problème : pourquoi et comment ces enclaves de rébellion primitive dans un contexte de lutte des classes modernes ?

Le lien en effet entre tous ces mouvements c'est leur caractère primitif, dans leurs motivations, leur organisation, leurs buts. L'échantillonnage offert par Eric J. Hobsbawm couvre presque tout le champ d'une typologie des révoltes archaïques dans l'Europe moderne. Voici, avec une gamme de hors-la-loi des Carpathes à la Sicile, le modèle individuel du bandit qui cristallise sur sa personne les aspirations d'un milieu rural qui voit en lui un justicier social (on pourrait ajouter à ses ancêtres notre Cartouche et notre Mandrin). Avec la Mafia c'est l'exemple d'une organisation parallèle à celle de l'État, fondée sur la connivence et la loi du milieu. Puis trois cas de millénarismes paysans animés par l'aspiration à un changement radical d'une société mauvaise d'où disparaîtrait l'inégalité des classes, des propriétés, des avoirs monétaires et presque des sexes : Lazzarettiani du Monte Amiata de la Toscane méridionale, paysans anarchistes d'Andalousie,

Fasci de Sicile. Puis l'enquête se déplace de la campagne à la ville : c'est la populace des grandes cités, de Vienne à Naples et Palerme ; les sectes ouvrières anglaises imprégnées de religiosité non-conformiste. À travers enfin les sociétés secrètes politiques et les confréries artisanales et ouvrières, se dégage un rituel de pratiques initiatiques et collectives, des Carbonari aux blanquistes.

Cette perception intelligente de ce qu'il y a de commun dans ces mouvements si divers par l'implantation géographique et sociale confère aussi au livre d'Eric J. Hobsbawm sa valeur exemplaire. Par ce sens des similitudes structurales sa sensibilité historique débouche sur des horizons sociologiques et anthropologiques. Il est symptomatique qu'il ait placé son étude de la Mafia avec un M majuscule au milieu d'une analyse de la mafia avec un m minuscule.

Mais Eric J. Hobsbawm est trop historien de race et d'instinct pour s'abandonner aux généralisations intemporelles et abstraites. Le prix singulier de son étude c'est d'être toujours insérée dans une perspective chronologique significative. C'est d'abord la référence globale et essentielle à la phase décisive de l'industrialisation. Si ces Primitifs sont des révoltés c'est par le heurt historique avec un monde moderne qui les traumatise : « la Mafia n'est pas médiévale c'est une institution des XIXe et XXe siècles. Sa période la plus glorieuse se situe après 1890 ». Mais ces rébellions s'inscrivent dans une chronologie plus précise encore où la conjoncture économique, l'évolution des prix, du marché de la main-d'œuvre, des structures d'exploitation ou d'entreprise mènent le jeu et ont valeur causale et explicative. Le brigandage en Calabre et Sardaigne connaît son apogée dans les années 1890 « quand l'économie moderne, la dépression agricole et l'émigration, firent sentir leur effet ». L'action de Lazzaretti se développe à partir de 1868 car dans le sud de la Toscane « la récolte de 1867 avait été mauvaise, il y avait une crise industrielle et surtout l'impôt voté par le parlement sur la meunerie avait fait monter cette année-là les prix des denrées »... À Vienne l'atmosphère politique parmi la populace change « précisément » entre 1830 et 1848. Il ne s'agit pas d'ailleurs d'une causalité simpliste et automatique. Les famines qui reviennent périodiquement, par exemple en Andalousie au cours du XIXe siècle, ne déclenchent pas des éruptions d'anarchisme paysan — la famine paralysait les mouvements sociaux plus qu'elle ne les excitait.

Mais le souci chronologique de l'historien Hobsbawm se manifeste surtout par son intérêt pour le moment où ces révoltes archaïques se transforment en mouvements modernes, où leur primitivisme inadapté et inefficace est emporté dans le jeu de la lutte des classes, où les paysans des Fasci siciliens deviennent communistes, où la populace urbaine se change en prolétariat, où les sectes non-conformistes ouvrières rejoignent les Trade-Unions. Démarche par excellence d'historien qui fait déboucher ces anormalités sociales paralysées par leur primitivisme dans le flux « normal » de l'histoire.

Peut-être y a-t-il ici une limite de cet essai et l'occasion d'un regret. Ces rebelles condamnés par l'histoire, ces attardés en proie à une pathologie sociale collective, l'auteur semble tellement désireux et pressé de les guérir, en les métamorphosant en révolutionnaires conscients et organisés, qu'il n'accorde qu'une attention distraite et attristée à leurs aberrations intrinsèques. Le romantisme qui anime aujourd'hui l'œuvre de beaucoup d'anthropologues et pousse les historiens de la psychologie des profondeurs à sonder — non sans quelque vertige — ce que Marc Bloch appelait « les courants de fond de la conscience collective » — ce romantisme-là, Eric J. Hobsbawm se refuse à y céder. Mais il faut reconnaître que son marxisme intelligent, ouvert, subtil l'a gardé des prestiges troubles d'un certain ethnologisme et lui a permis de faire une œuvre lucide d'historien.

Au surplus, si on le soupçonne ici et là d'être attristé par les égarements de ses héros, il ne leur ménage pas — suprême qualité d'historien — sa sympathie intellectuelle et humaine. Ce livre où les structures et les mécanismes d'un secteur exemplaire de l'histoire sociale sont démontés et démontrés avec brio ne se réduit par pour autant à un jeu d'abstractions. Il est l'histoire des luttes pour la vie et pour la mort d'hommes — aveugles peut-être — mais malheureux et fervents. Comme le titre l'indique c'est plus une histoire de révoltés que de révoltes.

Jacques LE GOFF

I

Introduction

L'ouvrage que voici est composé d'études sur les sujets suivants qui peuvent tous être considérés comme des formes « primitives » ou « archaïques » d'agitation sociale : la rébellion du type Robin des Bois, les sociétés secrètes, divers mouvements révolutionnaires paysans du type millénariste, les populaces urbaines de l'époque pré-industrielle et leurs émeutes, quelques sectes ouvrières religieuses, et les rites des premières organisations révolutionnaires de travailleurs. Chaque fois que cela a été possible, j'ai illustré mes exposés en décrivant des cas concrets qui expliquent l'état d'esprit et les aspirations de ceux qui participaient à ces mouvements. Dans l'ensemble le cadre géographique choisi est l'Europe méridionale et occidentale, et particulièrement l'Italie d'après la Révolution française. Le lecteur curieux peut se contenter de lire ce livre comme une description de certains phénomènes sociaux qui n'ont pas inspiré beaucoup d'écrits, du moins en anglais. Toutefois, il a été écrit dans un souci d'analyse autant que de description, et un spécialiste en ces matières n'y trouvera point de faits nouveaux.

C'est pourquoi il est peut-être souhaitable d'expliquer le but recherché.

L'histoire des mouvements sociaux se traite généralement en deux parties bien distinctes. Nous connaissons un peu les mouvements de l'antiquité et du Moyen Âge ; les révoltes slaves, les hérésies collectives et les sectes, les soulèvements paysans. Dire que nous en possédons une histoire serait inexact car, dans le passé, ils ont été considérés le plus souvent comme une série d'épisodes, ponctuant l'évolution de l'humanité. Les historiens n'ont pas toujours été d'accord sur l'importance qu'il convenait de leur attribuer dans le processus historique, et le débat reste ouvert. En ce qui concerne les temps modernes, ces perturbations ont été considérées, sauf par les anthropologues que leur perspective oriente vers les sociétés précapitalistes, comme des mouvements précurseurs ou des survivances insolites. En revanche, les mouvements sociaux « modernes », c'est-à-dire à partir de la fin du XVIIIe siècle, ceux de l'Europe occidentale qui en perdit rapidement le monopole par la suite, ont généralement été traités selon un plan assez logique et bien établi. Pour des raisons évidentes, les historiens ont concentré leurs efforts sur les mouvements ouvriers et socialistes. On a coutume de considérer qu'après la période « primitive » — sociétés de compagnonnage et luddisme, radicalisme, jacobinisme et socialismes utopiques —, ils évoluent vers une forme plus moderne, dont les variations d'un pays à l'autre n'altèrent pas fondamentalement l'unité. Ainsi les mouvements de travailleurs ont évolué vers le syndicalisme et le collectivisme, vers une forme d'organisation politique préfigurant les partis de masse, vers un certain style d'idéologie socialiste.

Les sujets traités dans ce livre n'appartiennent à aucune de ces catégories. *A priori*, ils paraissent appartenir à la première partie : on ne serait pas surpris de rencontrer Vardarelli et des sociétés comme la mafia en plein Moyen Âge. Mais leur intérêt réside précisément dans le fait qu'ils n'apparaissent pas au Moyen Âge mais aux XIXe et XXe siècles. On les a vu surgir au cours des cent cinquante dernières années en nombre anormalement élevé pour des raisons que nous étudierons plus loin. Il n'est pas possible de les rejeter comme autant de phénomènes marginaux dépourvus de signification, ainsi que l'ont souvent fait les vieux historiens, soit qu'ils fussent victimes du préjugé rationaliste et moderniste, soit, comme j'espère le démontrer, parce que la tendance politique de ces mouvements est souvent indéterminée, confuse ou même superficiellement conservatrice ; soit enfin parce que les historiens étant surtout des érudits et des citadins n'ont pas fait l'effort nécessaire pour comprendre des populations aussi éloignées d'eux. En effet, exception faite des fraternités initiatiques du type carbonari, tous les phénomènes analysés dans ce livre appartiennent au monde des hommes qui n'écrivent et ne lisent que peu de livres — le plus souvent parce qu'ils sont illettrés —, qui parlent peu et sont rarement compris quand ils s'expriment, dont seuls les amis connaissent le nom. Ce sont en outre des populations prépolitiques qui n'ont pas encore trouvé une dialectique pour exprimer leurs aspirations. Si leurs actions, au regard des mouvements modernes, ne sont que des tâtonnements aveugles, ils ne sont pas pour autant dépourvus d'importance. Des hommes et des femmes comme ceux que ce livre décrit forment encore aujourd'hui une majorité importante dans beaucoup de pays, dans la plupart peut-être, et l'éveil de leur conscience politique a fait de notre siècle le plus révolutionnaire de l'histoire. C'est pourquoi l'étude de leurs actions n'est pas seulement attachante ou émouvante pour celui que le destin des hommes ne laisse pas indifférent, mais revêt aussi un intérêt pratique primordial.

Les hommes et les femmes qui font l'objet de ce livre diffèrent des masses industrialisées de l'Occident : ils ne sont pas nés dans un monde capitaliste, comme le métallo de la Clyde ou le mécanicien de Fives, avec quatre générations de syndicalisme derrière eux. Ils y arrivent comme les immigrants plongés dans l'Amérique ou, ce qui est plus catastrophique encore, ce monde leur est venu de l'extérieur insidieusement, par le jeu de forces économiques qu'ils ne comprennent pas et sur lesquelles ils n'ont aucun pouvoir ; ou soudainement par les conquêtes, les révolutions ou les bouleversements législatifs, dont les conséquences leur échappent même lorsqu'ils y ont contribué. Ils ne grandissent pas encore *avec* ou *dans* la société moderne : ils y sont broyés ou, plus rarement, — comme la classe moyenne sicilienne, reconvertie au gangstérisme — ils y font irruption. Leur problème, c'est l'adaptation à la vie de cette société, à ses luttes, et le sujet de ce livre c'est le processus de leur adaptation (ou de leur échec) tel qu'il s'exprime dans leurs mouvements sociaux archaïques.

Cependant des mots comme « primitif » ou « archaïque » ne doivent pas nous égarer. Les mouvements que nous examinons dans ce livre ont derrière eux une évolution historique considérable car ils appartiennent à un monde où existent depuis fort longtemps l'État (soldats et policiers, prisons, collecteurs d'impôts et même fonctionnaires), l'esprit de classe et l'exploitation par les propriétaires fonciers et les grandes cités. Les liens de parenté, la solidarité tribale — complétés ou non par des affinités géographiques — qui constituent la clé des sociétés dites primitives demeurent vivaces. Mais si leur importance reste considérable, ils ont cessé de fournir à l'homme sa première ligne de défense contre les caprices de son milieu social. La distinction entre ces deux phases du mouvement social « primitif », si elle ne peut être définie avec une netteté et une précision absolues, doit pourtant être faite. Les problèmes qu'elle pose ne sont pas examinés dans ce livre mais on peut les illustrer brièvement par des exemples tirés de l'histoire du banditisme social.

Ce qui nous met en présence des deux types extrêmes du « hors-la-loi » : d'un côté nous avons celui qui assouvit la classique « vengeance du sang », comme le bandit corse qui n'était *pas* un rebelle social prenant au riche pour soulager le pauvre, mais un homme qui combattait pour son clan (y compris ses riches) contre un autre clan (y compris ses pauvres) ; à l'autre pôle, nous avons le typique Robin des Bois qui est essentiellement un paysan révolté contre les propriétaires fonciers, les usuriers et autres conjurés de la « conspiration des riches », selon les termes de Thomas Morus. Entre les deux se déroule le fil de l'évolution historique que je n'ai pas l'intention d'examiner ici. Ainsi tous les membres de la communauté tribale, y compris les hors-la-loi se considèrent-ils comme les ennemis de l'exploiteur étranger qui veut leur imposer sa loi. Ils se considèrent tous collectivement comme « le pauvre » vis-à-vis, par exemple, des riches habitants de la plaine contre lesquels ils opèrent leurs « razzias ». Ces deux situations qui portent en elles les germes des mouvements sociaux qui nous intéressent se retrouvent dans l'histoire de la Sardaigne qu'a étudiée le docteur Cagnetta. L'apparition de l'économie moderne (combinée ou non avec l'invasion étrangère) bouleverse l'équilibre social de la communauté tribale en faisant parmi ses membres des riches et des pauvres, ou en la faisant éclater. La pratique du banditisme d'honneur sort éventuellement de ses limites « raisonnables » et finit par produire une multiplicité de bandits féroces et de conflits meurtriers bientôt teintés de l'esprit de classe. Cette phase a également été étudiée en Sardaigne pour la période qui va des années 1880 à la fin de la Première Guerre mondiale. Toutes proportions gardées, on peut ainsi arriver à une société dominée par la lutte des classes, bien que le futur Robin des Bois soit toujours susceptible — comme c'est souvent le cas en Calabre — de prendre le maquis, d'abord pour des raisons personnelles du même ordre que celles qui firent du bandit corse un hors-la-loi. Le résultat final de cette évolution, c'est peut-être le classique rebelle social qui s'est mis hors la loi après avoir eu maille à partir avec l'État ou la classe dirigeante. C'est la forme primitive du révolté paysan. C'est à peu près à ce stade que commence le travail de ce livre. Il nous amènera cependant à regarder en arrière de temps à autre. Des mouvements que nous allons étudier dans ce livre nous laissons de côté, à dessein, ceux de la période préhistorique. Le lecteur devra cependant se souvenir qu'elle existe, surtout s'il a tendance à appliquer les observations et les conclusions de ce livre à des phénomènes sociaux qui portent encore ses marques. Nous devons nous garder des généralisations ou des extrapolations hâtives. Les mouvements millénaristes comme ceux des paysans andalous ont certes des points communs avec les cultes « cargo » de la Mélanésie ; les sectes ouvrières des mineurs de cuivre de Rhodésie du Nord ont des points communs avec celles des mineurs de charbon du Durham. Mais il ne faut pas oublier que les différences aussi peuvent être grandes et que ce livre n'en explorera point le dédale.

La première série de mouvements sociaux que nous allons examiner est à prédominance largement rurale, du moins dans l'Europe occidentale et méridionale des XIXe et XXe siècles, bien que rien ne les limite *a priori* à la paysannerie. (La mafia avait d'ailleurs de très profondes racines chez les mineurs de soufre de Sicile avant qu'ils ne se tournent vers le parti socialiste. Mais il faut se souvenir que les mineurs forment un corps de métier particulièrement archaïque.) Je passe ces mouvements en revue dans l'ordre croissant de leurs ambitions. La rébellion sociale, phénomène universel et virtuellement immuable, n'est guère plus qu'une protestation paysanne endémique contre la misère et l'oppression : un cri de vengeance contre le riche, le rêve chimérique d'une main justicière qui mettrait un frein à l'oppression et redresserait les torts. Ces ambitions sont modestes : non pas un monde nouveau et parfait, mais un monde ancestral au sein duquel l'homme est traité avec équité. La révolte devient épidémique lorsqu'une société paysanne qui ne possède pas d'autre moyen de légitime défense est soumise à des bouleversements et à une tension particulièrement graves. La rébellion sociale n'a pour ainsi dire pas d'organisation ni d'idéologie et elle est totalement réfractaire à toute évolution vers le type des mouvements sociaux modernes. Ses formes les plus évoluées, qui frisent la guérilla, sont rares et inefficaces.

La mafia et autres phénomènes semblables (chap. III) doivent être considérés comme des formes plus complexes de la rébellion sociale, avec laquelle ils peuvent être comparés, en ce sens que leur organisation et leur idéologie sont en principe rudimentaires, et qu'ils sont essentiellement « réformistes » plutôt que révolutionnaires — excepté, je le répète, lorsqu'ils revêtent l'aspect d'une résistance collective à l'emprise de la « société nouvelle ». Comme la rébellion individuelle, ils sont incapables de s'adapter ou d'être absorbés par les mouvements sociaux modernes. En revanche, les mouvements du type « mafia » sont à la fois plus durables et plus puissants car ils sont plus le fait d'un système juridique institutionnalisé en dehors des lois officielles que d'une série de révoltes individuelles. Dans certains cas extrêmes, ils se substituent virtuellement aux institutions officielles.

Ce caractère archaïque et même prépolitique fait que la rébellion et la mafia ne se prêtent pas aisément à la classification politique selon les critères modernes. Diverses couches de la société ont recours à ces mouvements, qui deviennent même parfois — c'est le cas de la mafia — les instruments d'hommes puissants ou qui désirent le devenir. Ils cessent alors d'être des mouvements de protestation sociale.

Les différents mouvements millénaristes que je passe en revue — les lazarettistes en Toscane (chap. IV), les mouvements paysans d'Andalousie et de Sicile (chap. V et VI) — diffèrent de la rébellion et de la mafia en ce qu'ils sont révolutionnaires et non réformistes et sont donc susceptibles de se moderniser ou de s'intégrer à des mouvements sociaux modernes. Le problème intéressant est de savoir comment et jusqu'à quel point cette modernisation se produit. À mon avis, elle ne se produit pas, ou se produit lentement, et de façon incomplète si elle est laissée à l'initiative des paysans. En revanche, elle est couronnée de succès lorsque le mouvement millénariste fait partie d'un système possédant une idéologie et un programme reçus de l'extérieur. Le fait est fort bien illustré par le contraste entre les anarchistes ruraux d'Andalousie et les communistes ou les socialistes ruraux de Sicile ; les uns embrassèrent une théorie qui leur disait que leur forme d'agitation sociale spontanée et archaïque était parfaitement adéquate et propice à leurs buts, les autres se convertirent à une théorie qui transforma leur action.

La seconde série d'études traite essentiellement des mouvements urbains ou industriels. Elle est évidemment moins ambitieuse car la principale tradition de l'agitation urbaine ou ouvrière est délibérément laissée de côté. Il reste encore beaucoup à dire sur la période primitive des mouvements travaillistes et socialistes — par exemple sur la période utopique du socialisme — mais mon propos, plutôt que de revenir sur un sujet qui est déjà suffisamment connu dans ses grandes lignes, est d'attirer l'attention sur des aspects peu étudiés et relativement méconnus. C'est pourquoi j'examine des phénomènes qu'il serait juste cette fois de qualifier de marginaux.

L'étude de la populace (chap. VII) traite de ce qui semble être l'équivalent urbain de la rébellion individuelle, la plus primitive, la plus prépolitique des expressions sociales chez le citadin de condition inférieure, particulièrement dans un certain type de cité pré-industrielle.

La populace est un phénomène particulièrement difficile à analyser clairement. La seule chose dont on puisse être certain est que son action fut toujours dirigée contre le riche, même lorsqu'elle était en même temps dirigée contre quelqu'un d'autre, par exemple l'étranger, et qu'elle n'obéissait à aucune théorie politique ou idéologique durable, sa seule allégeance étant pour sa ville et ses symboles. On pourrait la dire réformiste dans la mesure où elle ne songea pour ainsi dire jamais à édifier une société nouvelle mais simplement à redresser les torts et les injustices traditionnels de l'ordre ancien. Elle savait pourtant se grouper derrière des chefs qui étaient révolutionnaires sans saisir parfaitement les implications de leur révolutionnarisme. Urbaine et collective, elle était déjà familiarisée avec la notion de prise du pouvoir. C'est pourquoi il n'est pas aisé de dire si elle est ou non susceptible de s'adapter aux situations modernes. Comme elle a tendu à disparaître dans les cités industrielles modernes, la question s'est très souvent résolue d'elle-même car une classe ouvrière industrielle s'exprime de façon fort différente. Mais dans les cités où la populace a subsisté, on s'aperçoit que la question doit être énoncée différemment : à quel moment la populace s'est-elle, lorsqu'elle agissait à des fins politiques, détachée des slogans traditionnels (en Angleterre « l'Église et le Roi ») pour suivre les nouveaux, jacobins, socialistes, etc. ? Et jusqu'à quel point était-elle capable de se fondre efficacement dans les mouvements modernes qui l'attiraient ? Je crois pour ma part qu'elle était et est toujours foncièrement réfractaire à l'adaptation — ce qui est logique.

Les sectes ouvrières (chap. VIII) représentent plus clairement le phénomène de transition entre l'ancien et le moderne : des organisations prolétaires et des aspirations exprimées à travers l'idéologie religieuse traditionnelle. Le phénomène est exceptionnel dans sa forme évoluée et il se limite surtout aux îles britanniques car en Europe occidentale ou méridionale la classe ouvrière industrielle, lorsqu'elle émergea en tant que groupe relativement uni, était déjà déchristianisée, sauf lorsqu'elle était catholique romaine, religion qui se prête beaucoup moins à cette adaptation que le protestantisme. Même en Grande-Bretagne on peut considérer l'existence de ces sectes ouvrières comme des manifestations d'archaïsme industriel. Bien qu'il n'y ait *a priori* pas de raison pour que les mouvements ouvriers religieux ne soient pas révolutionnaires, et ils l'ont quelquefois été, il existe quelques raisons idéologiques et bien des raisons sociologiques pour que des sectes ouvrières aient un penchant prononcé pour le réformisme. La secte ouvrière bien que susceptible de s'adapter aux mouvements ouvriers modérés s'est montrée réfractaire aux mouvements révolutionnaires, même lorsqu'elle a continué à servir de pépinière aux individualités révolutionnaires. Mais cette généralisation est fondée, à tort, sur l'expérience britannique, c'est-à-dire sur l'histoire d'un pays dans lequel les mouvements ouvriers révolutionnaires ont été exceptionnellement faibles durant le siècle dernier.

La dernière étude, le rite dans les mouvements sociaux (chap. IX), résiste à toute classification. Elle a été incluse dans ce livre principalement parce que la « ritualisation » très particulière de tant de mouvements de cette sorte dans la période comprise entre la fin du XVIIIe et le milieu du XIXe siècle est tellement primitive et archaïque qu'il ne me paraissait pas possible de l'exclure. Mais elle appartient essentiellement à l'histoire du grand courant des mouvements sociaux modernes qui va du jacobinisme au socialisme et au communisme modernes et des sociétés de compagnonnage au syndicalisme actuel. L'aspect syndicaliste en est assez simple. Je m'attache simplement à décrire le caractère et la fonction des premiers rites qui se sont peu à peu éteints à mesure que le mouvement évoluait. L'étude des confréries initiatiques révolutionnaires présente plus d'anomalies car si les autres manifestations décrites dans ce livre sont celles des travailleurs pauvres, celle-ci, du moins au stade initial, est essentiellement l'apanage des classes moyenne et supérieure. Elle a sa place dans ce livre parce que les formes modernes de l'organisation révolutionnaire chez les pauvres en descendent directement — du moins en partie.

Ces observations n'ont pas la prétention d'épuiser le problème que pose la question de savoir comment les mouvements sociaux Primitifs s'adaptent aux conditions modernes et encore moins le problème plus vaste encore dont celui-ci n'est qu'un aspect. Comme je l'ai déjà dit, certains types de protestation sociale primitive n'ont pas été traités ici. Je n'ai pas essayé d'analyser les mouvements semblables qui ont existé et existent encore dans l'énorme portion du monde qui se trouve en dehors du territoire relativement exigu qui sert de cadre à ce livre : or le monde non-européen a connu des mouvements sociaux Primitifs beaucoup plus importants en nombre et en diversité que l'Europe sud-occidentale. Même dans le territoire limité qui nous occupe, certains types de mouvements n'ont été qu'effleurés. Ainsi, par exemple, je ne me suis que fort peu intéressé à la préhistoire des mouvements qu'on pourrait qualifier du terme bien vague de « nationaux », du moins dans la mesure où ce sont des mouvements de masse, bien que certains éléments des phénomènes sur lesquels je me suis au contraire étendu y soient présents. Ainsi, à un certain stade de son évolution, la mafia peut être considérée comme le très jeune embryon d'un mouvement national postérieur. Dans l'ensemble, je me suis limité à la préhistoire des mouvements ouvriers et paysans modernes. Tous les sujets discutés dans ce livre se manifestent dans une période postérieure à la Révolution française et traitent, au fond, de l'adaptation des agitations populaires à l'économie capitaliste moderne. La tentation de noter des analogies avec une histoire plus ancienne de l'Europe ou avec d'autres types de mouvement a été forte, mais je me suis efforcé d'y résister afin d'éviter les digressions.

Ces limitations sont regrettables. La sociologie a grand besoin d'une étude analytique et comparative complète des mouvements sociaux archaïques, mais je ne pense pas pouvoir l'entreprendre ici. L'état de nos connaissances ne la rend pas encore possible, car ce que nous savons des mouvements que décrit ce livre reste fragmentaire, même pour les mieux connus. Quant aux souvenirs, ou aux observations qu'on peut encore recueillir sur les mouvements archaïques de cette espèce, ils se réduisent trop souvent à ce qu'un petit coin de voile levé accidentellement révèle devant les tribunaux lors d'un procès, ou à ce que découvre un journaliste en mal de sensationnel. La carte que l'on pourrait en dresser serait aussi imprécise que celle du monde avant l'existence de la cartographie proprement dite. Parfois, c'est le cas pour la rébellion individuelle, les phénomènes sont tellement stéréotypés que ces lacunes ne présentent pas un caractère de gravité trop prononcé dans une étude superficielle. Mais dans d'autres circonstances, le travail, simple en apparence, qui consiste à dégager un exposé cohérent, rationnel et ordonné d'une masse de faits contradictoires, plus ou moins douteux, devient une gageure. Les chapitres sur la mafia et les rites, par exemple, sont tout juste cohérents. Il est beaucoup plus malaisé de vérifier si les interprétations et les explications fournies sont exactes que dans le cas de la rébellion individuelle. La recherche sur les mafias n'offre guère qu'un seul phénomène raisonnablement sûr comme base de jugement. Même en ce qui concerne la Sicile la matière est extrêmement pauvre, exception faite d'une période bien déterminée de l'évolution de la mafia, et encore, dans ce dernier cas, la principale source est-elle la rumeur publique. De surcroît, la documentation que l'on peut découvrir est souvent contradictoire, même lorsqu'elle offre toutes les apparences du bon sens et de la modération. L'historien qui tirerait des conclusions catégoriques dans de telles conditions serait un sot.

Ce livre est donc provisoire et incomplet. Il est vulnérable aux critiques de ceux sur le territoire desquels il vient braconner, non seulement à cause du braconnage mais parfois à cause d'un braconnage maladroit. Ces lignes, écrites bien avant les enquêtes publiques actuelles, en cours en Italie, sont heureusement déjà dépassées. Il est vulnérable aussi aux yeux de ceux qui préfèrent une monographie exhaustive à une série d'esquisses superficielles. Il n'y a qu'une seule réponse à de telles objections : il est grand temps que des mouvements comme ceux que ce livre examine soient sérieusement considérés, non pas seulement comme une série de curiosités disparates, de parenthèses dans l'histoire, mais comme un phénomène essentiel d'un poids considérable dans l'histoire moderne. Ce qu'Antonio Gramsci a dit des paysans de l'Italie du

Sud dans les années 1920 s'applique à de nombreux autres groupes et autres lieux du monde moderne : ils sont « en perpétuelle effervescence mais, en tant que masse, incapables de trouver une expression centrale à leurs aspirations et à leurs besoins ». Ce ferment, ces efforts incohérents pour trouver une expression efficace, ces aspirations forment le sujet de ce livre. C'est à ma connaissance la première fois qu'une tentative est faite pour considérer ensemble plusieurs de ces mouvements comme une sorte de préhistoire de l'agitation sociale. Cette tentative est peut-être prématurée. Mais il faut pourtant que quelqu'un commence, même au risque de prendre un mauvais départ.

Je crois le moment venu de clarifier certains termes fréquemment employés dans cet ouvrage. Il paraîtrait pédant de ma part de vouloir définir tous ceux qui se prêtent à une fausse interprétation. L'utilisation que je fais de termes tels que « féodal » peut prêter le flanc aux critiques des médiévistes, mais comme l'intelligibilité du texte ne souffre pas de la substitution d'un autre terme ou de son omission, il ne me paraît pas nécessaire de l'expliquer ou de le défendre. En revanche cette intelligibilité repose en partie sur la distinction d'une nuance entre les mouvements sociaux « révolutionnaires » et « réformistes ». Il est donc souhaitable de parler de ces deux termes.

Le principe est clair. Les réformistes acceptent le cadre général d'une institution ou d'un *statu quo* donnés, mais l'estiment susceptible d'être amélioré ou, lorsque des abus se sont fait sentir, réformé ; les révolutionnaires affirment qu'il doit subir des transformations fondamentales ou être remplacé. Les réformistes s'efforcent d'améliorer la monarchie ou la république, de réformer le parlement ou l'assemblée ; les révolutionnaires pensent que ces institutions sont inutilisables, qu'on ne peut rien en faire et qu'il faut les supprimer. Les réformistes veulent créer une société dans laquelle la police cessera d'être arbitraire et où les juges ne seront plus à la merci des seigneurs et des marchands ; les révolutionnaires, s'ils reconnaissent le bien-fondé de ces aspirations, désirent une société sans police et sans juges au sens actuel de ces termes ; à plus forte raison la souhaitent-ils sans seigneurs et sans marchands. Pour des raisons pratiques, les termes « réformiste » et « révolutionnaire » sont employés pour décrire des mouvements qui apprécient globalement le système politique plutôt que telle ou telle de ses institutions. La distinction n'est pas nouvelle. Elle fut exprimée par Joachim de Flore (1145-1022), le millénariste que Norman Cohn a justement qualifié d'inventeur de la dialectique prophétique la plus puissante que l'Europe ait connue avant l'apparition du marxisme. Il faisait une distinction entre le régime de la *justice* en *droit*, qui essentiellement signifie le règlement équitable des rapports sociaux dans une société imparfaite, et le règne de la *liberté* qui est la société parfaite. Il importe de ne pas perdre de vue qu'il existe une différence entre ces deux notions bien que l'une puisse servir de stade préliminaire à l'autre.

L'intérêt de cette distinction, c'est que les mouvements réformistes et révolutionnaires eurent tendance tout naturellement à se comporter de façon différente, à créer une organisation, une stratégie et une tactique différentes. Il est donc nécessaire, lorsqu'on étudie un mouvement social, de savoir à laquelle de ces deux catégories il appartient.

Ce qui n'est pas facile, excepté dans les cas extrêmes et pour des périodes limitées ; mais ce n'est pas une raison pour méconnaître cette distinction. Personne ne peut nier les aspirations révolutionnaires des mouvements millénaristes qui rejettent le monde existant au point de se refuser à semer, à récolter ou même à procréer tant qu'il n'aura pas été aboli, ou le caractère réformiste de la Commission parlementaire du Congrès des Trade-Unions britanniques vers la fin du XIXe siècle. Mais, en général, la situation est plus complexe même lorsqu'elle n'est pas obscurcie par la réticence (universelle en politique) des hommes à accepter des descriptions dont les implications leur déplaisent ; par exemple le refus des radicaux-socialistes français de renoncer aux avantages électoraux d'une étiquette qui dissimule le fait qu'ils ne sont ni radicaux ni socialistes.

En pratique, tout homme et tout mouvement social subissent l'influence à la fois du réformisme et du révolutionnarisme à des degrés et à des époques diverses. Sauf à de rares moments, avant ou pendant les crises profondes et les révolutions, les révolutionnaires les plus extrémistes doivent aussi avoir une politique à l'égard du monde dans lequel ils doivent vivre en attendant leur ordre nouveau. S'ils veulent le rendre plus supportable ou le préparer à la révolution, ils doivent également être réformistes à moins d'abandonner complètement la société en construisant une sorte de Sion communiste dans le désert ou dans la steppe, ou — comme maints ordres religieux — reporter leurs espoirs vers l'au-delà, s'efforçant seulement de traverser stoïquement cette vie de souffrance jusqu'à la mort libératrice. (Dans ce cas ils cessent d'être des révolutionnaires ou des réformistes et deviennent des conservateurs.) Mais l'espoir en une société parfaite est tellement vivace que son idéal obsède même ceux qui sont résignés à l'impossibilité de changer « le monde » ou « la nature humaine », espérant seulement quelques petites réformes et moins d'abus. Le réformiste le plus convaincu est souvent un révolutionnaire qui sommeille, mais dont le réveil devient plus problématique à mesure que l'âge augmente.

À mesure aussi que s'éloignent les perspectives de triomphe d'une révolution, le révolutionnaire devient un réformiste de fait. Dans l'extase et la griserie de la révolution l'immense courant de l'espoir humain peut même entraîner les réformistes dans le camp des révolutionnaires. Entre ces deux extrêmes on note une très large variété de nuances.

Malgré ces complexités, la distinction reste indéniable puisque de toute évidence il existe des hommes (qu'ils aient raison ou non) qui se disent réformistes ou révolutionnaires, et qui se comportent selon des dogmes réformistes ou révolutionnaires. Elle a toutefois été attaquée indirectement surtout par ceux qui contestent qu'une transformation révolutionnaire de la société soit possible ou puisse être envisagée par des êtres humains raisonnables, et qui ne comprennent pas la nature des mouvements révolutionnaires (cf. la tendance persistante, systématisée à l'origine par les criminologistes positivistes de la fin du XIXe siècle, à les considérer comme des phénomènes psycho-pathologiques). Il serait inopportun de discuter ici ces considérations. Le lecteur de ce livre n'est pas tenu de sympathiser avec les révolutionnaires, encore moins avec les révolutionnaires Primitifs. Il lui est cependant conseillé de reconnaître qu'ils existent et que des révolutions se sont après tout produites qui ont profondément transformé la société, pas toujours de la façon prévue par les révolutionnaires ou aussi profondément qu'ils l'auraient souhaité. Mais il n'est pas nécessaire de croire que l'utopie est réalisable pour reconnaître que la société subit des changements fondamentaux.

II

Le bandit social

Bandits et voleurs de grand chemin ont de tous temps préoccupé la police. Ils devraient aussi intéresser l'historien sociologue, car, en un sens, le banditisme est une forme primitive de protestation sociale organisée ; sans doute la plus primitive que nous connaissions. Du moins est-elle considérée comme telle dans beaucoup de sociétés par le peuple qui, de ce fait, protège le bandit en qui il voit souvent son champion, qu'il idéalise et dont il fait un mythe : Robin des Bois en Angleterre, Janosik en Pologne et en Slovaquie, Diego Corrientes en Andalousie, sont probablement des personnages réels mais transfigurés. En échange, le bandit lui-même s'efforce de se montrer égal à cette image, même lorsqu'il n'a pas conscience d'être un révolté social. Évidemment Robin des Bois, archétype du révolté social, « qui prenait au riche pour donner au pauvre sans jamais tuer sauf en cas de légitime défense ou pour exercer une juste vengeance », n'est pas seul de son espèce. L'homme d'action qui refuse la pauvreté et l'humilité, fardeaux traditionnels du petit peuple dans une société de classes, peut y échapper en se rangeant du côté des oppresseurs ou en se mettant à leur service aussi bien qu'en se révoltant contre eux. On retrouve ces deux types dans n'importe quelle société paysanne. Toutefois l'hommage des ballades et des légendes est réservé à ceux qui, en se révoltant, se sont faits les champions des petites gens. Ainsi l'indicateur, le policier, le soldat mercenaire sont souvent recrutés dans le même milieu que le « bandit social ». En outre, comme l'a montré l'histoire de l'Espagne méridionale entre 1850 et 1875, un bandit peut facilement passer d'une catégorie dans une autre, le voleur ou le contrebandier « noble » peut devenir « bandolero » sous la protection du tyran local, le « cacique ». La rébellion individuelle est en soi un phénomène socialement neutre, et de ce fait reflète bien les divisions et les luttes internes de la société. Ce problème sera considéré plus amplement dans le chapitre sur la mafia.

Il existe cependant un type de banditisme social assez proche de l'idéal et c'est ce que je me propose d'examiner bien que, contrairement à la légende, la documentation historique ne nous livre que peu de bandits correspondant parfaitement à ce type. Certains pourtant — tel Angelo Duca (Angiolillo) — y parviennent. Vouloir décrire le bandit « idéal » n'est pas une utopie car la caractéristique la plus surprenante du banditisme social est son uniformité.

Les sources utilisées dans ce chapitre proviennent exclusivement de l'Europe des XVIIIe et XXe siècles, et principalement d'Italie méridionale[1]. Mais les cas que l'on peut examiner se ressemblent tellement, bien que situés à des époques aussi distinctes que le milieu du XVIIIe siècle et le milieu du XXe siècle, et dans des régions aussi éloignées l'une de l'autre que la Sicile et l'Ukraine carpatique, que l'on peut généraliser en toute sécurité. Cette uniformité se retrouve aussi bien dans les mythes, c'est-à-dire dans le rôle attribué au bandit par la légende, que dans ses actions réelles.

Quelques exemples de ce parallélisme illustrent bien le phénomène. La population aide rarement les autorités à capturer le bandit populaire. Au contraire elle le protège : c'est le cas dans les villages de Sicile des années 1940-1950 comme dans ceux de la Moscovie au XVIIe siècle[2]. Aussi, le plus souvent, sa perte — car lorsqu'il se rend trop insupportable n'importe quel homme qui se fait bandit finit par se faire prendre — est-elle le fait d'une trahison. Oleksa Dovbuch, bandit des Carpathes au XVIIIe siècle, fut trahi par sa maîtresse ; Nicolas Chouhaj, qui brilla dans les années 1918-20, fut trahi par ses amis[3] ; Angelo Duca (Angiolillo), dont la vie s'écoula entre 1760 et 1784 et qui est probablement le plus pur exemple de bandit social connut le même sort : Benedetto Croce a donné une analyse brillante de sa carrière[4]. Même chose pour Savaltore Giuliano, de Montelepre en Sicile, le plus fameux des bandits contemporains dont la carrière a été décrite dernièrement dans un livre passionnant[5]. C'est encore le cas, si l'on tient à remonter aussi loin, de Robin des Bois. Mais la police, pour cacher son impuissance, s'attribue les mérites de la mort ou de la capture du bandit : les policiers tirent sur le cadavre de Nicolas Chouhaj pour pouvoir revendiquer l'honneur de l'avoir tué, comme ils tirèrent, s'il faut en croire Gavin Maxwell, sur le cadavre de Giuliano. L'usage est tellement répandu qu'il a même inspiré un proverbe corse : « Tué après sa mort par la police comme un bandit[6]. » Les paysans, à leur tour, ajoutent l'invulnérabilité aux nombreuses autres qualités légendaires et héroïques du bandit. Angiolillo possédait, disait-on, un anneau magique qui détournait les balles. Chouhaj était invulnérable grâce à une brindille de bois vert avec laquelle il écartait les projectiles ou bien — car il y avait des variantes — parce qu'une sorcière lui avait fait boire un bouillon grâce auquel son corps résistait aux balles ; c'est pourquoi on avait dû le tuer avec une hache. Oleksa Dovbuch, légendaire bandit-héros des Carpathes, n'avait pu être tué qu'avec une balle d'argent qui avait été conservée pendant un an dans un plat de blé de printemps béni par un prêtre le jour des douze Saints, et devant lequel douze messes avaient été dites par douze officiants. Des mythes semblables existent dans le folklore d'autres bandits célèbres[7]. Et de toute évidence ces croyances ne doivent rien les unes aux autres. Elles voient le jour spontanément dans des lieux et à des époques différentes, simplement parce que les sociétés et les situations dans lesquelles le banditisme social se développe sont très similaires.

Il me semble utile d'esquisser le schéma type de la carrière du bandit social. Un homme devient un bandit en se livrant à des actes qui ne sont pas considérés comme criminels au regard des usages locaux, mais qui le sont par les autorités locales et par l'État. Ainsi Angiolillo prit-il le maquis à la suite d'un différend avec les gardes du duc de Martina sur les terres duquel ses bestiaux s'étaient égarés. Le plus connu des bandits contemporains dans la région d'Aspromonte, en Calabre, Vincenzo Romeo, de Bova (qui est, soit dit en passant, le dernier village italien où l'on parle encore le grec ancien) devint un hors-la-loi après avoir enlevé une jeune fille qu'il épousa par la suite. De son côté, Angelo Macri, de Delianova, tua un policier qui avait abattu son frère[8]. La vendetta, ou plutôt la *faida*, et le mariage par enlèvement sont des phénomènes courants dans cette partie de la Calabre[9]. Sur environ cent soixante hors-la-loi en liberté dans la province de Reggio en 1955, la plupart des quarante qui prirent le maquis à la suite d'un meurtre sont localement considérés comme honorables. L'État s'immisce dans des conflits privés « honorables » et un homme devient soudain un criminel à ses yeux. L'État s'intéresse soudain à un paysan parce qu'il a commis une infraction mineure et l'homme prend le maquis parce qu'il ignore ce que lui réserve un système qui ne connaît ni ne comprend les paysans, et que les paysans ne comprennent pas. Mariani Dionigi, bandit de Sardaigne vers 1890, prit le maquis parce qu'il allait être arrêté pour complicité dans un meurtre « juste ». Goddi Moni Giovanni gagna les collines pour la même raison. Campesi, surnommé « Piscimpala », fut l'objet d'une mise en garde de la part de la police en 1896. Arrêté peu après pour infraction à cette mesure, il fut condamné à un an et dix jours de résidence forcée ainsi qu'à une amende de 12,50 lires pour avoir laissé paître ses moutons sur les terres d'un certain Salis Giovanni Antonio. Il préféra disparaître dans la montagne, mais auparavant, tenta de tuer le juge et abattit son créancier[10]. Guiliano est censé avoir tué un policier qui voulait le corriger pour avoir vendu au marché noir deux sacs de blé tandis qu'il fermait les yeux sur les activités d'un autre contrebandier qui avait assez d'argent pour lui graisser la patte. Ce meurtre serait considéré comme « honorable ». Les observations faites pour la Sardaigne sont valables d'une manière plus générale :

> « La carrière d'un bandit commence presque toujours par un incident peu grave en soi mais qui pousse l'homme vers la rébellion : une tracasserie

policière dirigée contre l'individu plus que contre son crime ; un faux témoignage ; une erreur ou une cabale judiciaire ; une condamnation injuste — ou considérée comme telle — à la résidence forcée *(confina)*[11]. »

Il est important pour celui qui est en train de devenir un bandit qu'il puisse être considéré comme « honorable » par la population et non comme un criminel car s'il a péché contre les usages, il ne peut plus jouir de la protection locale qui est sa seule ressource. Il est vrai qu'il suffit presque toujours pour être considéré comme une victime ou un héros, ou les deux, de s'opposer aux oppresseurs et à l'État. Lorsqu'un homme se cache il est donc protégé tout naturellement par les paysans et par la force des usages locaux qui représentent « notre justice » contre « leur justice », « notre » justice contre celle des riches. En Sicile, s'il n'est pas trop turbulent, il peut compter sur l'aide de la mafia ; en Calabre du Sud sur le soutien de l'*Onorata Societa*[12], et partout sur l'opinion publique. Le plus souvent il vivra aux abords de son village ou même à l'intérieur. C'est aussi du village que proviennent ses vivres. Romeo, par exemple, habite avec sa femme et ses enfants à Bova où il a construit une maison. Giuliano habitait lui aussi sa ville, Montelepre. Dans une très large mesure d'ailleurs, le bandit est lié à son village. Giuliano vécut et mourut sur le territoire de Montelepre tout comme ses prédécesseurs ; Valvo, Lo Cicero et Di Pasquale vécurent et moururent à Montemaggiore, à Capraro et à Sciacca[13]. Ce qui peut arriver de pire au hors-la-loi c'est d'être coupé de ses sources de ravitaillement car alors il est vraiment obligé de voler, de voler ses « frères » ; il devient dès lors un criminel que l'on peut dénoncer. La boutade de ce fonctionnaire corse, qui avait l'habitude de laisser dans sa maison de campagne une provision de blé et de vin à l'intention des bandits, illustre bien un aspect de cette situation : « Il vaut mieux les ravitailler de cette façon plutôt que les obliger à voler pour se nourrir[14]. » Le comportement des brigands du Basilicate illustre l'autre face. Dans cette région le brigandage s'arrêtait en hiver, quelques brigands émigraient même pour aller chercher du travail tellement ils éprouvaient de difficultés à « vivre sur le terrain ». Au printemps, l'abondance revenue, le brigandage reprenait[15]. Ces bandits lucaniens comprenaient très bien pourquoi ils ne devaient pas forcer les paysans à les nourrir comme une armée d'occupation. Le gouvernement espagnol mit un terme aux activités des guérillas républicaines dans les montagnes d'Andalousie en sévissant contre les villageois pourvoyeurs, aux sympathies républicaines, obligeant ainsi les hors-la-loi à voler leur ravitaillement, ce qui leur aliéna les bergers, peu préoccupés de politique, qui acceptèrent alors de renseigner les autorités[16].

Quelques observations compléteront notre esquisse de la vie du bandit. Le plus souvent, celui-ci est jeune et célibataire, ne serait-ce que parce qu'il est plus difficile de se révolter contre le pouvoir central lorsqu'on a des responsabilités familiales : les deux tiers des bandits du Basilicate et du Capitanate vers 1860 avaient moins de vingt-cinq ans[17]. Le hors-la-loi peut vivre en solitaire. C'est le cas généralement dans les affaires de « crimes traditionnels », comme la vendetta ou l'enlèvement d'une jeune fille, pour lesquelles la coutume autorise un éventuel retour à la légalité. La plupart des quelque cent soixante hors-la-loi de la Calabre méridionale sont, dit-on, des « loups solitaires » de cette espèce; des individus qui vivent près de leur village auquel ils sont attachés à la fois par des liens familiaux et par des besoins purement alimentaires, mais dont ils sont éloignés par les vieilles rancunes et par la police. Si le bandit rejoint une bande ou s'il en forme une — ce qui l'oblige à commettre un minimum de rapines — ce groupe, pour des raisons techniques aussi bien qu'économiques est rarement important. En effet, seul le prestige personnel du chef peut maintenir l'unité de la bande. Il existe de très petites bandes. Exemple : les trois hommes qui furent capturés en Maremme en 1897 (par trahison évidemment[18]). On a noté chez les Bandoleros d'Andalousie, au XIXe siècle, des bandes comptant jusqu'à soixante hommes; mais elles avaient le soutien des seigneurs locaux (les caciques) qui les employaient comme mercenaires; pour cette raison elles n'appartiennent pas au présent chapitre[19]. En période révolutionnaire, alors que les bandes sont virtuellement des unités de guérilla, il y a eu des groupes encore plus importants, comptant parfois plusieurs centaines d'hommes, mais qui, en Italie du Sud, jouissaient du soutien, notamment financier, des Bourbons. La physionomie habituelle de la bande, même lorsqu'elle est passée à la guérilla, est celle d'une multitude d'unités comptant chacune un petit nombre d'hommes et qui combinent éventuellement leur action pour les opérations d'ensemble. En Capitanate, sous Joachim Murat, on a dénombré quelque soixante-dix bandes, dans le Basilicate et pour les années 1860, trente-neuf; dans les Pouilles une trentaine. Le nombre moyen des membres dans le Basilicate variait de trente à quarante par bande mais il est bien évident qu'une bande de trente hors-la-loi comme celle qui dirigea longtemps, à l'époque napoléonienne puis pendant la Restauration, Giuseppe de Furia, représente le maximum de personnel qu'un chef peut espérer maintenir sous son autorité sans discipline et sans organisation, contraintes que peu de meneurs sont capables de faire régner.

On ne sait pas exactement quelle était la longévité d'une bande. Il est probable que cela dépendait du nombre et de la gravité de ses méfaits, du climat social ou même de la conjoncture internationale. Durant la période de 1799 à 1815 le soutien des Bourbons et de l'Angleterre permit à un certain nombre de bandits locaux de subsister pendant des années. Giuliano qui jouissait d'une excellente protection put tenir six ans. Mais *a priori*, un Robin des Bois tant soit peu ambitieux peut s'estimer heureux de tenir plus de deux à quatre ans. Janosik, prototype du bandit des Carpathes au début du XVIIIe siècle, et Chouhaj, tinrent deux ans ; Romano, dans les Pouilles, vers 1860, dura trente mois. En cinq ans il était possible de venir à bout des plus tenaces bandits bourboniens. Une petite bande isolée et sans grande ambition, celle de Domenico Tiburzi, survécut aux confins du Latium pendant vingt ans, de 1870 à 1890. Lorsque l'État le tolérait, le bandit pouvait prendre une paisible retraite comme n'importe quel paysan. L'ex-bandit, en effet, était facilement accepté par la société puisque seuls l'État et l'aristocratie considéraient ses activités comme criminelles[20].

Peu importe qu'un homme se fasse bandit pour des raisons quasi politiques, comme Giuliano, qui avait une dent contre la police et le gouvernement, ou qu'il vole simplement pour obéir à la vocation du hors-la-loi. Il s'efforce presque toujours de se conformer au stéréotype de Robin des Bois, c'est-à-dire d'être celui « qui prend au riche pour donner au pauvre sans jamais tuer sauf en légitime défense ou pour exercer une juste vengeance ». Il y est obligé car il y a plus à prendre chez le riche que chez le pauvre, et s'il prend chez le pauvre ou se met à tuer sans discernement, il s'aliène son bien le plus précieux : l'aide et la sympathie populaires. S'il fait preuve de largesse ce n'est peut-être que parce qu'un homme de sa situation, dans une société aux valeurs précapitalistes, se doit de montrer ainsi sa puissance et son « rang ». S'il ne considère pas lui-même sa conduite comme l'expression d'une protestation sociale, le public le fera. Si bien que même un criminel purement professionnel peut espérer se forger une personnalité conforme à cette image. Schinderhannes, le plus célèbre sinon le plus intéressant d'entre tous les chefs de bande qui infestèrent la Rhénanie vers la fin des années 1790[21], n'était en aucune façon un bandit social (comme son nom l'indique il était d'un milieu très humble, traditionnellement associé à la pègre). Pourtant il estimait préférable pour sa publicité d'insister sur le fait qu'il ne volait que les juifs, surtout les commerçants et les usuriers. Aussi les légendes et les anecdotes qui foisonnaient sur son compte lui attribuèrent-elles les traits idéalisés du héros à la Robin des Bois : générosité, droiture, équité, courtoisie, humour, adresse, courage et un don du déguisement lui conférant presque l'invisibilité. Dans son cas, les louanges sont totalement imméritées et la sympathie va immanquablement à Jean Bon-Saint-André, le vieux membre du Comité de salut public qui extermina ces gangsters. Pourtant Schinderhannes a pu, parfois, se considérer comme le protecteur du pauvre. Les criminels ont le plus souvent des origines modestes et ils s'en souviennent. M. Billy Hill, l'escroc professionnel par excellence dont l'autobiographie (1955) mériterait de faire l'objet d'un examen sociologique plus approfondi, tombe dans l'habituel plaidoyer larmoyant lorsqu'il explique sa longue carrière de voleur et de gangster par le besoin de distribuer de l'argent à ses « frères » c'est-à-dire à quelques familles de manœuvres irlandais de Camden Town. Sincère ou non, le « robinhoodisme[22] » permet aux bandits de soulager leur conscience à peu de frais.

Nombre d'entre eux pourtant n'ont pas besoin de la légende pour assumer ce rôle. Ils s'en emparent spontanément comme Pasquale Tanteddu, de Sardaigne, dont les opinions (quelque peu influencées par le communisme) sont exposées dans l'appendice de ce livre. Un grand bandit calabrais d'avant 1914 faisait régulièrement, m'a-t-on raconté, des dons au parti socialiste. On connaît d'autres « Robin des Bois » très méthodiques : Gaetano Vadarelli, qui fut gracié par le roi puis trahi et tué par lui en 1818, faisait toujours don d'une partie de son butin aux pauvres, distribuait du sel gratuitement, sommant les intendants de donner du pain aux travailleurs agricoles sous peine de massacre et obligeant la bourgeoisie terrienne à tolérer que les paysans viennent glaner dans ses champs. (Pour de plus amples détails sur ses faits et gestes voir également l'appendice.) Angiolillo fut encore plus exceptionnel dans sa quête d'une justice plus générale que celle qui consistait en interventions individuelles et en dons faits au hasard. « Lorsqu'il arrivait dans un village, dit-on, il installait un tribunal, entendait les parties, prononçait des sentences et remplissait toutes les fonctions d'un magistrat. » On dit même qu'il aurait poursuivi des délinquants de droit commun. Il décrétait des diminutions du prix du pain, confisquait les réserves de grain des riches pour les distribuer aux pauvres. Autrement dit, il remplissait dans l'intérêt des paysans le rôle d'un gouvernement parallèle. Il n'est donc pas surprenant qu'en 1884 son village ait voulu que la grande rue porte son nom.

À leur façon, les brigands plus Primitifs du Sud, ceux des années 1860-1870 comme ceux des années 1799 à 1815, se considéraient comme les champions du peuple face à la noblesse et aux « étrangers ». L'Italie du Sud de cette époque fournit peut-être l'exemple le plus proche d'une révolution des masses et d'une guerre de libération dirigée par des bandits sociaux (ce n'est pas par hasard si les gouvernements d'occupation se servent du terme « bandit » pour désigner les guérilleros révolutionnaires). Grâce à une abondante littérature, la nature exacte du brigandage de ces périodes est aujourd'hui assez bien comprise et rares sont les connaisseurs de cette question qui montrent encore l'étroitesse d'esprit de la bourgeoisie libérale qui n'y voyait que « criminalité généralisée », retour à la barbarie ou même un signe de l'infériorité raciale des méridionaux. Carlo Levi, entre autres, nous a rappelé dans *Le Christ s'est arrêté à Eboli* combien le souvenir des bandits-héros demeure vivace dans la mémoire des paysans du Sud pour qui « le temps des brigands » fait partie des périodes les plus brillantes et les plus vraies de l'histoire, parce que, au contraire de celui des rois et des guerres, ce temps leur appartient en propre. À leur façon les brigands dans leurs haillons de paysan ou dans leurs brillants costumes étaient les vengeurs et les champions du peuple. Certes ils étaient des hommes perdus mais on ne peut leur dénier l'amour de la liberté et de la justice.

De ce fait, les victimes habituelles du bandit sont les ennemis du pauvre. Certains groupes ou personnes font traditionnellement l'objet d'une haine particulière chez les bandits : les hommes de loi (Robin des Bois et Dick Turpin), les prélats et les moines paresseux (Robin des Bois et Angiolillo), les usuriers et les spéculateurs (Angiolillo et Schinderhannes), les étrangers et tous ceux qui viennent troubler la vie du paysan. Dans les sociétés pré-industrielles et prépolitiques le souverain, qui n'est pas assez proche et qui incarne la justice, leur sert rarement de cible. La légende montre souvent le roi pourchassant le bandit puis, incapable de le capturer, l'invitant à la cour pour faire la paix, reconnaissant ainsi qu'au fond son objectif et celui du roi sont identiques : la justice. Il en fut ainsi avec Robin des Bois et Oleksa Dovbuch.

Le fait que le bandit, surtout lorsqu'il n'était pas farouchement imbu du sentiment de sa mission, vécût bien et fît volontiers étalage de sa richesse, ne changeait rien aux yeux du public. Le solitaire que Giuliano portait au doigt, les dorures et les décorations dont se paraient les bandits antifrançais vers 1790 représentaient aux yeux des paysans les symboles de leur triomphe sur les riches et les puissants. Les paysans y voyaient un gage de la force et de l'efficacité du bandit à les protéger. Car un des principaux facteurs de séduction du bandit était, est effectivement sa réussite, une sorte de compensation à l'échec de la masse qui n'a pas réussi à se débarrasser de sa pauvreté et de sa médiocrité[23]. Paradoxalement donc, les dépenses extravagantes du bandit, les Cadillac plaquées or, les dents serties de diamants de l'enfant des taudis qui est devenu champion du monde de boxe sont un lien entre ses admirateurs et lui, non un fossé, à condition qu'il prenne soin de ne pas sortir du rôle héroïque que le peuple lui assigne.

Le modèle fondamental du banditisme tel que j'ai essayé de l'esquisser ici se retrouve presque universellement dans certaines conditions. Il est rural et non urbain. Les sociétés paysannes dans lesquelles il se manifeste connaissent le riche et le pauvre, l'humble et le puissant, le maître et le sujet, mais demeurent profondément traditionnelles, traditionalistes et de structure précapitaliste. Ce n'est pas dans une société agricole telle que celle de l'Angleterre orientale, de la Normandie ou du Danemark au XIXe siècle qu'il faut chercher le banditisme social. (C'est sans aucun doute la raison qui fait que l'Angleterre, qui nous a donné Robin des Bois, archétype du bandit social, n'a produit aucun autre exemple notable depuis le XVIe siècle. L'idéalisation de certains criminels, chère à la tradition populaire, s'est emparée de personnages citadins tels que Dick Turpin et Mac Heath, tandis que les pauvres travailleurs agricoles n'ont obtenu qu'un prestige local comme on en accorde à un braconnier particulièrement hardi.) De plus, même dans les sociétés arriérées et traditionnellement fécondes en hors-la-loi, le brigand social apparaît avant que le peuple n'ait pris conscience de sa force et de son rôle politique ou découvert des méthodes d'agitation sociale plus efficaces. Le bandit est un phénomène prépolitique et sa force est inversement proportionnelle à la puissance des mouvements organisés de révolution agraire, du socialisme ou du communisme. Le brigandage dans la Si la calabraise s'éteignit avant la Première Guerre mondiale lorsqu'apparurent le socialisme et les ligues paysannes. Il survécut en Aspromonte, pays du grand Musolino et de nombreux autres héros populaires pour qui les femmes faisaient de ferventes prières[24]. Mais le mouvement paysan y est moins développé.

Montelepre, pays de Giuliano, est un des rares lieux de la province de Palerme qui n'ait pas eu un mouvement paysan important, même durant le soulèvement national des paysans de 1893[25], et où aujourd'hui encore, les grands partis politiques recueillent moins de votes que des formations marginales hétéroclites comme les monarchistes ou les séparatistes siciliens.

Dans de telles sociétés le banditisme est endémique. Mais il semble que le « robinhoodisme » soit plus susceptible d'y devenir un phénomène important lorsque leur équilibre traditionnel est troublé : pendant et après les périodes anormalement difficiles telles que les famines ou les guerres ou lorsque le mécanisme du monde moderne vient envahir des communautés statiques pour les détruire et les transformer. Notre époque est à certains égards l'époque classique du bandit social car, dans la plupart des sociétés paysannes, ces moments apparurent aux XIXe et XXe siècles. On observe cette poussée — au moins dans l'esprit populaire — en Italie du Sud et en Rhénanie pendant les transformations révolutionnaires et les guerres de la fin du XVIIIe siècle. Dans l'Italie du Sud d'après l'unification, elle fut favorisée par l'introduction des lois capitalistes et la politique économique[26]. En Calabre et en Sardaigne la grande époque du brigandage commença vers 1890 lorsque l'économie moderne (ainsi que la dépression agricole et l'émigration) fit son apparition. Dans les lointaines montagnes des Carpathes le banditisme, pour des raisons sociales bien définies par Olbracht, connut une brusque flambée après la Première Guerre mondiale.

Mais c'est toute la tragédie du bandit social. La société paysanne le suscite et fait appel à lui lorsqu'elle a besoin d'un protecteur, mais c'est justement en de tels moments qu'il est incapable de l'aider. Car le banditisme social n'est qu'une protestation timide, non révolutionnaire. Il proteste non contre le fait que les paysans sont pauvres et opprimés mais contre le fait qu'ils sont parfois excessivement pauvres et excessivement opprimés. Personne ne s'attend à voir les bandits-héros créer un monde égalitaire. Ils peuvent seulement redresser des torts et prouver que parfois l'oppression peut être retournée contre l'oppresseur. Encore moins pourraient-ils comprendre pourquoi, dans les villages de Sardaigne, certains éleveurs ont beaucoup de bétail alors que d'autres qui en possédaient quelques têtes n'en ont plus du tout ; ou quel phénomène envoie les paysans calabrais dans les mines de charbon américaines, ou remplit soudain les montagnes des Carpathes de tout un peuple armé et couvert de dettes. La fonction pratique du bandit consiste à imposer certaines limites à l'oppression traditionnelle dans une société traditionnelle en la menaçant d'anarchie, de meurtre et d'extorsion. Le bandit n'accomplit même pas cette tâche correctement : une promenade à travers Montelepre suffit à le démontrer. En dehors de cela il représente un rêve. Comme tout serait merveilleux si c'était toujours le bon temps : « Pendant sept ans il a combattu chez nous, disent les paysans des Carpathes en parlant de Dovbush, et tant qu'il vivait le peuple était heureux. » C'est un rêve tenace ; il explique que les grands bandits cristallisent des légendes, qui leur prêtent des pouvoirs surnaturels et cette sorte d'immortalité dont jouissent les grands rois justes de l'histoire qui ne sont pas réellement morts mais simplement endormis et qui reviendront un jour. Ainsi, pendant qu'Oleksa Dovbush sommeille, sa hache enterrée remonte lentement vers la surface du sol. Chaque année elle progresse d'environ la largeur d'un grain de pavot et lorsqu'elle émergera, un autre héros se dressera, ami du peuple, terreur des seigneurs, soldat de la justice. Ainsi même aux États-Unis où des hommes humbles mais fiers luttaient — au besoin par la terreur — contre la domination des gros hommes d'affaires et de leurs trusts, il existait des gens pour croire que le bandit Jesse James n'était pas mort mais vivait en Californie. Que deviendrait le peuple si ses héros mouraient vraiment[27] ?

Ainsi le bandit est impuissant devant les forces de la société nouvelle qu'il ne peut comprendre. Au mieux il peut la combattre et essayer de la détruire : « Redresser l'injustice, frapper les seigneurs, leur reprendre les richesses qu'ils ont volées, détruire par l'épée et par le feu tout ce qui ne peut être utile au bien commun : par plaisir, par vengeance, en guise d'avertissement pour l'avenir. Peut-être aussi par peur de l'avenir[28]. » C'est pourquoi le bandit est souvent plus destructeur et cruel que ne le voudrait sa légende qui insiste surtout sur son esprit d'équité et sa modération dans le meurtre. La vengeance, qui dans les périodes révolutionnaires perd son caractère privé pour devenir une affaire de classe, exige du sang. Le spectacle de l'injustice qui s'effondre rend les hommes ivres[29]. La destruction, comme Olbracht l'a compris, n'est pas un défoulement nihiliste mais une tentative chimérique d'élimination de tout ce qui pourrait empêcher l'édification d'une communauté paysanne simple et paisible : les produits du luxe et de l'opulence, ennemis de la justice. Car la destruction n'est jamais aveugle. Ce qui est utile à l'homme est épargné[30]. Tels étaient les brigands du Sud qui, dans les années 1860 s'emparaient des villes lucaniennes, ouvrant les prisons, brûlant les archives, pillant les maisons des riches, distribuant au peuple ce dont ils ne voulaient pas : cruels, sauvages, héroïques et égarés.

Dans de telles situations, le banditisme en tant que mouvement social était et demeure inefficace sur tous les plans. D'abord parce qu'il est incapable d'organiser des guérillas. Certes des bandits, de vrais bandits et non des partisans politiques, ce que leurs adversaires les accusaient d'être, réussirent à provoquer un soulèvement bourbonien contre la conquête nordiste. Mais lorsqu'un soldat bourbonien espagnol, Borjes, tenta de les organiser en un mouvement de guérilla efficace, ils se raidirent et le chassèrent[31]. La structure même de la bande, de formation spontanée, interdisait des opérations ambitieuses et, bien que les trente-neuf bandes lucaniennes aient pu continuer à faire régner l'insécurité pendant plusieurs années, elles étaient condamnées. Ensuite son idéologie n'autorisait pas une révolte efficace : non point à cause du traditionalisme des bandits — car leur loyalisme envers les paysans était total — mais soit parce que la cause traditionaliste qu'ils embrassaient était perdue d'avance soit parce que, l'ancienne et la nouvelle oppression se coalisant, ils restaient isolés et désorientés. Les Bourbons pouvaient bien promettre de distribuer les terres des nobles aux paysans. Ils ne le firent jamais. Au mieux ils prirent quelques bandits comme officiers dans l'armée. Il n'est pas invraisemblable qu'ils les aient trahis et tués pour s'en débarrasser. Giuliano devint le jouet de forces politiques qu'il ne comprenait pas lorsqu'il accepta d'être le chef militaire des séparatistes siciliens dominés par la Mafia. Les hommes qui se servirent de lui, pour le chasser ensuite, avaient évidemment une conception de l'indépendance sicilienne très différente de la sienne, qui était certainement plus proche de celle des paysans qu'il massacra lors de leur rassemblement du 1er mai au Portella Della Ginestra.

Pour être d'utiles défenseurs de leur peuple les bandits auraient dû cesser d'être des bandits ; c'est le paradoxe du Robin des Bois moderne. Ils pouvaient certes aider les soulèvements paysans car dans ces mouvements populaires c'est généralement la petite bande plus que la grande masse qui prépare le terrain lorsqu'une action doit déborder des limites du village[32] : il n'est pas de meilleur noyau pour la formation et l'instruction de ces troupes de choc que les bandes déjà aguerries de brigands. Ainsi en 1905 les mouvements du village ukrainien de Biekvostova étaient dirigés par un cosaque, Vassili Potapenko (le « Tsar »), le paysan Piotr Tcheremok (son « ministre ») et leur bande, deux hommes qui avaient auparavant été expulsés du village pour divers crimes, puis réadmis. Comme dans d'autres villages, ces bandes, qui représentaient les paysans pauvres et dépourvus de terres et l'esprit communautaire, contre les individualistes et les accapareurs de terres, furent tués par la suite au cours d'une contre-révolution organisée par les *Koulaks* du village[33]. Mais la bande ne pouvait constituer une forme durable d'organisation révolutionnaire pour les paysans. Elle pouvait, au mieux, être un auxiliaire pour les paysans non organisés.

Ainsi les poètes romantiques qui idéalisèrent le bandit, comme Schiller dans *Les Brigands*, se trompaient lorsqu'ils voyaient en eux les vrais rebelles. Les anarchistes bakouninistes, qui les idéalisèrent encore plus systématiquement, à cause de leur vandalisme, et qui estimaient pouvoir les gagner à leur cause perdaient leur temps[34] même s'il pouvait leur arriver de réussir parfois : car il existe au moins un cas dans lequel la doctrine anarchiste fortement teintée de banditisme engendra une force révolutionnaire régionale importante quoique de courte durée. Mais qui oserait encore croire que, malgré tout le génie de son chef pour la guérilla, la « Maknovschina » ukrainienne de 1918 à 1921 eût pu connaître autre chose que la défaite, quel qu'ait été le vainqueur de la Révolution russe[35] ?

L'avenir est à l'organisation politique. Les bandits qui n'empruntent pas les nouvelles voies du combat pour les paysans, au lieu de leur lutte individuelle qu'ils abandonnent dans les prisons ou à l'armée, cessent d'être les champions des pauvres, deviennent de simples criminels ou passent au service des propriétaires et des marchands.

Seuls survivent les idéaux pour lesquels ils avaient combattu et pour lesquels le peuple les avait célébrés ; ceux-ci maintiennent encore autour du foyer le rêve de la société juste, dont les champions sont braves et nobles comme les aigles, rapides comme les cerfs, fils des montagnes et des forêts profondes.

Note sur les bandits pré-socialistes de gauche

Dans la mesure où le bandit social s'inspirait d'une idéologie, il s'agissait comme nous l'avons vu d'une forme de traditionalisme révolutionnaire. Comme la sympathie des bandits allait aux paysans et à leur opposition permanente aux autorités gouvernementales, le brigand le plus traditionaliste n'éprouvait aucune difficulté à faire cause commune avec d'autres groupes d'opposants ou de révolutionnaires, surtout s'ils étaient persécutés eux aussi. Carmine Donatello (« Crocco ») publia en 1863 la proclamation suivante :

« À bas les traîtres, à bas les mendiants, longue vie au noble royaume de Naples et à son fier Souverain, longue vie au Vicaire du Christ Pie IX et longue vie à nos courageux frères républicains. » (C'est-à-dire les garibaldiens et les mazziniens qui étaient aussi dans l'opposition.)

On rapporte de nombreux cas de collaboration dans le Sud entre les républicains et les bourboniens contre les libéraux modérés. Garibaldi pour sa part dut rejeter plusieurs offres de soutien émanant de divers brigands. (G. Doria, « Per la storia del brigantaggio », dans *Arch. Stor. Prov. Nap., 1931*). D'anciens soldats de Garibaldi victimes des mauvais traitements de leur héros se seraient retournés contre la maison de Savoie et seraient devenus chefs de bande (Lucarelli, *Brigantaggio... dopo il 1860*, pp. 82-83).

Il existe cependant quelques exemples de bandits italiens pré-socialistes de tendance nettement gauchisante, radicale et carbonariste. Il en est aussi qui furent, comme Angiolillo, considérés en héros par les radicaux de la ville. On ne peut s'empêcher de penser qu'il devait s'agir de personnages exceptionnels comme c'est le cas pour Angiolillo. Les bandits radicaux carbonaristes des années 1815 à 1818 décrits par Lucarelli sont des non-paysans, bien que la très grande majorité des brigands fussent des paysans, des bergers ou — ce qui revient au même — d'anciens soldats. Gaetano Meomartino (Vardarelli), qui fut admis dans les Carbonari avec sa bande en 1816 ou 1817 était bourrelier ; Ciro Annichiarico, qui rejoignit la secte des *Decisi* était un intellectuel rural, un prêtre aux origines paysannes, d'opinion radicale, qui avait pris le maquis à l'époque napoléonienne pour des raisons non politiques — une querelle au sujet d'une femme. (Pour ses visions religieuses, millénaristes et illuminées, voir Lucarelli, 1815-1818, pp. 129-31.) Il devait être évidemment beaucoup plus facile pour un intellectuel ou un artisan villageois — classe qui fournit peu de bandits — d'acquérir une idéologie politique relativement avancée que pour un berger illettré ou un paysan miséreux. Mais en l'absence d'une plus ample documentation, et si l'on tient compte de la complexité et de la confusion de l'atmosphère politique dans laquelle agissaient souvent les brigands, aucune hypothèse solide ne peut être avancée.

III

Les mafias

I

Il n'y a pas de critère bien défini pour distinguer la rébellion individuelle du chapitre précédent des mouvements que nous allons examiner dans celui-ci, et dont la Mafia sicilienne est le plus intéressant et le plus durable. Tous deux sont extrêmement Primitifs, non seulement selon notre définition originelle, mais aussi dans la mesure où ils tendent à disparaître dès que des mouvements plus développés apparaissent. Collectivement ils sont plutôt réfractaires à l'évolution. Lorsqu'ils survivent à la montée des mouvements modernes, tels que les lignes paysannes, les syndicats ouvriers et les partis de gauche, ce n'est pas en tant que mouvements sociaux.

Les mafias — il est plus commode d'utiliser ce terme pour tous les phénomènes du genre — présentent un certain nombre de caractéristiques tout à fait particulières. En premier lieu elles ne sont jamais des mouvements purement sociaux avec des buts et des programmes spécifiques. Elles sont pour ainsi dire des carrefours où se rencontrent diverses sortes de tendances existant dans la société : défense de la société contre les menaces au mode de vie traditionnel, aspirations des différentes classes qui la composent, ambitions personnelles des membres les plus dynamiques. Elles sont donc fluides dans une certaine mesure, comme les mouvements nationaux, dont elles sont peut-être une sorte d'embryon. Leur inspiration générale dépend des circonstances : protestation sociale dans la Calabre déshéritée ; ambitions de la classe moyenne locale en Sicile ; crime pur et simple en Amérique. En second lieu, elles sont jusqu'à un certain point inorganisées. Il est exact que certaines mafias sont, du moins théoriquement, centralisées et dotées de différents « échelons de commandement » et d'avancement rappelant ceux des ordres maçonniques. Mais les plus intéressantes sont celles, telle la classique Mafia sicilienne, qui ne possèdent — ou du moins ne possédaient — pas de hiérarchie au-dessus du niveau local dont l'organisation est déjà très primitive.

Dans quelles circonstances les mafias apparaissent-elles ? C'est une question à laquelle il est tout simplement impossible de répondre car nous ignorons combien il en existe et combien il en a existé. La Mafia sicilienne est le seul groupement de son espèce en Europe qui ait inspiré suffisamment d'analyses et de comptes rendus. À l'exception des allusions plus ou moins vagues à des « associations de délinquance », à des « associations secrètes de brigands », et aux protecteurs de voleurs, on ne connaît pour ainsi dire rien de la situation ailleurs, et ce que l'on en connaît nous permet tout juste de conclure que régnaient des circonstances propices à l'éclosion d'une mafia[1]. Il n'est pas possible de conclure de l'absence de renseignements que de tels phénomènes n'existent pas. Ainsi, comme nous le verrons, il n'y a absolument aucun doute quant à l'existence d'un groupe du type mafia en Calabre méridionale. Mais à l'exception d'allusions plus ou moins vagues à de telles sociétés secrètes en Calabre et dans le Cilento (la région au sud du Golfe de Salerne), de tels groupes ne semblent pas avoir été recensés[2]. C'est moins surprenant qu'on pourrait le penser *a priori*. Les groupements secrets composés principalement de campagnards illettrés agissent dans l'ombre. Les provinciaux des classes moyennes sont profondément ignorants et méprisent le bas monde qui grouille à leurs pieds. La seule chose que nous puissions faire actuellement est donc de concentrer nos recherches sur un ou deux exemples connus de mafias et espérer qu'ils éclairciront peut-être la situation dans les domaines les moins étudiés.

La Mafia est moins connue qu'on ne pense. Bien que les faits ne soient plus contestés et que l'on possède une documentation descriptive et analytique fort utile[3], la discussion dans le public a été obscurcie par les fantaisies journalistiques et par le refus de reconnaître que « ce que le Lombard ou le Piémontais prenait pour de la "délinquance sicilienne" était en réalité le système de lois d'une société différente… une société semi-féodale[4] ». Il est donc souhaitable de résumer ce que nous en connaissons.

Le mot mafia désigne plusieurs choses. Il désigne tout d'abord une certaine attitude envers l'État et ses lois qui n'est pas nécessairement plus criminelle que l'attitude semblable des écoliers envers leurs maîtres. Un mafioso n'invoquait pas l'État ou la Loi dans ses querelles personnelles, mais se faisait respecter en se créant une réputation de dureté et de courage, et réglait ses différends par le combat. Il ne se reconnaissait aucune obligation exceptées celles du code d'honneur ou *omerta* (virilité) dont la clause principale interdisait de fournir des renseignements aux autorités. En d'autres termes, la mafia (que nous écrirons avec un petit *m* lorsque nous l'emploierons dans ce sens) était une sorte de comportement qui tend toujours à se développer dans les sociétés dépourvues d'ordre public ou dans les sociétés dont les citoyens considèrent les autorités comme hostiles (par exemple dans les prisons, ou dans le « milieu »), ou incompréhensives (par exemple dans les écoles). Il faut résister à la tentation d'établir un rapport entre ce code et le féodalisme, ou les vertus aristocratiques. Son emprise la plus complète et la plus rigoureuse s'exerçait chez les souteneurs[5] et les petits gangsters des taudis de Palerme, dont les conditions d'existence étaient proches de l'anarchie totale ou plutôt d'une situation « hobbesienne » dans laquelle les relations entre les individus ou les petits groupes se déroulent comme entre des états souverains. On a fort justement fait remarquer que dans les parties vraiment féodales de l'île, l'*omerta* signifiait que seule la dénonciation des faibles ou des vaincus était permise[6]. « L'honneur » appartient aux forts.

Dans les communautés anarchiques, l'autorité est rarement dispersée, mais se rassemble autour des diverses puissances locales. Sa forme typique est la protection, son détenteur est le magnat local avec sa suite de domestiques et le réseau d'influences qui l'entoure, et incite les hommes à se placer sous sa protection. La mafia, au second sens du mot, est presque le synonyme de tout cela, bien qu'on l'ait parfois appliqué à la domesticité (la « basse mafia ») plutôt qu'aux patrons. Certaines des formes de ce système étaient sans aucun doute féodales, surtout dans les *latifundia* de l'intérieur ; et il est probable qu'en Sicile (où les rapports légalement féodaux ne furent pas officiellement abolis avant le XIXe siècle, et où leur symbolisme persiste encore aujourd'hui sur les charrettes des paysans où sont peintes des batailles entre chevaliers et sarrasins), des formes féodales de loyalisme ont contribué à son développement. Pourtant, c'est là un point secondaire car le paternalisme et le protectionnisme peuvent apparaître en l'absence de traditions féodales. Ce qui distinguait la Sicile était l'universalité de ce paternalisme et l'absence de toute autre forme d'autorité durable.

Le troisième sens, le plus courant, du mot mafia, n'est pas facile à différencier du second : c'est la mainmise sur la vie d'une communauté par un système de gangs, sinon secret, du moins non officiellement reconnu. Autant que nous sachions, ce type de mafia n'a jamais été représenté par une société secrète unique, organisée, centralisée comme la Camorra napolitaine bien que les opinions sur son degré de centralisation aient toujours été divergentes[7]. Le rapport du procureur de Palerme pour 1931 semble offrir l'exposé le plus exact de la situation :

> « Les associations des petites localités exercent généralement leur autorité sur ces dernières, et sur les communes avoisinantes. Celles des centres plus importants entretiennent des contacts entre elles, indépendamment des distances, se prêtant aide mutuelle et assistance[8]. »

Phénomène essentiellement rural au départ, on voit mal comment la Mafia aurait pu être hiérarchiquement centralisée, dans l'état des communications au XIXe siècle. C'était plutôt un réseau de groupes locaux (*cosche* — de nos jours on les appelle plutôt des « familles »), parfois de deux ou trois membres, parfois de beaucoup plus, chacun contrôlant un certain territoire, le plus souvent une commune ou un *latifundium*, et reliés entre eux de diverses façons. Chaque *cosca* « exploitant » son territoire ; parfois, par exemple, pendant la transhumance du bétail qui traversait plusieurs territoires, les gangs collaboraient. D'autres contacts pouvaient avoir lieu entre les groupes locaux à l'époque des récoltes, lors des migrations de travailleurs, ou à l'occasion des innombrables foires et marchés[9].

Leurs membres se reconnaissaient non point tant par des signes secrets ou des mots de passe que par le maintien, l'habillement, la conversation et le comportement. La cruauté, la virilité, le parasitisme et la rébellion professionnels suscitent un comportement particulier destiné, dans une société sans lois, à montrer aux brebis — et peut-être aussi aux lions — la puissance des loups, et à les distinguer du lot. D'autre part, dans les années 1870, chaque gang avait un rituel d'initiation et des mots de passe remarquablement stéréotypés, qui disparurent d'ailleurs par la suite[10]. Ont-ils pris naissance, comme l'affirme Cutrera, dans la prison de Milazzo pour se populariser ensuite dans des chansons ou des écrits tels que *La vie et les prouesses du Bandit Pasquale Bruno*, je l'ignore. Mais il s'agissait à n'en pas douter de rites désuets ayant appartenu à une vieille confrérie méditerranéenne. Le rite central — sauf dans les circonstances où, comme en prison par exemple, c'était impossible — se déroulait devant l'image d'un saint et consistait en une incision du pouce du postulant avec le sang duquel on barbouillait l'image pieuse qui était ensuite brûlée. Cette dernière formalité était censée lier le novice à la confrérie par la violation d'un tabou. On rapporte aussi l'existence d'un rite qui consistait à tirer un coup de pistolet contre une statue de Jésus-Christ[11]. Une fois initié, le mafioso devenait un *compadre*, la co-paternité spirituelle étant en Sicile, comme dans toute la Méditerranée, la forme de parenté officielle qui comporte les plus graves et les plus rigoureuses obligations d'aide réciproque entre les parties intéressées. Les mots de passe aussi semblent avoir été « standardisés », mais cela ne prouve nullement que l'association était centralisée, car la Camorra — organisation purement napolitaine sans rapport avec la Sicile — possédait également des rites d'initiation similaires[12].

Pour autant qu'il nous soit permis de le constater chaque groupe semble avoir considéré ces rites, aussi stéréotypés qu'ils fussent, comme sa propriété privée, un peu à la manière des enfants qui adoptent certains codes standardisés de déformation des mots pour en faire un langage secret. Il est même probable que les mafias en vinrent à développer une coordination à une échelle nationale; la direction centrale, si ce terme n'est pas exagéré, siégeant à Palerme. Mais comme nous le verrons cela reflétait la structure et l'évolution économique et politique de la Sicile beaucoup plus qu'un vaste complot criminel[13].

Sous la domination bourbonienne ou sous l'État piémontais, et bien que vivant parfois en symbiose avec eux, la Mafia (aux trois sens du mot) fournissait un mécanisme administratif et une autorité parallèle qui représentait aux yeux du citoyen, dans les régions sous son influence, la seule autorité. Dans une société comme celle de la Sicile où le gouvernement officiel ne pouvait ou ne voulait pas exercer son autorité, l'apparition d'un tel système était aussi inévitable que celle de la loi du gang ou de son contraire, celle du pionnier et de ses hommes, dans certaines régions de l'Amérique du « laissez-faire ». Ce qui distingue la Sicile c'est l'étendue et la cohésion de ce système privé, parallèle, d'autorité.

Il n'était toutefois pas universel dans la mesure où il ne faisait que répondre à un besoin et remplir un vide qui n'existaient pas uniformément. Chez les marins et les pêcheurs, par exemple, le code de l'*omerta* n'eut jamais cours, et sauf dans le *milieu*, il était fort peu développé dans les villes. D'ailleurs les artisans citadins avaient tendance, particulièrement pendant les révolutions — comme à Palerme en 1773 et en 1820-1821 — à organiser leurs propres forces de répression, ou *ronde*, jusqu'au jour où les classes dirigeantes alarmées par les implications révolutionnaires de cet état de fait leur imposèrent, après 1848[14], la garde nationale moins subversive, puis une combinaison de policiers et de mafiosi. En revanche, certains groupes avaient particulièrement besoin d'une protection privée. Outre leurs jacqueries périodiques, les paysans des grands *latifundia* de l'intérieur et les mineurs de soufre éprouvaient le besoin d'atténuer leur dénuement. Pour certains propriétaires — les éleveurs dont le bétail pouvait être volé aussi facilement dans la prairie silicienne qu'en Arizona, les horticulteurs dont les plantations d'oranges et de citrons offraient une proie tentante —, une protection était indispensable. Et en fait la Mafia se développa précisément dans trois régions de ce type. Elle dominait la plaine fruitière de Palerme avec ses métairies morcelées et fertiles, la région des mines de soufre du centre-sud et les grands *latifundia* de l'intérieur. Dans les autres régions elle était plus faible et tendait même à disparaître dans la moitié orientale de l'île.

C'est une erreur de croire que des institutions qui paraissent archaïques sont obligatoirement très anciennes. Tout comme les grandes « Public Schools », ou le formalisme vestimentaire de la vie politique anglaise, elles peuvent avoir une existence récente (répondant à des nécessités nouvelles). La Mafia n'est pas une institution médiévale, mais date des XIXe et XXe siècles. Son apogée se situe après 1890. Certes à travers leur histoire les paysans siciliens ont toujours vécu sous le double régime d'un gouvernement central lointain et généralement étranger, et d'une servitude imposée par le seigneur local puisque leur pays était par excellence le pays du *latifundium.* Le gouvernement central ne pouvait représenter et ne représentait pas à leurs yeux l'État, mais un autre brigand dont les soldats, les collecteurs d'impôts, les policiers et les tribunaux leur tombaient sur le dos périodiquement. Ils vivaient leur existence solitaire et inculte entre le seigneur avec sa troupe d'hommes de main et autres parasites, d'un côté, et de l'autre, leurs institutions et leurs coutumes défensives. En un sens donc un « système parallèle » quelconque a dû exister de tout temps comme il en existe dans toutes les sociétés paysannes arriérées.

Mais bien que tous les éléments de ce qui allait être la Mafia fussent déjà présents à l'état brut, ce n'était pas encore la vraie Mafia. En réalité, il semble que la Mafia, dans la véritable acception du terme, n'ait atteint sa maturité qu'après 1860. Le terme lui-même dans son sens moderne n'apparaît pas avant cette date[15]. Auparavant son usage avait été limité à l'argot d'un quartier de Palerme. Un historien local de la Sicile occidentale, région d'élection des mafias, n'en trouve aucune trace dans sa ville avant 1860[16]. Mais vers 1866, Maggiorani l'emploie fréquemment et dès 1870 il apparaît couramment dans les discussions politiques. Il semble bien que dans certaines régions — surtout dans la province de Palerme — une mafia « adulte » ait existé plus tôt. On ne peut rien imaginer de plus typiquement mafioso que la carrière de Salvatore Miceli, le grand manitou de Monreale qui conduisit ses *squadre* au combat contre les Bourbons à Palerme en 1848, fut gracié et nommé par eux capitaine d'armes vers 1850, rallia ses hommes à Garibaldi en 1860, et fut tué au combat devant les Piémontais lors du soulèvement palermitain de 1866[17]. Vers 1872 la mafia de Monreale avait dû atteindre un développement important puisque se produisit la première de ces révoltes endémiques de la « jeune » mafia contre la « vieille », révolte qui fut soutenue par la police désireuse d'affaiblir cette société, et qui donna naissance à la « secte » des Stoppaglieri[18]. Néanmoins, et comme il fallait s'y attendre, l'histoire du « système parallèle » prit un tournant capital après l'abolition officielle du féodalisme en Sicile (1812-1838), et particulièrement après la conquête de l'île par les classes moyennes du Nord. Quel tournant ? Avant de répondre il faut résumer ce que nous savons de la composition et de la structure de la « vieille » Mafia.

Sa première et, de loin, sa plus importante caractéristique réside dans le fait que *tous* les chefs des mafias locales étaient (et sont) des hommes riches, quelques ex-féodaux de l'intérieur, mais surtout des hommes de la classe moyenne, fermiers, entrepreneurs capitalistes et avocats. Sur ce point la documentation est concluante[19]. Ce fait est déjà en soi le commencement d'une révolution puisque la Mafia était avant tout un phénomène rural et qu'au milieu du XIXe siècle la bourgeoisie ne possédait qu'environ 10 % des terres cultivées de Sicile. La colonne vertébrale de la Mafia était constituée par les *gabelotti* — de riches bourgeois qui payaient un fermage forfaitaire aux lointains propriétaires féodaux pour leurs terres et les sous-louaient fructueusement à la paysannerie. Ils formaient ainsi la classe dirigeante à la place des féodaux absents. Dans les régions de Mafia, il semble qu'ils aient été à peu près tous des mafiosi. La montée de la Mafia marque ainsi un transfert de l'autorité à l'intérieur du « système parallèle », de la classe féodale à la classe rurale moyenne. C'est un incident dans l'évolution du capitalisme rural. En même temps la Mafia fut un des principaux moteurs de ce transfert, car si le *gabelotto* s'en servait pour imposer ses conditions au fermier et au métayer, il s'en servait aussi pour les imposer au propriétaire absent.

Étant entre les mains des hommes d'affaire locaux, la Mafia gagna une influence qu'elle n'aurait jamais atteinte si elle n'avait été qu'une association de matraqueurs limités aux horizons de leur canton. La plupart des *gabelotti* étaient en contact avec Palerme où les barons et les princes recevaient leurs fermages. À Palerme siégeaient aussi les avocats qui réglaient les grands transferts de propriété (et étaient le plus souvent les fils, instruits de la bourgeoisie rurale) ; les fonctionnaires et les tribunaux qu'il fallait soudoyer ; les marchands qui écoulaient blé et bétail, les récoltes traditionnelles et aussi les nouvelles, oranges et citrons. Palerme était la capitale où les révolutions — c'est-à-dire les décisions fondamentales en matière de politique sicilienne — se déroulaient traditionnellement. Il était donc tout naturel que les fils de la Mafia y aboutissent pour y être réunis en un nœud unique, même si, pour des raisons évidentes, on a toujours soupçonné, mais jamais démontré, l'existence d'une « haute Mafia palermitaine ».

L'appareil de coercition du « système parallèle » était aussi uniforme et décentralisé que sa structure politique et juridique, mais il remplissait ses fonctions en assurant à l'intérieur l'ordre, et à l'extérieur la puissance, c'est-à-dire en tenant fermement la population et en harcelant un gouvernement étranger. Il est malaisé de faire un exposé concis et objectif de sa structure. Dans n'importe quelle société aussi misérablement pauvre et opprimée que celle des Siciliens, il existe une réserve potentielle d'hommes de main aussi vaste que de prostituées. Le « mauvais garçon » est, comme l'exprime si bien l'argot français, un « affranchi » et il n'existe pas d'autre moyen individuel d'échapper aux fers d'une quasi-servitude que la violence et la rébellion. En Sicile, cette classe importante consistait principalement en trois groupes : les brutes à gages et les forces privées de police (tels que les *guardiani* et les *campieri* qui gardaient les vergers et les prairies) ; les bandits et les hors-la-loi professionnels ; et les travailleurs honnêtes, suffisamment forts et débrouillards. Il ne faut pas oublier que pour un paysan ou un mineur, le meilleur moyen d'atténuer les rigueurs de l'oppression était encore de se faire une réputation de brute associée à des brutes. Leur point habituel de ralliement était l'entourage du grand « manitou » local qui savait trouver du travail aux garçons audacieux, et protégeait les hors-la-loi, ne fut-ce que pour entretenir son prestige en démontrant qu'il était assez puissant pour le faire. Ainsi il existait déjà un réseau local qui liait étroitement aux propriétaires les gardes, les bergers, les bandits et les brutes à gages.

Deux facteurs contribuèrent à le transformer en Mafia. Tout d'abord l'essai de créer des compagnies armées au service des Bourbons affaiblis. Comme la plupart des tentatives, faites par des gouvernements sans autorité, pour confier le maintien de la sécurité publique à des entreprises privées aiguillonnées par le spectre du déficit financier, celle-ci échoua. Les Compagnies armées qui furent mises sur pied séparément dans différentes régions étaient chargées d'indemniser les victimes des voleurs. Il s'ensuit évidemment que, dans le contexte sicilien, chaque compagnie avait intérêt à encourager ses propres bandits à commettre leurs méfaits sur le territoire des autres contre un droit d'asile sur le sien, ou à négocier discrètement la restitution des marchandises volées. Il n'y avait qu'un pas à franchir pour que les compagnies se livrassent elles-mêmes au pillage, car elles étaient évidemment composées d'hommes du même acabit que les bandes de brigands. En outre il y avait un danger croissant de mécontentement urbain et paysan, particulièrement après l'abolition de la féodalité. Comme d'habitude cette situation pesait lourdement sur les paysans, et les entraîna avec la bourgeoisie rurale dans la querelle pour la propriété des terres communales et ecclésiastiques que la classe moyenne rurale s'efforçait de s'approprier. À une époque où les révolutions se produisaient avec une fréquence terrifiante — quatre ou cinq en quarante-six ans —, il était naturel que les riches recrutassent des hommes de main pour la protection de leurs intérêts — les soi-disant *contro-squadre* — et qu'ils prissent des mesures pour empêcher les révolutions de dépasser certaines limites. Rien ne pouvait mieux se prêter à la mentalité mafioso qu'une telle alliance des riches ruraux avec les brutes.

Les rapports entre la Mafia, les hommes de main et les brigands étaient donc assez complexes. En tant que propriétaires, les *capi-mafia* n'avaient rien à gagner par le crime, bien qu'ils eussent intérêt à entretenir un corps d'hommes armés dans un but coercitif. Les hommes de main, en revanche, devaient être autorisés à « grappiller » et à se débrouiller. Les bandits enfin constituaient un souci constant bien qu'ils puissent occasionnellement être utilisés pour soutenir l'autorité du « manitou ». À l'instigation d'un Palermitain influent dont le nom est connu, Giuliano se vit confier la tâche de mitrailler une procession de paysans, rassemblés pour le 1er mai 1947. Toutefois en l'absence d'un mécanisme *central* de gouvernement, le brigandage proprement dit ne pouvait pas être éliminé. Il en résulta une solution de compromis dont l'originalité est typique de la Mafia : un monopole local d'extorsion surveillée (souvent institutionnalisée pour atténuer son caractère de violence) et l'élimination de l'extorsion clandestine. Le planteur d'orangers dans la région de Païenne se voyait contraint d'engager une garde pour son verger. S'il était riche il lui fallait de temps à autre « contribuer » à l'entretien des hommes ; si des biens lui avaient été volés ils lui étaient rendus déduction faite d'une commission, à moins qu'il ne fût en relations particulièrement étroites avec la Mafia. Le voleur individuel était exclu[20].

Les formations militaires de la Mafia présentent le même mélange de loyauté et de dépendance chez les hommes de mains rétribués, et d'appât du gain chez les « combattants ». Lorsqu'une guerre éclatait le patron mobilisait ses *squadre* — principalement, sinon exclusivement, composées des membres des *cosche* environnantes. Les employés s'engageaient dans la *squadra* à la fois pour suivre leur patron (plus le *capo-mafia* était influent, plus sa troupe était nombreuse), pour rehausser leur réputation personnelle par le seul moyen dont ils disposaient, les actes de bravoure et la violence, mais aussi parce que la guerre était profitable. Dans les grandes révolutions les *capi-mafia* s'arrangeaient pour obtenir des libéraux de Palerme une subvention quotidienne de quatre *tari* par homme, ainsi que des armes et des munitions et la perspective de cette solde, outre le butin, gonflait les effectifs des *squadre*.

II

Tel était donc le « système parallèle » de la Mafia. On ne peut pas dire que quiconque l'ait imposé aux Siciliens. En un sens il naquit des besoins des classes rurales et servit à divers degrés les buts de tous. Aux humbles, les paysans et les mineurs, il fournissait au moins une garantie que les obligations à leur égard seraient remplies[21], et que l'oppression ne dépasserait pas les limites habituelles ; la Mafia était la terreur qui atténuait la rigueur des tyrannies traditionnelles. Peut-être aussi satisfaisait-elle un désir de revanche en permettant que les riches soient parfois plumés, et que les pauvres, ne serait-ce que comme hors-la-loi, puissent parfois se « rebiffer ». En certaines occasions elle a peut-être même fourni la structure d'un mouvement révolutionnaire ou défensif. (En tout cas dans les années 1860 on a noté chez des sociétés de secours mutuel et des groupements tels que le Fratellanza de la ville soufrière de Favara, les Fratuzzi de Bagheria ou les Stoppaglieri de Monreale, une tendance à fusionner[22].) Aux seigneurs féodaux elle offrait un moyen de sauvegarder propriété et autorité ; à la bourgeoisie rurale un moyen d'y accéder. À tous elle offrait un moyen de défense contre l'exploiteur étranger — le gouvernement bourbon ou piémontais — et une manière d'expression nationale ou locale. Aussi longtemps que la Sicile n'était rien de plus qu'une société féodale statique assujettie à une autorité extérieure, le caractère de conspiration nationale pour une résistance passive propre à la Mafia lui fournissait une assise véritablement populaire. Les *squadre* combattirent avec les libéraux palermitains (qui comprenaient l'aristocratie sicilienne anti-bourbonienne) en 1810, 1848 et 1860. Ils dirigèrent le premier grand soulèvement contre la domination du capitalisme du Nord en 1866. Son caractère national et, dans une certaine mesure, populaire rehaussait le prestige de la Mafia et lui assurait la sympathie et la discrétion du public. C'était évidemment un mouvement fort complexe englobant des éléments mutuellement contradictoires. Néanmoins, l'historien doit résister à la tentation d'étiqueter la Mafia avec plus de précision à ce stade de son développement. Il n'est pas possible d'être d'accord avec Montalbane lorsqu'il assure que les *picciotti* qui formaient alors les *squadre* révolutionnaires n'étaient pas vraiment des Mafiosi avec un grand M, mais seulement des mafiosi avec un petit m, tandis que les *contro-squadre* qui étaient déjà des équipes de brutes à gages à la solde des riches représentaient la « vraie » Mafia. C'est placer la Mafia du XXe siècle dans une époque qui n'est pas la sienne[23].

D'ailleurs, nombre d'indices donnent à penser que la Mafia prit son véritable essor vers la puissance (et les excès) en tant que mouvement de révolte régional sicilien contre les désillusions de l'unité italienne des années 1860, mouvement plus efficace que la guerilla des brigands du sud de l'Italie continentale. Ses attaches politiques, comme nous l'avons vu, la liaient à l'extrême-gauche car les radicaux garibaldiens étaient bien le principal parti italien d'opposition. Mais le caractère de la Mafia changea pour trois raisons.

Tout d'abord il y eut la montée des rapports capitalistes dans la société insulaire. L'apparition des nouvelles formes de mouvements ouvriers et paysans, à la place de l'ancienne alternance de haines secrètes et de violences ouvertes, plaça la Mafia devant un changement sans précédent. En 1866, elle combattit l'autorité par les armes pour la dernière fois. Lors du grand soulèvement paysan de 1894 — les Fasci Siciliani —, elle fut le plus souvent du côté de la réaction ou, à la rigueur, resta neutre. Inversement, ces soulèvements étaient organisés par des leaders d'un nouveau genre — les socialistes locaux — en contact avec des organisations nouvelles, les Fasci, ou sociétés de protection mutuelle, et sans aucun lien avec les hommes de main de la Mafia. C'est alors qu'apparut le nouveau rapport de forces qui devait caractériser la période moderne. La puissance de la Mafia devint inversement proportionnelle à l'activité révolutionnaire. Mais déjà on pouvait observer que l'essor des Fasci desserrait l'emprise de la Mafia sur les paysans[24]. Vers 1900 Piani dei Greci, citadelle socialiste entourée de citadelles de la Mafia, en était relativement libérée[25]. C'est seulement dans les communautés politiquement arriérées et sans défense que les brigands et les mafiosi se sont substitués aux mouvements sociaux. Toutefois, malgré de tels échecs locaux, il est certain que la Mafia dans son ensemble poursuivit ses progrès dans toute la partie occidentale de la Sicile durant cette période. Du moins la comparaison entre les résultats des enquêtes parlementaires de 1884 et de 1910 en donne-t-elle l'impression très nette[26]. En outre, la nouvelle classe dirigeante de la Sicile rurale, les gabelotti et leurs partenaires urbains élaborèrent un *modus vivendi* avec le capitalisme septentrional. Ils n'étaient pas en rivalité avec lui puisque l'industrie et les manufactures ne les intéressaient pas, et qu'ils savaient que leurs produits les plus importants tels que les oranges n'étaient pas récoltés dans le Nord ; la transformation du Sud en une colonie agraire du Nord industriel et commerçant ne les troublait donc guère. D'un autre côté, l'évolution politique du Nord allait fournir un moyen nouveau et inestimable d'accéder au pouvoir, le suffrage universel. L'apogée de la puissance de la Mafia, mais un apogée qui préfigurait son déclin, apparut avec le triomphe du « libéralisme » dans la politique italienne.

Du point de vue des politiciens du Nord, après la fin de l'ère conservatrice qui avait suivi l'unification, le problème du Sud était simple : il devait fournir de confortables majorités pour tout gouvernement qui saurait distribuer des pots de vin et des concessions suffisantes aux « manitous » locaux[27]. C'était un jeu d'enfant pour la Mafia. Ses candidats étaient toujours élus et presque à l'unanimité dans les vraies places fortes. Mais les concessions et les pots de vin qui étaient modiques, aux yeux des septentrionaux (car le Sud était pauvre), avaient une importance considérable pour les « manitous » locaux dans une région aussi peu étendue que l'était la moitié de la Sicile. La politique faisait la puissance du manitou ; puis la politique augmentait sa puissance et en faisait une industrie.

La Mafia connut cette puissance nouvelle non seulement parce qu'elle pouvait promettre et intimider, mais parce qu'en dépit de ses jeunes rivaux elle était toujours considérée comme faisant partie du mouvement populaire national ; tout comme les « bosses » des grandes villes américaines gagnèrent à l'origine leur puissance, non seulement par la corruption et la violence, mais aussi en devenant les hommes des milliers d'électeurs immigrants : des Irlandais pour les Irlandais, des catholiques pour les catholiques, des démocrates (opposés au « big business ») dans un pays de prédominance républicaine. Ce n'est pas un hasard si la plupart des « machines » politiques des grandes villes américaines, quel que soit leur degré de corruption, ont appartenu au parti traditionnel de la minorité d'opposition, tout comme les Siciliens soutinrent l'opposition contre Rome, c'est-à-dire, après 1860, les garibaldiens. C'est pourquoi le point critique de la puissance de la Mafia ne pouvait arriver avant que la « gauche » ne soit devenue le parti gouvernemental, après 1876. La « gauche », remarque Colajanni, accomplit ainsi « une transformation de la Sicile et du Sud qui n'aurait pas été obtenue autrement : la soumission complète des masses au gouvernement[28] ». L'organisation politique sicilienne, la Mafia, en vint alors à faire partie du système gouvernemental de distribution des faveurs politiques, et elle marchandait son soutien avec d'autant plus d'efficacité que ses militants isolés et illettrés mirent un certain temps à comprendre qu'ils ne votaient plus désormais pour la cause de la révolte. Lorsqu'ils le comprirent (comme lors des soulèvements des années 1890 et suivantes), il était trop tard. L'association tacite entre Rome avec ses troupes et sa loi martiale et la Mafia constituait un adversaire trop puissant pour eux. L'« Empire de la Mafia », le vrai, était né, fort désormais d'une puissance considérable. Ses membres siégeaient comme députés à Rome et leurs couteaux plongeaient au plus profond de « l'assiette au beurre » : les grandes banques et les scandales nationaux. Son influence et sa puissance dépassaient de bien loin les rêves des vieux capitaines ruraux tels que Miceli de Monreale. On ne pouvait plus lui résister ; mais la Mafia n'était plus un mouvement populaire sicilien comme aux anciens jours des *squadre* de 1848, 1860 et 1866.

III

D'où son déclin. Il nous est moins connu que l'époque de l'apogée, car aucune étude importante n'en est apparue pendant le Fascisme et fort peu depuis[29]. Parmi les facteurs de ce déclin, il y eut l'essor des ligues paysannes et du parti socialiste (puis communiste), qui offrirent au peuple une autre solution que la Mafia, en l'éloignant d'une organisation qui devenait ouvertement une force terroriste dirigée contre la gauche[29]. Les Fasci de 1893, l'agitation agraire renaissante à l'aube de la Première Guerre mondiale et dans les années troubles qui suivirent 1918 furent autant d'étapes dans le divorce entre la Mafia et les masses populaires. La période post-fasciste avec sa guerre ouverte entre les mafiosi et les socialo-communistes — les massacres de Villalba (1944) et du Portella della Ginestra (1947), la tentative d'assassinat du leader communiste sicilien Girolamo Li Causi et les meurtres de divers organisateurs syndicalistes — élargit encore le fossé[30]. Les appuis populaires dont avait bénéficié la Mafia parmi les ouvriers agricoles et les mineurs de soufre, ont eu tendance à diminuer. Il existe encore selon Renda (organisateur politique et excellent chercheur) quelques localités qui demeurent généralement et « spirituellement » mafiosi, mais « l'esprit et les habitudes mafiennes survivent en marge des grands sentiments populaires ». L'essor du vote « socialo-communiste » a été observé dans les provinces réputées comme places fortes de la Mafia, particulièrement dans les campagnes. Il est évident que la progression des suffrages recueillis par la gauche dans la province de Palerme, de 11,8 % en 1946 à 22,8 % en 1953, ou dans la province de Caltanissetta de 29, 1 % en 1946 à 37,1 % en 1953 marque un déclin de l'influence de la farouchement réactionnaire Mafia. Les 29 % de voix socialo-communistes pour la ville de Palerme lors de l'élection de 1958 confirment la tendance ; car la ville sicilienne a toujours été et demeure beaucoup moins favorable aux partis de gauche que le village, et la puissance de la Mafia à Palerme est proverbiale[31]. La gauche offre aux Siciliens une organisation moins anachronique et une protection directe et indirecte contre la Mafia surtout depuis 1945, ne serait-ce que parce que les formes les plus extrêmes du terrorisme politique de la Mafia soulèvent une indignation de plus en plus grande à Rome. Et puis, du fait que la Mafia n'est plus en mesure de décider du résultat des élections, elle a en grande partie perdu la puissance que confèrent les faveurs gouvernementales. Au lieu d'un « système parallèle », elle n'est plus politiquement parlant qu'un groupe d'influence.

Ensuite, il faut tenir compte des divisions internes de la Mafia. Elles ont revêtu et revêtent deux formes : 1) Les rivalités entre ceux qui y détiennent le pouvoir et les avantages (généralement la vieille génération), et ceux qui voudraient en jouir aussi (généralement les « jeunes »), dans un pays où le « butin » est maigre et le chômage élevé ; 2) Le conflit de l'ancienne génération des *gabelotti* illettrés, aux horizons limités à leur paroisse, et si semblables (sauf lorsqu'ils sont riches) aux paysans qu'ils pressurent, avec ses enfants de condition sociale plus élevée (les garçons qui deviennent employés de bureau ou avocats, les filles qui trouvent un mari dans un meilleur milieu, un milieu non mafioso). Ce conflit brise la cohésion familiale de la Mafia dont dépendait en grande partie sa force. La première forme de tension entre les « anciens » et les « jeunes » de la Mafia n'est pas nouvelle, puisqu'on l'observait à Monreale dès 1872. La seconde peut être repérée à Païenne dès 1875, mais dans l'hinterland elle n'est apparue qu'au cours des récentes décennies[32]. Ces rivalités constamment renouvelées entre « jeune » et « ancienne » Mafia produisent ce que Montalbane a appelé l'« étrange dialectique ». Tôt ou tard les jeunes durs qui ne peuvent gagner leur vie en travaillant, puisqu'il n'y a pas de travail, doivent y parvenir d'une autre manière : par le crime. Mais l'ancienne génération des mafiosi détient le contrôle des « rackets » lucratifs et n'est pas désireuse de le céder aux jeunes qui organisent donc des gangs rivaux, selon la même structure que la vieille Mafia et souvent avec l'aide de la police qui espère ainsi affaiblir celle-ci, alors que les jeunes mafiosi désirent l'utiliser aux mêmes fins. Tôt ou tard, si aucun adversaire n'est parvenu à supprimer l'autre — la plupart des meurtres de la Mafia sont le résultat de ces querelles intestines —, jeunes et vieux s'unissent après redistribution des dépouilles.

On estime toutefois que la Mafia a souffert depuis la première guerre de dissensions extrêmement graves et que cela pourrait être dû à des tensions du second type, intensifiées par de réelles divergences politiques, qui devaient évidemment apparaître dans une île dont l'économie, la société et les données criminelles ont changé avec une rapidité sans cesse accrue. Un exemple de ces divergences peut nous venir d'Amérique. Là-bas, à l'origine, la Mafia refusait de traiter avec les immigrants non siciliens, et livra des batailles notoires contre ses rivaux napolitains les camorristi ; citons par exemple les célèbres combats entre les Matranga et les Provenzano à La Nouvelle-Orléans vers 1880 et d'autres batailles semblables à New York dans les années 1910-1920. On a suggéré, et c'est plausible, qu'une purge de la « vieille » Mafia par la « jeune » se produisit vers 1930, l'ancienne organisation ayant alors été remplacée par une version plus moderne (l'« Unione Siciliano ») qui était, elle, prête à coopérer avec des gangsters napolitains ou même juifs[33]. Nous examinerons plus loin les nouvelles perspectives de la Mafia moderne.

En troisième lieu, il y eut le fascisme. Selon l'explication vraisemblable de Renda, Mussolini se trouva obligé de combattre la Mafia parce qu'elle soutenait puissamment le parti libéral, non fasciste. (Les élections de Palerme en 1924 avaient démontré la capacité de résistance du groupe libéraux-Mafia au processus de conquête politique faciste.) Les campagnes fascistes contre la Mafia révélèrent sa faiblesse grandissante plus qu'elles n'y contribuèrent et se terminèrent par un accord tacite entre les riches manitous locaux et le gouvernement central à peu près comme dans le passé. Mais en abolissant les élections, le fascisme priva la Mafia de la principale monnaie d'échange contre laquelle elle obtenait de Rome des avantages et des concessions ; et le mouvement des Chemises noires offrait aux mafiosi évincés ou aux mafiosi en puissance une excellente occasion de se servir de l'appareil de l'État pour supplanter leurs rivaux établis. Il accentua ainsi les tensions internes de la Mafia. Mais ses racines survécurent, elle refit surface après 1943. Pourtant, les bouleversements et les chocs qu'elle avait subis devaient avoir des répercussions sociales non négligeables. Les gros mafiosi purent s'entendre avec Rome assez facilement. Pour la plupart des Siciliens le seul changement fut une fusion du système parallèle et du gouvernement officiel en une seule et unique conjuration oppressive ; ce fut une nouvelle étape sur la route ouverte en 1876 et non un recul de l'oppression. Les petits mafiosi en revanche ont probablement souffert. On a même avancé que les campagnes fascistes « avaient interrompu le long processus par lequel les couches moyennes de la Mafia s'inséraient progressivement dans le système de la grande propriété terrienne en devenant de petits et moyens propriétaires[34] ».

On ne sait pas très bien comment la Mafia réémergea après 1943. Il paraît clair — selon le rapport de Branca en 1946 — qu'elle entretenait des rapports étroits avec le mouvement séparatiste sicilien avec lequel les Alliés avaient flirté un peu inconsidérément après leur occupation de l'île, et peut-être aussi avec le vieux parti de la propriété qui voulait préserver le *statu quo*, les libéraux. Par la suite, un rapprochement avec les monarchistes et les démocrates chrétiens semble s'être amorcé. En tout cas, le déclin très net des voix libérales et séparatistes d'un demi-million en 1947 à 220 000 en 1948 paraît signifier plus qu'une tendance chez les électeurs, surtout si l'on observe que le déclin de ces deux partis a été beaucoup plus lent depuis. Les démocrates-chrétiens reçurent la plupart de ces voix, mais les monarchistes, et le fait mérite d'être noté, n'en furent point affectés et continuèrent à progresser lentement[35]. Toutefois le maquignonnage politique au grand jour auquel se livre la Mafia n'est plus aussi important que par le passé.

En revanche, la Mafia a découvert au cours de la période d'après-guerre deux formes nouvelles d'activité économique très profitables. Sur le plan purement criminel les horizons de certains groupes de la Mafia sont sans aucun doute devenus internationaux, en partie grâce aux vastes bénéfices du marché noir et de la grosse contrebande, à une époque que les historiens considéreront certainement comme l'âge d'or dans l'histoire mondiale du crime organisé, et en partie du fait des contacts pris en Sicile avec les forces américaines d'occupation et de l'apport de nombreux gangsters américains notoires expulsés vers l'Italie. Il n'est guère douteux qu'une partie de la Mafia a adopté le trafic international de la drogue avec enthousiasme. Il est même possible — on est loin du vieux provincialisme — que des mafiosi soient prêts à obéir à des ordres venus d'ailleurs[36].

Beaucoup plus importante est la méthode grâce à laquelle la Mafia a pu survivre à la destruction de son fondement, l'économie latifondiaire. Les grandes propriétés ont disparu, les barons ont licencié leurs *campieri.* Mais la situation influente des mafiosi locaux leur a permis de tirer profit de l'immense vague de ventes de terres aux paysans qui suivit les diverses lois de réforme agraire. « On peut affirmer, dit Renda, que pratiquement toutes les acquisitions de terres par des petits paysans ont été négociées par l'entremise d'éléments mafiosi[37] qui ont donc eu tendance à conserver entre leurs mains la plupart des terres et autres biens. La Mafia a donc une fois de plus joué son rôle dans la création d'une classe moyenne sicilienne, et elle survivra sans aucun doute à la disparition de l'ancienne économie. Le mafioso qui autrefois était un *campiere* a simplement cédé la place au mafioso propriétaire foncier ou homme d'affaires.

Comment l'organisation de la Mafia s'est-elle modifiée durant cette évolution ? Nous l'ignorons. On peut conjecturer qu'elle a pu devenir plus centralisée en partie parce que l'autonomie régionale a fait de Palerme un centre encore plus vital que par le passé pour la Sicile, en partie du fait de diverses tendances qui ont modernisé les activités de la Mafia. Centralisée jusqu'à quel point ? Personne ne peut le dire et aussi longtemps que les journalistes qualifieront simultanément et avec une égale assurance différentes personnes de « chef de la Mafia » il sera sage de s'en tenir à l'hypothèse modeste selon laquelle, s'il existe vraiment une direction centrale, elle se trouve certainement à Palerme, et probablement entre les mains d'hommes de loi.

IV

La Mafia est le plus connu, mais non le seul phénomène de son espèce. On ignore combien il en existe de semblables parce que ces questions ont rarement attiré l'attention des chercheurs et seulement par intermittence celle des journalistes (les journaux hésitent à publier des nouvelles qui peuvent nuire au bon renom de la région tout comme les journalistes des stations estivales évitent de parler de la pluie). Bien que la soi-disant *Honorable Société* ('N'drangheta, Fibbia) soit depuis longtemps connue de tout un chacun en Calabre méridionale et qu'elle se soit fait remarquer par la police en 1928-1929, nous en devons toute notre connaissance à une série d'événements presque fortuits en 1953-1955. Au cours de ces deux années, le nombre des meurtres dans la province de Reggio doubla. Les activités locales de la Fibbia ayant eu des implications politiques à l'échelle nationale — la voiture d'un ministre avait été arrêtée par des bandits, par erreur dirent certains, et diverses factions s'accusèrent mutuellement d'avoir utilisé les gangsters de l'endroit —, la campagne policière d'août-septembre 1955 fut exceptionnellement bien couverte par la presse nationale. Il se trouva que la police fut mêlée à une querelle interne de la Société et qu'ainsi plusieurs de ses secrets furent étalés au grand jour[38]. Notre connaissance des mafias non siciliennes provient d'accidents de ce genre.

L'Honorable Société semble s'être formée à peu près en même temps que les Carbonari[39] et sur le même modèle car on dit que sa structure et ses rites sont toujours maçonniques. Toutefois, contrairement aux carbonari qui formaient un corps de classes moyennes opposé aux Bourbons, l'Honorable Société « se développa plutôt comme une association d'aide mutuelle pour les personnes qui désiraient se défendre contre les féodaux, l'état, ou la police ». Comme la Mafia, elle subit une certaine évolution historique. Mais contrairement à la Mafia sicilienne, elle semble avoir préservé son caractère d'organisation populaire d'auto-défense et de défense du « mode de vie calabrais ». Du moins est-ce là l'opinion des communistes locaux auxquels on peut faire confiance sur ce point car ils sont résolument hostiles aux organisations de ce genre. L'Honorable Société est ainsi restée au moins à cet égard « une association primitive, pour ainsi dire prépolitique, groupant le paysan, le berger, le petit artisan, le manœuvre qui, vivant dans un milieu aussi fermé et arriéré que celui de certains villages calabrais — particulièrement dans les montagnes — recherchent la considération, le respect, la dignité qui ne sont pas normalement accessibles au pauvre » (Longnone). Ainsi Nicola d'Agostino, de Canolo, qui fut par la suite maire communiste de son village, est-il décrit comme un homme qui, dans sa jeunesse était, comme on dit là-bas, « un homme qui savait se faire respecter ». Bien entendu il était un membre influent de la Société (comme tant de paysans communistes il fut « converti » en prison). Comme nous l'avons vu la Société considérait qu'il était de son devoir d'aider non seulement ses membres mais tous ceux qui au regard des coutumes locales étaient injustement persécutés par l'État, par exemple les auteurs de « crimes d'honneur ».

Évidemment, comme la Mafia, elle représentait un système légal parallèle capable de rendre à son propriétaire des biens volés ou de résoudre d'autres problèmes — pas toujours bénévolement — beaucoup plus efficacement que les institutions étrangères de l'État. Naturellement, tout comme la Mafia et pour des raisons analogues, elle tendait à se transformer en un système de « rackets » locaux d'extorsion, et de groupes d'intimidations qui se mettaient à la solde de quiconque désirait « devenir influent » dans la région. Des adversaires politiques citent des cas de chefs locaux dont les condamnations ont été suspendues en période électorale afin qu'ils puissent exercer leur influence dans la bonne direction. L'existence de cellules du type Mafia qui mettent leur influence au service du plus offrant (c'est-à-dire le plus souvent au propriétaire terrien ou à l'homme d'affaires local ou aux partis gouvernementaux) est bien connue. Dans la plaine de Gioia Tauro, que le touriste traverse en chemin de fer pour gagner la Sicile, il semble que les employeurs et les autorités se soient largement servi des *squadristi* (des escouades de matraqueurs fournies par la Société) depuis 1949-1950, ce qui n'est pas pour nous surprendre puisque cette année-là a marqué en Calabre le paroxysme de l'agitation populaire pour la réforme agraire. Là, la Société semble avoir pris en main le mécanisme de fourniture de la main-d'œuvre aux employeurs, phénomène caractéristique de la Mafia[40]. Mais ce n'est pas obligatoirement typique car, en dépit du caractère hiérarchique de la Société, les différentes loges de village paraissent suivre leur propre voie, certaines allant même jusqu'à s'allier avec la gauche.

La situation est encore compliquée par des rivalités personnelles à l'intérieur et entre les loges, par les vengeances d'honneur et autres complexités du milieu calabrais. Lorsque la Société est exportée par des émigrants en Ligurie ou en Australie, elle devient encore plus obscure et parfois sanglante[41]. Il paraît clair toutefois qu'elle n'a évolué que partiellement dans le sens de la Mafia sicilienne moderne.

Autre conséquence : en plusieurs endroits, la Société s'est graduellement étiolée à mesure que les mouvements de gauche ont pris racine. Elle n'est pas invariablement devenue une force politiquement conservatrice. En Gerace, on rapporte qu'elle s'est dissoute ; à Canolo — grâce à l'influence d'Agostino, le converti —, il est désormais incongru et quelque peu ridicule d'en faire partie ; même dans les villages d'extrême gauche où elle survit encore, ce n'est, dit-on, que sous une forme de franc-maçonnerie locale somnolente. Mais, et c'est là le point important, elle n'a jamais, à notre connaissance, été *collectivement* convertie en organisation de gauche alors qu'en certains endroits *elle s'est transformée* en groupe d'influence de droite.

C'est naturel. Comme nous l'avons vu, le développement de la Mafia tendait à l'éloigner du mouvement social pour en faire, au mieux, un groupe d'influence politique et au pire une organisation d'extorsion. Il y a à cela d'excellentes raisons, qui expliquent pourquoi aucun mouvement national ou social de type moderne ne peut être bâti sur les fondations d'une mafia traditionnelle si celle-ci n'a pas été profondément transformée de l'intérieur au préalable.

La première est qu'elle tend à refléter la distribution des forces de la société opprimée : les nobles et les riches sont ses dirigeants parce qu'ils règnent sur la campagne. C'est pourquoi dès que des conflits importants apparaissent entre les riches et la masse — comme c'est le cas lors des agitations agraires —, les mouvements naissants éprouvent des difficultés à s'intégrer au système de la Mafia. Inversement, quand une organisation paysanne socialiste ou communiste a atteint un certain degré de pénétration locale, elle peut presque se passer de l'aide de la Mafia.

La deuxième raison réside dans le fait que les objectifs sociaux des mouvements du type Mafia, comme ceux du brigandage, sont presque toujours assez limités, excepté lorsqu'ils revendiquent l'indépendance nationale. Et même alors, ils fonctionnent beaucoup mieux en tant que conjurations tacites visant à défendre le « mode de vie traditionnel » contre l'assaut des lois étrangères que comme moyen efficace de chasser l'oppresseur étranger. L'initiative des rébellions siciliennes du XIXe siècle est venue des libéraux et non de la Mafia. Les mafiosi se contentèrent de s'y rallier. Le fait que la forme d'organisation de type Mafia apparaisse avant la prise de conscience politique des masses, le fait que ses objectifs soient limités et défensifs explique précisément la tendance au réformisme — pour employer un terme anachronique — plutôt qu'au révolutionnarisme. La Mafia se satisfera d'une réglementation des rapports sociaux existant sans exiger leur remplacement. L'essor des mouvements révolutionnaires a donc tendance à l'affaiblir.

Enfin, elle tendra vers la stabilité sociale parce qu'en l'absence d'une organisation consciente et d'une idéologie, elle est en général incapable de créer un appareil de force physique qui ne devienne pas un appareil de crime et d'enrichissement personnel. En d'autres termes, elle tend inéluctablement à prendre des gangsters comme instruments de son action parce qu'elle est incapable de produire des révolutionnaires professionnels. Mais les gangsters ont un intérêt primordial à la propriété privée tout comme les pirates ont intérêt au commerce honnête : ils en vivent en parasites.

Pour toutes ces raisons le mouvement de type Mafia est le moins apte à se transformer en mouvement social moderne, excepté par des conversions individuelles de mafiosi. Cela ne veut pas dire toutefois que dans certaines conditions historiques des mouvements véritablement révolutionnaires ne peuvent pas présenter dans leur structure et leur comportement un bon nombre de caractéristiques rappelant étrangement la Mafia.

Note sur la Camorra[42]

La Mafia et la Camorra sont trop souvent qualifiées conjointement d'« associations criminelles » pour qu'une brève note ne soit pas nécessaire. Je ne pense pas que la Camorra puisse en aucune façon être considérée comme un « mouvement social » bien que, comme tous ceux qui sont assez puissants pour violer les lois des oppresseurs, quels que soient leurs buts, elle ait été l'objet de cette admiration qu'ont les pauvres pour le brigand, choyée par la légende et chantée « comme une féroce justice contre les oppresseurs » (Alongi, 27).

Si les meilleurs spécialistes ne se trompent pas, la Camorra était — et, si elle existe toujours, est probablement — une confrérie comme l'historien en rencontre parfois ; semblable peut-être à la pègre bâloise qui possédait ses propres tribunaux en bordure de la ville sur le Kohlenberg[43], à la Cofradia del Monopodio dont parle Cervantès dans une de ses *Nouvelles exemplaires*. Elle ne représentait aucun intérêt national ou de classe, mais les intérêts professionnels d'une élite de criminels. Ses cérémonies, ses rites étaient destinés à souligner la différence entre le milieu[44] et la masse des citoyens ordinaires ; d'où l'obligation pour les candidats et les novices de commettre un certain nombre de crimes de droit commun, bien que l'activité naturelle essentielle de la Camorra soit l'extorsion. Son critère d'« honnêteté »

— cette notion rappelle le critère d'admission aux corporations artisanales — présupposait que le candidat appartînt à la pègre : il devait avoir force et courage mais n'avoir ni sœur ni femme dans la prostitution, ne devait pas avoir été convaincu d'homosexualité passive (sans doute en tant que prostitué mâle) et ne pas avoir de rapports avec la police (Alongi, 39). La Camorra a presque certainement pris naissance dans les prisons, qui généralement et partout ont tendance à produire des « camorras » parmi les prisonniers bien que celles-ci soient rarement institutionalisées sous une forme aussi archaïque.

On ne sait pas exactement à quelle époque elle fit ses premiers pas en dehors des geôles ; l'hypothèse la plus raisonnable les situe entre 1790 et 1830 à la faveur des diverses révolutions et agitations qui se succédèrent à Naples. Une fois au grand air, sa puissance et son influence crûrent rapidement sous la protection des Bourbons qui, après 1799, virent dans le *lumpenproletariat* napolitain leur plus sûr allié contre le libéralisme. Puisqu'elle parvint à régenter les moindres détails de la vie du bas peuple napolitain — bien qu'elle tirât le plus clair de ses ressources de divers jeux de hasard —, elle devint chaque jour plus indispensable à l'administration locale, donc plus puissante. Sous Ferdinand II elle remplissait le rôle d'une police d'État contre les libéraux. Sous François II elle fit la paix avec les libéraux tout en extorquant de l'argent à certains qu'elle menaçait de dénoncer. Elle atteignit l'apogée de sa puissance pendant la révolution de 1860 lorsque les libéraux lui confièrent le maintien de l'ordre public à Naples, tâche qu'elle accomplit avec zèle et efficacité puisqu'il s'agissait principalement d'éliminer la criminalité concurrente.

En 1862 le nouveau gouvernement entreprit contre elle une campagne énergique. Mais, bien qu'il soit parvenu à mettre un terme à celles des activités de la Camorra qui se déroulaient au grand jour, il ne l'élimina pas et elle paraît s'être maintenue, et peut-être renforcée, par le biais habituel, la politique : en vendant son soutien aux divers partis (Alongi, 32).

On ne possède aucun indice d'une orientation politique quelconque, mais il faut présumer que, comme tous les criminels professionnels, la Société avait un penchant pour la propriété. À l'encontre des mafias, les organisations comme la Camorra vivent complètement en marge du monde « légitime » et n'empiètent qu'occasionnellement sur la politique ou les mouvements sociaux.

À l'extérieur des prisons son action semble avoir été limitée exclusivement à la ville de Naples, bien que des associations similaires se soient, dit-on, étendues à d'autres provinces méridionales telles que Caserta, Salerno et Bari (Alongi, 111), sans doute grâce à l'amélioration des communications. Cette limitation à une seule grande ville explique qu'elle ait pu développer une hiérarchisation et une centralisation assez étroites. En cela, comme nous l'avons vu, elle différait des mafias.

Son histoire récente est obscure. La Camorra en tant que telle semble avoir disparu, ou du moins le mot n'est-il plus employé que pour désigner une quelconque société ou confrérie secrète ou un système d'extorsion. Toutefois, une organisation ressemblant à la Camorra, bien que ses adeptes paraissent être désignés non pas sous le nom de « camorristi » mais de « magliari », semble opérer à nouveau dans la région napolitaine. Elle exerce ses rackets notamment sur le tabac et l'essence — se spécialisant dans les faux bons grâce auxquels elle ponctionne les stocks de carburants de l'OTAN. Elle trafique sur les licences en tous genres et particulièrement sur le commerce des fruits et légumes qui semble être dans une proportion importante entre les mains d'escrocs. Les gangs — on ignore s'il s'agit du type ordinaire ou du type Camorra — sont également puissants dans la région de Nola et dans la zone « sans loi » (entre Noca Inferiore, Angri et Scafati) qui est, dit-on, sous l'autorité d'un certain Vittorio Nappi (« O studente »)[45].

On peut dire en guise de conclusion que si la Camorra présente un grand intérêt pour le sociologue et l'anthropologue, elle n'a sa place dans un exposé sur les mouvements sociaux « honorables » (par opposition au monde « corrompu ») que dans la seule mesure où les miséreux de Naples ont tendance à idéaliser les gangsters comme jadis le rebelle individuel. Rien ne permet encore de penser que les camorristi ou les magliari aient jamais mérité une quelconque idéalisation.

IV

Le millénarisme
1. Lazzaretti

Parmi tous les mouvements sociaux Primitifs, le millénarisme est celui qui a le moins souffert de son caractère primitif, car sa seule caractéristique véritablement primitive est extérieure. L'essence du millénarisme, l'attente d'un changement complet et radical du monde qui se reflétera dans le millénium, un monde débarrassé de tous ses défauts, n'est pas un monopole du primitivisme. Elle est présente, presque par définition, dans tous les mouvements révolutionnaires sans exception et des éléments « millénaristes » peuvent être décelés dans tous, dans la mesure où ils s'inspirent d'idéaux. Cela ne signifie pas que tous les mouvements révolutionnaires soient « millénaristes » au sens étroit du terme et encore moins qu'ils soient tous Primitifs, postulat qui prive le livre du professeur Norman Cohn d'une partie de sa valeur[1]. D'ailleurs, il est impossible de comprendre l'histoire révolutionnaire moderne si l'on ne saisit pas la différence entre les mouvements révolutionnaires Primitifs et les modernes, malgré l'idéal qu'ils ont en commun : un monde absolument nouveau.

Le mouvement millénariste ancien, typique de l'Europe, présente trois caractéristiques principales. En premier lieu un refus total du cruel monde présent et la recherche passionnée d'un monde meilleur ; en un mot, l'esprit révolutionnaire. En second lieu une « idéologie » assez stéréotypée, du genre chiliastique, telle que l'a analysée et décrite le professeur Cohn. La plus importante idéologie de ce type avant l'avènement du révolutionnarisme temporel moderne, la seule peut-être, est le messianisme judéo-chrétien. En tout cas, il semble que les mouvements millénaristes classiques se rencontrent seulement ou presque seulement dans les pays soumis à la propagande judéo-chrétienne. Cela est normal car il est difficile de construire une idéologie millénariste dans une tradition religieuse qui voit le monde comme un flux et un reflux incessant, comme une série de mouvements cycliques ou comme un ordre définitivement établi, immuable. Ce qui fait les millénaristes, c'est la notion que le monde tel qu'il est peut avoir — et même aura — une fin, un jour, pour être entièrement reconstruit ensuite. C'est une notion tout à fait étrangère à des religions comme l'hindouisme et le bouddhisme[2] sans que, pour autant, les vraies croyances d'un quelconque mouvement millénariste soient forcément chiliastiques au sens juif ou chrétien. En dernier lieu les mouvements millénaristes ont en commun une obscurité totale sur la manière dont cette société nouvelle verra le jour.

Il est difficile de définir cette dernière donnée avec plus de précision car ces mouvements diffèrent d'un extrême à l'autre, depuis les plus passifs jusqu'à ceux qui déjà emploient, ou presque, les méthodes révolutionnaires modernes ou même, comme nous le verrons, se fondent tout naturellement dans ces mouvements.

Mais on pourrait peut-être la clarifier ainsi : les mouvements révolutionnaires modernes ont implicitement ou explicitement certaines idées bien définies sur la façon dont la vieille société sera remplacée par la nouvelle. La plus importante concerne ce que nous pourrions appeler le « transfert du pouvoir ». Les anciens tyrans doivent être renversés. Le « peuple » (ou la classe ou le groupe révolutionnaires) doit assumer le pouvoir et prendre certaines mesures — redistribution des terres, nationalisation des moyens de production, etc. Dans tout cela l'effort organisé des révolutionnaires est décisif et des doctrines d'organisation, une stratégie, une tactique parfois très complexes sont élaborées pour les aider à parvenir à ce but. Par exemple, ils organisent une démonstration de masse, érigent des barricades, marchent sur l'hôtel de ville, hissent le drapeau tricolore, proclament la République une et indivisible, désignent un gouvernement provisoire et convoquent une assemblée constituante. (C'est en gros le processus classique que les révolutionnaires ont appris de la Révolution française. Ce n'est pas, évidemment, le seul.) Mais le mouvement millénariste pur agit différemment, soit à cause de l'inexpérience de ses membres et de l'étroitesse de leurs horizons, soit du fait des idéologies et préjugés millénaristes. Ses militants ne sont pas des faiseurs de révolution. Ils attendent qu'elle se fasse toute seule par opération divine, par une proclamation du Très Haut, par miracle. Le rôle du peuple avant le grand changement consiste à se rassembler, à se préparer, à guetter les signes avant-coureurs de la ruine imminente, à écouter les prophètes qui prédisent la venue du grand jour, et peut-être à accomplir certains rites en prévision du moment suprême ou à se purifier en lavant les impuretés du présent afin de pouvoir pénétrer immaculés dans le nouveau monde. Entre les deux extrêmes, le millénariste « pur » et le révolutionnaire politique « pur », il existe une variété presque infinie de positions intermédiaires. En fait les mouvements millénaristes examinés ici occupent ces positions intermédiaires, les lazarettistes tout proches de l'un des extrêmes, les anarchistes espagnols plus près théoriquement de l'autre.

Lorsqu'un mouvement millénariste se transforme ou est absorbé par un mouvement révolutionnaire moderne il conserve de ce fait la première de ses caractéristiques. Généralement, il abandonne la seconde, du moins en partie, lui substituant une théorie moderne c'est-à-dire le plus souvent temporelle, de l'histoire ou de la révolution : nationaliste, socialiste, communiste, anarchiste ou autre. Enfin, à son esprit fondamentalement révolutionnaire il ajoute une superstructure de politique révolutionnaire moderne : un programme, une doctrine sur le transfert du pouvoir, et surtout une méthode d'organisation. Ce n'est pas toujours facile, mais les mouvements millénaristes diffèrent de certains de ceux que nous avons vus dans ce livre en ce qu'ils n'opposent aucun obstacle *structurel* fondamental à la modernisation. Du moins, comme nous le verrons, de tels mouvements ont-ils été intégrés avec succès dans des mouvements révolutionnaires modernes. L'intérêt qu'ils présentent pour l'historien des XIXe et XXe siècles réside dans le processus grâce auquel ils sont ainsi absorbés ou dans les raisons qui font qu'ils ne le sont pas. C'est ce que nous allons examiner dans ce chapitre et dans les deux suivants.

Il n'est pas toujours facile de déceler le ferment politique rationnel dans les mouvements millénaristes car leur simplicité même, l'absence d'une stratégie et d'une tactique révolutionnaires efficaces, leur font pousser la logique révolutionnaire jusqu'à l'absurdité. Ils sont irrationnels, utopiques. Étant donné qu'ils croissent le mieux en période d'agitation sociale et qu'ils ont tendance à parler le langage de la religion apocalyptique, le comportement de leurs membres est souvent insolite au regard des critères normaux. On les méconnaît aussi facilement que William Blake qui, récemment encore, était couramment considéré non pas comme un révolutionnaire, mais simplement comme un excentrique, un visionnaire et un mystique de l'autre-monde[3]. Lorsqu'ils désirent exprimer leur critique fondamentale du monde actuel, ils peuvent par exemple, comme les grévistes anarchistes millénaristes en Espagne, refuser de se marier tant que le monde nouveau n'aura pas été instauré ; lorsqu'ils veulent exprimer leurs refus des palliatifs et autres demi-mesures, ils peuvent (toujours comme les grévistes andalous au début du XXe siècle) refuser de revendiquer des augmentations de salaire, même lorsque les autorités les y incitent. Lorsqu'ils veulent exprimer leur désir d'un monde nouveau complètement différent de l'ancien il peut leur arriver de croire, comme les paysans siciliens, que même les conditions climatiques peuvent être changées. Leur comportement peut être extatique au point de faire penser à une hystérie collective. Mais par ailleurs, leur programme peut être vague au point de faire douter de son existence. Ceux qui ne parviennent pas à comprendre la nature de leur inspiration — et même parfois ceux qui y parviennent — peuvent être tentés d'interpréter leur comportement comme insensé ou pathologique, ou mieux, comme une réaction instinctive à des conditions de vie intolérables.

Sans chercher à le faire paraître plus sensé et moins extraordinaire qu'il n'est souvent, il est souhaitable que l'historien apprécie la logique et même le réalisme — si le mot peut être employé dans ce contexte — qui les inspire, car il est difficile autrement de comprendre les mouvements révolutionnaires. Ceux-ci ont cette particularité que les personnes qui ne comprennent pas l'intérêt qu'ils peuvent présenter sont incapables d'en dire quoi que ce soit d'intéressant, alors que celles qui le comprennent sont incapables d'en parler d'une manière intelligible pour les autres. Il est particulièrement difficile, mais nécessaire, de comprendre cet utopisme ou « impossibilisme » que les révolutionnaires les plus Primitifs partagent avec tous les autres, sauf les plus évolués ; car même ceux-ci éprouvent un sentiment de douleur quasi physique à l'idée que l'avènement du socialisme n'éliminera pas *tous* les maux, les amours malheureuses et les deuils et ne résoudra pas *tous* les problèmes ; un sentiment qui se reflète dans l'abondante littérature de la déception révolutionnaire.

D'abord l'utopisme est probablement un artifice social nécessaire pour susciter les efforts surhumains sans lesquels aucune révolution importante ne peut être réalisée. Du point de vue de l'historien, les transformations apportées par les Révolutions française et russe sont suffisamment étonnantes. Mais les jacobins auraient-ils entrepris leur tâche pour échanger la France de l'abbé Prévost contre la France de Balzac et les bolcheviks pour échanger la Russie de Tchékhov contre celle de Khrouchtchev ? Probablement pas. Il leur était essentiel de croire qu'une « prospérité et une liberté exceptionnelles seraient le fruit de leurs victoires[4] ». Ce ne sera évidemment pas le cas, bien que le résultat de la révolution puisse être très tangible.

Ensuite, si l'utopisme peut devenir un tel stratagème social *c'est que les mouvements révolutionnaires et les révolutions donnent l'impression qu'aucune transformation, ou presque, n'est hors de leur portée*. Si les révolutionnaires avaient besoin de la preuve que « la nature humaine peut être transformée » — c'est-à-dire qu'aucun problème social n'est insoluble —, le spectacle de ses transformations au sein de ces mouvements et lors des révolutions y suffirait :

> Cet homme, je le croyais
> Rien qu'une brute avinée
> Aujourd'hui il est dans ma chanson ;
> Lui aussi a rejeté son triste rôle
> Dans la comédie quotidienne ;
> Lui aussi a été changé à son tour,
> Totalement transfiguré :
> Une impitoyable beauté vient de naître.

C'est cette conscience du changement *total* non pas en tant qu'aspiration mais en tant que fait — du moins temporaire — qui rend un son si réel dans le poème de Yeats sur le soulèvement de Pâques et vibre comme un glas à la fin de ses stances : « Tout est changé, changé totalement, une impitoyable beauté vient de naître. » La liberté, l'égalité peuvent être des réalités vivantes en ces instants des grandes révolutions sociales dont les révolutionnaires qui les ont vécues parlent en des termes habituellement réservés à l'amour romantique : « Un bonheur merveilleux d'avoir été vivant en cette aube, mais d'y avoir été jeune… un Paradis. » Non seulement les révolutionnaires imposent les règles morales les plus hautes, en dehors de celles des saints, mais en de tels moments ils les respectent, même quand cela implique des difficultés pratiques considérables, comme dans les rapports entre les sexes[5]. Ils offrent en ces instants une image miniature de la société idéale dans laquelle tous les hommes sont frères et sacrifient tout au bien commun sans renoncer à leur personnalité. Si une telle chose est possible au sein de leur mouvement, pourquoi ne le serait-elle pas ailleurs ?

Quant à la masse de ceux qui n'appartiennent pas à l'élite révolutionnaire, le seul fait de devenir révolutionnaires et de découvrir la force du peuple leur semble tellement miraculeux que tout leur paraît également possible. Un observateur des Fasci siciliens a fort justement remarqué cette logique : si un grand mouvement de masse pouvait jaillir soudain de la terre, si des millions d'hommes pouvaient tout à coup être arrachés à la léthargie et au fatalisme ancestral par un seul discours, comment était-il possible de douter que des événements grandioses viendraient bientôt bouleverser la société ? Des hommes avaient changé. Il était possible de voir leur transformation s'accomplir. Des êtres nobles qui dans leur vie observaient des règles de la bonne société — pauvreté, fraternité, humilité — travaillaient sous les yeux mêmes des sceptiques incorrigibles, apportant une preuve supplémentaire de la réalité et de la force de cet idéal. Nous verrons l'importance de ces apôtres révolutionnaires locaux parmi les anarchistes andalous, mais n'importe quel observateur des mouvements révolutionnaires modernes reconnaît leur présence dans la plupart de ces mouvements et la pression qui s'exerce sur l'élite révolutionnaire en faveur d'une vie morale exemplaire : ne pas gagner plus, ne pas vivre mieux, travailler plus, être « pur », sacrifier son bien-être personnel (au sens attribué à ce mot dans l'ancienne société) au peuple. Lorsque les vieilles habitudes de vie s'insinuent à nouveau — par exemple après le triomphe d'un nouveau régime révolutionnaire —, le peuple (exception faite de certains groupes restreints et hermétiques d'hommes et de femmes exceptionnellement dévoués) n'en conclura pas que les changements qu'il attend sont inapplicables pour de longues périodes, mais que l'on glisse à nouveau sur la mauvaise pente ou que l'on a « trahi » la révolution. Car la possibilité de rapports parfaits entre les êtres humains a bien été démontrée en pratique. Que peut-il y avoir de plus significatif ?

Les problèmes qui se posent aux mouvements millénaristes sont, ou paraissent, simples à l'époque exaltante de leur première poussée, de leurs jeunes et foudroyants progrès. Ils sont d'autant plus complexes dans les périodes qui suivent les révolutions et les soulèvements.

Étant donné qu'aucun des mouvements étudiés dans ce livre n'a triomphé à l'heure actuelle, la question de savoir ce qui se produira lorsqu'ils découvriront que leur victoire ne résout pas *tous* les problèmes de l'humanité ne doit pas nous préoccuper, mais bien plutôt leur défaite. Celle-ci leur pose le problème de savoir comment ils maintiendront l'esprit révolutionnaire en tant que force permanente. Les seuls mouvements millénaristes qui éludent ce problème sont les mouvements-suicides car la mort de tous leurs membres les rend quasiment théoriques[6]. Habituellement la défaite engendre très vite une doctrine qui explique pourquoi le millénium n'est pas arrivé et pourquoi le vieux système va encore sévir un certain temps : les signes avant-coureurs de l'imminente catastrophe ont été mal interprétés ou quelque autre erreur a été commise. (Les Témoins de Jéhovah possèdent une abondante littérature exégétique qui explique pourquoi la non-venue de la fin du monde à la date prévue n'invalide pas la prédiction.) Reconnaître que la vieille société va survivre, c'est reconnaître qu'il faut bien y vivre. Mais comment ?

D'ailleurs certains millénaristes, tout comme certains révolutionnaires, abandonnent tacitement leur révolutionnarisme pour accepter le *statu quo*, ce qui est d'autant plus facile que le *statu quo* devient plus tolérable pour le peuple. Certains deviennent même des réformistes ou encore découvrent que l'extase de la période révolutionnaire et son enchantement ont pris fin, que ce qu'ils désiraient vraiment ne nécessite pas un changement aussi fondamental qu'ils l'avaient pensé. Ou bien, ce qui est plus probable, ils s'enferment dans la « vie intérieure du mouvement » ou de la secte, vie intérieure passionnée, abandonnant le reste du monde à sa mesquinerie, se bornant à quelques manifestations formelles de leur foi, de leurs espoirs ou même du programme millénariste : par exemple, le pacifisme et le refus de prêter serment. D'autres se contentent de s'isoler et d'attendre la prochaine crise révolutionnaire (pour employer un terme non-millénariste) qui entraînera certainement la destruction totale du vieux système et l'avènement du nouveau. C'est évidemment dans les régions où les conditions économiques et sociales de la révolution existent à l'état endémique que cela est le plus facile : comme en Italie du Sud, où chaque changement politique du XIXe siècle, d'où qu'il vînt, produisait automatiquement des « marches » solennelles de paysans, tambours et bannières en tête, pour occuper les terres[7], ou en Andalousie où, comme nous le verrons, des vagues révolutionnaires millénaristes se soulevèrent à peu près tous les dix ans pendant quelque soixante-dix ans. D'autres, nous le verrons aussi, conservent leur ancienne ardeur à suffisance pour s'attacher à des mouvements révolutionnaires de type non millénariste même après de longues périodes d'apparente inaction.

C'est là précisément que se trouve leur capacité d'adaptation. Les mouvements réformateurs Primitifs se perdent facilement dans la société moderne, ne serait-ce que parce que la tâche qui consiste à obtenir un règlement équitable des rapports sociaux dans le cadre du système existant, la création de conditions confortables ou tolérables, sont beaucoup plus à la portée d'organisations et de mouvements construits à la mesure des sociétés modernes : les coopératives sont beaucoup plus aptes à obtenir pour les paysans une juste rémunération de leur travail que les Robin des Bois. Mais l'objectif fondamental des mouvements socio-révolutionnaires est beaucoup plus constant, même quand varient les circonstances concrètes de leur combat, comme on peut le constater en comparant les passages dans lesquels les grands écrivains utopistes ou révolutionnaires font leur critique des sociétés existantes, avec ceux dans lesquels ils offrent des remèdes ou des réformes spécifiques. Comme nous le verrons dans le chapitre sur les Fasci siciliens, les millénaristes peuvent facilement échanger le costume primitif dont ils habillent leurs aspirations contre la défroque moderne de la politique socialiste ou communiste. Inversement, nous l'avons vu, même les moins millénaristes des révolutionnaires modernes portent en eux une notion « d'impossibilisme » qui en fait les cousins des taborites et des anabaptistes, parenté qu'ils n'ont jamais reniée. La jonction des deux est facile et une fois qu'elle est effectuée le mouvement primitif peut se transformer en un mouvement moderne.

Je me propose de discuter de trois mouvements présentant des degrés divers de millénarisme et d'adaptation à la politique moderne, les lazzarettistes de la Toscane méridionale (depuis environ 1875), les anarchistes ruraux d'Andalousie (depuis 1870 jusqu'à 1936) et les mouvements paysans siciliens (depuis les années 1890-1893). Aux XIXe et XXe siècles, de tels mouvements ont surtout été agraires, bien qu'il n'y ait pas de raison *a priori* pour qu'ils ne soient pas urbains et dans le passé ils l'ont parfois été. (Mais les travailleurs citadins de notre époque ont généralement acquis des types d'idéologie révolutionnaire plus modernes.) Des trois types choisis ici, les lazzarettistes offrent le vrai spécimen de laboratoire de l'hérésie millénariste médiévale ayant survécu au fond d'une région arriérée de l'Italie. Le deuxième et le troisième offrent des exemples des caractéristiques millénaristes des mouvements sociaux dans une paysannerie animée d'un esprit révolutionnaire qui est endémique dans des régions très pauvres et arriérées. Les anarchistes sont intéressants surtout parce qu'ils présentent un millénarisme entièrement séparé des formes religieuses traditionnelles, puisqu'il va jusqu'au militantisme athée et antichrétien. Par ailleurs, ils démontrent également la faiblesse politique des mouvements millénaristes qui se sont transformés imparfaitement (inefficacement) en mouvements révolutionnaires modernes. Les Fasci siciliens bien que moins « modernes » par certains côtés — leurs membres n'abandonnaient pas complètement leur idéologie traditionnelle —, nous permettent d'étudier très clairement l'absorption du millénarisme par un mouvement révolutionnaire moderne, le parti communiste.

Il faut cependant noter que la présente étude n'est qu'une ébauche provisoire et qu'en dépit d'une très forte tentation j'ai évité les comparaisons avec les mouvements millénaristes extra-européens qui ont récemment fait l'objet d'études très sérieuses[8]. Les raisons de ma résistance à cette tentation sont exposées brièvement dans l'Introduction.

LE SAUVEUR AU MONTE AMIATA

L'extraordinaire absence d'esprit pratique dans les mouvements millénaristes a souvent conduit les observateurs à nier non seulement qu'ils puissent être révolutionnaires, mais encore sociaux. C'est tout particulièrement le cas de Davide Lazzaretti, le messie du Monte Amiata[9]. On prétend, Signore Barzellotti par exemple, que les lazzarettistes formaient un mouvement purement religieux. C'est là une assertion un peu hâtive, car le genre de communauté qui a produit les hérésies millénaristes ne se prête pas à une distinction très claire entre le religieux et le séculier. Discuter sur la question de savoir si une secte est religieuse ou sociale est sans objet car elle sera toujours automatiquement, d'une façon ou d'une autre, les deux. Pourtant, il est clair aussi que les lazzarettistes se passionnaient pour la politique. La devise de leur drapeau était, selon les uns, « La République et le Royaume de Dieu » ou, selon les autres, « La République est le Royaume de Dieu », l'Italie étant à l'époque une monarchie. Lorsqu'ils marchaient en procession ils chantaient — sans doute en écho aux chansons de la guerre de Libération italienne de 1859-1860 :

Nous suivons la Foi
Pour sauver la mère patrie,
Vive la République,
Dieu et la Liberté[10]

Et le Messie lui-même s'adressait en ces termes à son peuple qui lui répondait :

— Que voulez-vous de moi ? La paix et la compassion. Est-ce cela que vous désirez ?

— Oui, la paix et la compassion.

— Désirez-vous ne plus payer d'impôts ?

— Oui.

— Êtes-vous pour la République ?

— Oui.

— Mais ne croyez pas que ce sera la République de 1849. Ce sera la République du Christ. Donc, criez tous avec moi : Longue vie à la République de Dieu[11].

Il n'est pas étonnant que les autorités du Royaume d'Italie aient considéré le lazzarettisme comme un mouvement subversif.

Le Monte Amiata se dresse à l'extrême sud-est de la Toscane, aux confins de l'Ombrie et du Latium. Le territoire lazzarettiste était et demeure composé en partie d'une région montagneuse très arriérée, avec quelques troupeaux et cultures, de minuscules exploitations minières, et en partie d'une *maremme*, ou plaine côtière également arriérée, bien que le gros des forces lazzerettistes semble s'être trouvé dans les montagnes. Tant sur le plan économique que sur le plan culturel, le pays était donc extrêmement primitif. Les deux tiers environ de la population d'Arcidosso, la principale bourgade de la région, étaient illettrés : pour être précis soixante-trois pour cent de ses six mille quatre cent quatre-vingt-onze habitants[12]. La plupart d'entre eux étaient des petits propriétaires et des métayers *(mezzadri)*. Il y avait aussi peu de non-propriétaires que d'industrie. On ne peut pas dire exactement si les Amiatini étaient désespérément pauvres ou simplement très pauvres... Ce qui est certain c'est que l'unité italienne commença à entraîner cette contrée extrêmement arriérée dans l'économie de l'État libéral italien et à créer un malaise social et une tension considérables.

L'irruption du capitalisme moderne dans la société paysanne, généralement sous forme de réformes d'inspiration libérale ou radicale (introduction d'un marché libre de la terre, sécularisation des propriétés ecclésiastiques et réforme des lois sur les terres publiques et les forêts) a toujours eu sur cette société les effets d'un cataclysme. Lorsqu'elle survient brusquement à la suite d'une révolution, d'un bouleversement général des lois et des pratiques, d'une conquête étrangère, donc sans la préparation d'une évolution des forces sociales locales, ses effets sont d'autant plus traumatisants. Au Monte Amiata c'est par les impôts que le nouveau système social bouleversa l'ancien de la manière la plus flagrante ; comme ce fut le cas ailleurs. La construction de routes commencée en 1868 fut financée par les contributions locales. À Castel del Piano, Cinigiano, Roccalbegna et Santa Fiora, le chiffre des impôts provinciaux et communaux supplémentaires s'élevait à plus du double de l'ancien impôt national et à Arcidosso il était le triple[13]. Il s'agissait surtout de taxes sur les terres et les habitations fermières. Il n'est pas étonnant que les percepteurs de Santa Fiora se soient plaints de ce que certains boutiquiers arent refusé de les payer, car les lazzarettistes leur avaient promis qu'ils n'auraient plus d'impôts[14]. Là encore, comme ce fut souvent le cas, l'application à toute l'Italie du droit piémontais, c'est-à-dire d'un code économique libéral, provoqua un déséquilibre sérieux dans la société locale[15]. Ainsi la loi sur les forêts qui abrogeait les droits coutumiers en matière de pâturage public et de ramassage du bois fut tragique pour les petits propriétaires et exacerba leurs rapports avec les grands[16]. Il est donc naturel d'entendre les lazzarettistes prêcher un ordre nouveau au sein duquel les biens et les terres seraient distribués différemment et au sein duquel fermiers et métayers recevraient une plus grande part de la récolte[17]. (La lutte pour une meilleure part de la récolte demeure à ce jour le problème dominant de l'Italie rurale du centre, et peut-être la principale raison de la puissance communiste dans cette région, en dépit de l'absence virtuelle de grandes plantations ou d'industrie. La province de Sienne sur laquelle Monte Amiata est en partie située émet le plus gros pourcentage de votes communistes de toute l'Italie, 48,8 % en 1953[18].) Les circonstances étaient donc propices à un mouvement de révolte sociale. Du fait de l'isolement de cette partie de la Toscane, un tel mouvement devait inévitablement revêtir une forme primitive.

Tournons-nous maintenant vers Davide Lazzaretti lui-même. Il naquit en 1834. Étant devenu roulier, il sillonnait la région. Bien qu'il ait prétendu avoir eu une vision à l'âge de quatorze ans — l'année de la Révolution de 1848 —, il avait la réputation d'un matérialiste, pour ne pas dire d'un blasphémateur, jusqu'à sa conversion en 1868. Cette année-là est sans doute décisive car elle fut celle d'un grand soulèvement populaire en Italie. La récolte de 1867 avait été mauvaise. Une crise industrielle sévissait en outre et la taxe de meunerie qui venait d'être imposée par le Parlement avait fait monter les prix alimentaires et provoqué un profond mécontentement dans les campagnes. Toutes les provinces sauf douze connurent des émeutes contre cette taxe, au cours desquelles quelque deux cent cinquante personnes furent tuées, mille quatre-vingt-dix-neuf blessées et trois mille sept cent quatre-vingt-huit arrêtées[19]. Il ne faut pas s'étonner qu'un paysan ait traversé cette année-là une crise intellectuelle et spirituelle. De plus le conflit franco-prussien imminent, avec ses conséquences prévisibles sur la papauté, provoqua une vive émotion chez les catholiques. Lazzaretti penchait à l'époque du côté du Saint-Siège bien que ses sermons ne fussent pas dépourvus d'une certaine consonance gauchiste ou républicaine, ce qui était naturel chez un homme qui avait combattu comme volontaire dans l'armée nationale en 1860. Les papistes, opposés qu'ils étaient au gouvernement laïc, encourageaient à l'époque le soulèvement agraire (les bagarres furent particulièrement sévères dans les anciennes provinces pontificales où les slogans catholiques proliféraient) et on a même affirmé qu'ils avaient protégé les débuts de Lazzaretti dont la doctrine leur paraissait susceptible de contrebalancer l'influence libérale laïque. Il est certain que Lazzaretti fut longtemps soutenu par l'Église.

Alors qu'il commençait, après 1868, à être localement connu comme un « saint homme », il ébaucha l'élaboration de ses doctrines et de ses prophéties. Il se croyait le lointain descendant d'un roi de France (la France étant à l'époque le principal protecteur de la papauté). Vers la fin de 1870 dans les *Rescritti Profetici*, également intitulés *L'Éveil des peuples*, il prédit la venue d'un prophète, capitaine, législateur et réformateur, un nouveau pasteur descendu du

Sinaï qui devait soulever et libérer les peuples courbés « comme des esclaves sous le despotisme du monstre d'ambition, d'hypocrisie, d'hérésie et d'orgueil » : un monarque dont la tâche serait de réconcilier l'Église avec le peuple italien, de « descendre de la montagne à la tête d'un millier de jeunes hommes, tous de sang italien », qui formeraient la « Milice du Saint-Esprit » et qui viendraient régénérer l'ordre moral et civique[20]. Il se mit bientôt à fonder des colonies communistes sur le Monte Amiata où les fidèles construisirent une église et une tour pour son usage personnel. Tout cela lui valut d'être accusé d'activités subversives mais Lazzaretti s'arrangea pour éviter une condamnation grâce à quelques soutiens influents.

Il s'éloignait peu à peu de la vieille orthodoxie. Au cours de divers jeûnes et voyages, il élabora la version définitive de sa doctrine. Lui, Lazzaretti, serait le roi et le Messie. Le Seigneur construirait sept cités sacrées, une sur le Monte Amiata et les autres en divers endroits ou pays appropriés. Jusqu'alors il y avait eu le Règne de la Grâce (qu'il identifia avec le pontificat de Pie IX). Viendrait ensuite le Règne de la Justice puis la Réforme du Saint-Esprit, troisième et dernier âge du monde. De grandes calamités viendraient annoncer la libération définitive des hommes par la main de Dieu[21]. Mais lui, Lazzaretti, mourrait. Les spécialistes de la pensée médiévale et particulièrement ceux des doctrines joachimites reconnaîtront des parallélismes frappants entre cette doctrine et celles des hérésies populaires traditionnelles. Le moment crucial survint en 1878. Le début de cette année-là vit la mort de Victor-Emmanuel et de Pie IX et, selon Lazzaretti, la succession des pontifes prenait fin. Il est également utile de rappeler que l'Italie était en pleine crise agricole. Les prix des céréales et les salaires diminuaient depuis 1875 et, bien qu'il n'y ait aucune raison particulière de remarquer l'an 1878 — en fait 1879 fut l'année catastrophique, comme en bien d'autres contrées d'Europe —, les années déjà écoulées suffisaient à confirmer aux yeux des paysans toscans les signes avant-coureurs de la fin du monde. Lazzaretti revint de France où il avait trouvé quelques subsides et déclara être le Messie. Lorsqu'il en informa le Vatican, il fut tout naturellement excommunié. Mais au Monte Amiata son influence était considérable. Hommes et femmes venaient à lui au point que les églises locales étaient abandonnées[22]. Il annonça qu'il descendrait de sa montagne le jour précédant l'Assomption, le 14 août. Trois mille personnes s'y rassemblèrent. Combien étaient des fidèles, combien des curieux ? On ne sait. Il avait acheté et fabriqué pour ses plus proches fidèles une série de costumes qu'ils portaient pour se constituer en « Légion italienne » et en « Milice du Saint-Esprit ». On hissa le drapeau de la République de Dieu. Pour différentes raisons la descente fut retardée jusqu'au 18 août. Au jour dit, chantant leurs hymnes, les lazzarettistes descendirent de la montagne sur Arcidosso où les carabiniers leur intimèrent l'ordre de faire demi-tour. Lazzaretti leur répondit : « Si vous désirez la paix je vous apporte la paix, si vous cherchez la compassion vous aurez la compassion, si vous voulez du sang me voici. » Après un échange confus, les carabiniers tirèrent. Lazzaretti fut parmi les morts. Ses principaux apôtres furent jugés et condamnés, le tribunal s'efforçant vainement de prouver qu'ils avaient voulu piller les maisons des riches et déclencher une révolution. Cela n'avait pas été leur intention. Ils proclamaient la République de Dieu, le troisième et dernier âge du monde, un programme infiniment plus vaste que la mise à sac de quelques résidences. Mais leur heure n'était pas encore venue.

Ce fut presque la fin des lazzarettistes, exception faite de quelques proches disciples qui persistèrent, et dont le dernier mourut en 1943. D'ailleurs un livre écrit la même année mentionne le « dernier des Giurisdavidici ». Il y a pourtant un épilogue : lorsqu'en 1948 on tenta d'assassiner Togliatti, le leader communiste italien, les communistes en plusieurs endroits pensèrent que le grand jour était arrivé et commencèrent à attaquer les postes de police et à s'emparer du pouvoir jusqu'à ce que leurs chefs les calment. Arcidosso figure parmi les localités où eurent lieu de tels incidents. Plus tard un chef communiste, qui avait un penchant pour l'histoire et qui présidait une réunion publique, ne put résister à la tentation d'évoquer le prophète Lazzaretti et le massacre de 1878. Après la réunion, il fut pris à part par plusieurs membres de l'assistance qui lui dirent combien ils avaient apprécié ses paroles. C'étaient des lazzarettistes. Ils sont nombreux dans cette région. Ils se rangeaient naturellement du côté des communistes puisqu'ils étaient contre la police et l'État. Le prophète aurait certainement suivi la même voie. Mais jusqu'alors ils avaient ignoré que les communistes eux-mêmes reconnaissaient la valeur de l'œuvre de Davide Lazzaretti. Le mouvement millénariste originel avait ainsi survécu souterrainement, comme il arrive souvent en pareil cas, à l'insu du monde urbain. Il avait été absorbé par un mouvement révolutionnaire plus vaste et plus moderne. Le soulèvement d'Arcidosso en 1948 fut une seconde édition, revue et corrigée, de la descente du Monte Amiata.

Qui étaient, qui sont les lazzarettistes ? Comme on pourrait s'y attendre, peu d'entre eux étaient riches.

Peu étaient totalement dépourvus de terres. Leur plus grande force semble être venue de la petite paysannerie, des métayers, artisans et autres habitants des villages de montagne. Cela est encore exact aujourd'hui, bien que les membres paysans de la secte, comme c'est souvent le cas, aient amélioré leur condition et comptent maintenant des hommes possédant un certain niveau social et jouissant du respect de leur concitoyens. L'expérience a d'ailleurs montré que les hérésies « pures » du type médiéval attirent aujourd'hui moins les hommes totalement dépourvus de terre qui rejoignent directement les mouvements socialistes ou communistes que les petits paysans, petits commerçants et artisans ruraux. Leur condition les entraîne en avant et les retient en arrière en même temps : vers une société nouvelle, vers la chimère d'un passé sans ombre, l'âge d'or, « le bon vieux temps »; peut-être la forme sectaire du millénarisme exprime-t-elle cette dualité. En tout cas, les différentes sectes hérétiques qui ont surgi en Italie du Sud, dans une atmosphère qui rappelle plus la révolte paysanne à l'époque de Luther qu'à celle de Lénine, présentent cette tendance, bien qu'on ne puisse en être certain tant qu'une étude des hérésies rurales méridionales (d'anciennes communautés comme les Vaudois, ou « l'Église des Frères chrétiens », de plus nouvelles comme l'Église de la Pentecôte, les adventistes, les baptistes, les Témoins de Jéhovah et les églises du Christ) n'a pas été entreprise[23]. Quoi qu'il en soit, Chironna l'Évangélique, dont Rocco Scotellaro a choisi l'autobiographie comme typique de ce genre de paysan, est un métayer « né dans une modeste famille de cultivateurs[24] ». Les célèbres juifs de San Nicandro semblent appartenir à des groupes analogues. Leur fondateur possède une très petite terre et plusieurs de ses principaux disciples sont des artisans (cordonniers, etc.)[25]. Les « Pentecôtistes », selon Mme Cassin, éprouvent une attirance particulière pour les artisans, et les dirigeants syndicalistes de la Confédération générale des travailleurs italiens (C.G.I.L.) de la province de Foggia considèrent les protestants comme un groupe composé principalement de petits paysans ; « une secte de jardiniers », m'a dit l'un deux[26].

Mais l'affinité des lazzarettistes pour le socialisme et le communisme n'est pas unique en son genre. Le ferment religieux parmi les paysans du Sud n'est qu'un aspect de leur révolutionnarisme endémique bien que — si l'expérience du Mont Gargano est un critère — il ait tendance à passer au premier plan lorsqu'il n'a pas encore trouvé, ou s'est vu refusé, une expression politique. Ainsi le protestantisme fit ses premiers progrès importants après 1922, c'est-à-dire après la défaite des ligues paysannes, le triomphe du fascisme et la fermeture de l'Amérique aux immigrants. Là encore, on m'assure que dans la province de Cosenza (Calabre) il a fait ses plus gros progrès dans les zones politiquement sous-développées du Nord. À Foggia, il est probable que les sectes soient plus solidement implantées de part et d'autre de la plaine du Tavolière que dans la plaine elle-même, avec sa vieille et puissante tradition socialiste. Toutefois, dans des conditions comme celles qui prévalent en Italie du Sud, il est virtuellement impossible pour un hérétique en religion de ne pas être également un allié des mouvements anticléricaux et de ne pas avoir des sympathies révolutionnaires. Aucune distinction nette ne peut être faite entre le paysan socialiste ou communiste et celui qui appartient seulement à une secte. Il paraît que la grande majorité des juifs convertis de San Nicandro votèrent pour le parti communiste (la municipalité est une place forte de la gauche), et les communistes locaux, dont certains ont des liens de parenté avec des protestants, disent : « Ils sont presque tous des nôtres. » Plusieurs protestants sont même des militants communistes et l'on connaît divers exemples de Témoins de Jéhovah élus secrétaires de syndicats locaux ou, ce qui est plus embarrassant encore pour les dirigeants du parti aux échelons supérieurs, secrétaires de cellules du parti. Pourtant la tendance des paysans hérétiques à entrer dans les mouvements de gauche ne doit pas être interprétée comme un millénarisme politico-religieux comparable à celui des lazzarettistes. Celui-ci constitue un phénomène plutôt exceptionnel, du moins en Europe occidentale et méridionale, bien que des recherches plus poussées soient susceptibles de mettre au jour d'autres cas analogues au messianisme du Monte Amiata.

V

Le millénarisme
2. Les anarchistes andalous

Il existe au moins un livre qui offre une initiation si précieuse et si rigoureuse à l'Espagne et à l'anarchisme espagnol qu'il est à peine nécessaire d'y renvoyer le lecteur : *The Spanish Labyrinth* de Gerald Brenan[1]. Ce chapitre, même lorsqu'il n'est pas réellement fondé sur Brenan, ne constitue guère plus qu'un compte rendu un peu plus développé et détaillé d'une version admise par tous les spécialistes.

On a dit que l'Andalousie est « la Sicile de l'Espagne[2] », et bien des observations faites sur cette île (dans les chapitres III et VI) peuvent également lui être appliquées. Elle se compose, en gros, de la plaine du Guadalquivir et des montagnes qui l'enferment comme dans une coquille. Dans son ensemble c'est une contrée de peuplement groupé (*pueblos*), une campagne vide où les paysans vivent de longs mois dans des abris ou des baraques, en laissant les femmes en ville, de vastes propriétés à faible rendement délaissées par leurs maîtres, avec une population presque esclave de *braceros* (journaliers). Pays par excellence des *latifundia*, bien qu'il ne fût pas, au XIXe siècle, exploité entièrement sous forme de grandes propriétés et de *ranchos :* il était en partie affermé par petites parcelles avec des baux à court terme. Quelques-unes — îlots politiquement conservateurs dans un océan révolutionnaire — étaient composées de petites propriétés louées à long terme. À Cadix les propriétés de plus de 250 hectares représentaient 58 % de la province en 1931 ; 3 d'entre elles dépassaient les 10 000 hectares, 32 approchaient les 5 000 et 271 une moyenne de 900. Dans trois des districts administratifs de la province, les *latifundia* occupaient entre 77 et 96 % de la surface totale. À Séville les grandes propriétés occupaient 50 % des terres, 13 avaient en moyenne 7 000 hectares et 104 plus de 2 000. La situation à Cordoue était semblable, avec un peu plus de nuances. Inutile de préciser que les grandes propriétés comprenaient les meilleures terres. On résumera la situation en faisant observer que dans les provinces de Séville, Huelva, Cadix, Cordoue et Jaen 6 000 grands propriétaires possédaient au moins 56 % des revenus imposables et 285 000 plus petits se partageaient le reste, tandis que 80 % de la population rurale ne possédait aucune terre[3]. On peut remarquer en passant qu'au XIXe siècle, et peut-être depuis l'époque arabe, l'Andalousie, comme l'Italie du Sud, était en voie de désindustrialisation, incapable qu'elle était de résister à ses concurrents septentrionaux ou étrangers. Exportatrice de produits agricoles et d'une main-d'œuvre non qualifiée qui commençait à émigrer vers le nord industriel, elle dépendait exclusivement, pour la subsistance de ses habitants, d'une agriculture particulièrement pauvre et irrégulière.

Une littérature importante dépeint la condition sociale et économique des habitants comme absolument dramatique. Comme en Sicile, les *braceros* travaillaient lorsqu'il y avait du travail pour eux et mouraient de faim quand il n'y en avait pas, et c'est d'ailleurs encore le cas dans une certaine mesure. Une étude de leur alimentation mensuelle dans les premières années du siècle montre qu'ils subsistaient à peu près uniquement avec du mauvais pain — 2,5 à 3 livres par jour — un peu d'huile, de vinaigre, de légumes secs et un soupçon de sel et d'ail. Le taux de mortalité dans les *pueblos* des collines de Cordoue à la fin du XIXe siècle oscillait entre 30 et 38 pour mille. À Baena, 20 % des décès de la période quinquennale 1896-1901 étaient dus à des maladies pulmonaires et près de 10 % à la sous-alimentation. L'analphabétisme masculin vers 1900 était de l'ordre de 60 à 65 % en Andalousie ; rares étaient les paysannes qui savaient lire. Il n'est pas nécessaire de continuer cette triste énumération, mais on peut cependant remarquer que certaines parties de cette malheureuse contrée sont toujours les plus misérables d'Europe occidentale[4].

Il n'est pas surprenant que cette région soit devenue farouchement révolutionnaire dès sa prise de conscience politique. Dans l'ensemble, le bassin du Guadalquivir et les régions montagneuses du Sud-Est étaient anarchistes, c'est-à-dire surtout les provinces de Séville, Cadix, Cordoue et Malaga. Les régions minières à l'ouest et au nord (Rio Tinto, Pozoblanco, Almaden, etc.), gauchisantes ou socialistes, isolaient la zone anarchiste d'un côté ; la province de Jaen, politiquement moins développée et qui subissait la double influence du socialisme castillan et de l'anarchisme andalou, en formait la deuxième frontière ; Grenade au conservatisme plus vigoureux — au moins les paysans en étaient-ils plus timorés — occupait le troisième côté.

Mais comme les statistiques électorales espagnoles ne donnent pas un tableau valable de la physionomie politique de cette région, tant à cause de l'abstention anarchiste jusqu'à 1936 — encore certains anarchistes se sont-ils abstenus même en 1936 — que du fait des manœuvres électorales des riches propriétaires et des autorités officielles, la description est obligatoirement plus « impressionniste » que « photographique »[5]. L'anarchisme rural n'était pas l'apanage exclusif des travailleurs non propriétaires. Diaz del Moral et Brenan affirment avec force que les petits propriétaires et les artisans y jouèrent un rôle au moins aussi important, et certains disent même plus tenace, car ils étaient économiquement moins vulnérables et socialement moins timorés. Pour le comprendre, il faut avoir vu un *pueblo* de *braceros* où, exception faite de l'aristocratie, des intendants et autres dirigeants, seuls les artisans et les contrebandiers marchent avec ce port de tête qui est la marque indéfinissable de l'amour-propre et du respect de soi-même.

La révolution sociale en Andalousie commence peu après 1850. Des exemples antérieurs ont été cités — le célèbre village de *Fuenteovejuna* est andalou —, mais on trouve peu de traces de mouvements révolutionnaires spécifiquement agraires avant la seconde moitié du XIXe siècle. L'affaire de Fuenteovejuna n'avait été après tout qu'une révolte assez particulière contre l'oppression exceptionnellement sévère d'un seigneur, et de plus avait été concertée avec les magistrats de Cordoue, bien que ni la légende ni le théâtre ne soulignent ce point. Les soulèvements provoqués par les famines au XVIIe siècle, avec leur aspect un peu séparatiste, semblent avoir été plus urbains que ruraux et sont davantage l'écho de la désintégration de l'Empire espagnol et des grandes révoltes portugaises et catalanes que du malaise paysan lui-même. En tout cas, on trouve peu de traces de mouvements tendant spécifiquement vers un millenium paysan ; il est vrai que des recherches en révèleraient sans doute. Les paysans andalous étaient affamés comme tous les paysans des périodes pré-industrielles et ce qu'ils portaient en eux de fibre révolutionnaire trouva un exutoire dans le culte exceptionnellement passionné du banditisme social et de la contrebande, de « Diego Corrientes, le brigand andalou, qui prenait aux riches pour secourir les pauvres[6] ». Peut-être aussi dans un attachement farouche à l'Église catholique militante : sa Sainte Inquisition pourchassait l'hérétique aussi riche qu'il fût. Ses théologiens (espagnols), comme le jésuite Mariane, défendaient la révolte de Fuenteovejuna, attaquaient l'opulence et proposaient des remèdes sociaux radicaux ; ses moines enfin incarnaient l'idéal communiste primitif. J'ai moi-même entendu un vieux paysan aragonais faire ainsi l'éloge de l'ordre auquel son fils appartenait : « Ils ont le communisme vous savez. Ils mettent tout en commun et chacun prend ce qui lui faut pour vivre. » Dès lors que l'Église espagnole conservait ce « populisme » exceptionnel qui faisait de ses curés des chefs de guérilla à la tête de leurs ouailles dans les guerres contre le Français, elle fonctionnait sans nul doute comme une soupape très efficace pour des sentiments qui auraient pu devenir révolutionnaires sous une forme moins religieuse.

Peu avant 1860 il est question de bandes errantes de paysans et même de villages qui « s'emparent du pouvoir[7] ». Le premier mouvement révolutionnaire local qui attira l'attention fut la révolte de Loja et d'Iznajar en 1861, plusieurs années avant l'irruption des apôtres bakouninistes (il est possible toutefois que la révolte de Loja ait subi une influence « carbonariste » et maçonnique[8]). La période de l'Internationale et de l'agitation républicaine de 1868 à 1873 connut encore d'autres mouvements : le « cantonalisme », c'est-à-dire la revendication de l'indépendance du village, trait caractéristique de tous les mouvements paysans espagnols, à Iznajar et à Fuenteovejuna, tandis qu'on revendiquait le partage des terres à Pozoblanco et à Benameji, « ce *pueblo* tristement célèbre dont les citoyens en grand nombre pratiquaient autrefois la contrebande », où les bandits avaient souvent fait virtuellement le siège des riches demeures et où aucun crime n'était puni par l'État parce que personne ne parlait[9]. Quand les « fils de Benameji » (ils jouent toujours leur rôle légendaire d'individualistes « qui se font respecter » dans le romancero gitan de Garcia Lorca) passèrent de la révolte individuelle à la révolution sociale, une ère nouvelle commençait pour la politique espagnole. L'anarchisme entra en scène propagé par les émissaires de l'aile bakouniniste de l'Internationale. Comme ailleurs en Europe, les années qui suivirent 1870 virent une expansion rapide des mouvements politiques de masse. Les forces principales de la nouvelle révolution se trouvaient dans les provinces « latifundiennes » classiques, notamment celle de Cadix et la partie médiévale de celle de Séville. Les places fortes de l'anarchisme andalou commencèrent à apparaître : Medina Sidonia, Villamartin, Arcas de la Frontera, El Arahal, Bornos, Osuna, El Bosque, Graza-lema, Benaocaz. Le mouvement s'effondra avant 1880 — moins sévèrement dans la province de Cadix qu'ailleurs —, renaquit peu après 1880 pour s'écrouler à nouveau. La première grève générale paysanne eut lieu à cette époque dans la région de Jerez — alors, comme plus tard, forteresse de l'anarchisme violent. En 1892 il y eut une autre explosion qui culmina en une marche, facilement réprimée, de plusieurs milliers de paysans sur Jerez. Peu après 1900 il y eut une nouvelle poussée, cette fois sous la bannière de la grève générale, tactique qui jusque-là n'avait pas été considérée comme un moyen de réaliser les révolutions sociales. Des grèves générales de paysans eurent lieu dans seize *pueblos* au moins, principalement dans la province de Cadix durant les années 1901-1903[10]. Ces grèves présentent des caractéristiques millénaristes très nettes. Après une autre période de calme, le plus grand des mouvements de masse enregistrés jusqu'alors se trouva déclenché, dit-on, par la nouvelle de la Révolution russe lorsqu'elle parvint dans cette lointaine région. Au cours de cette période « bolchevik », Cadix dut céder à Cordoue son titre de première province anarchiste. La République (1931-1936) connut le dernier sursaut de l'anarchisme et 1936 fut marquée par la prise du pouvoir dans de nombreux *pueblos* anarchistes. Toutefois, à l'exception de Malaga et des confins de Cordoue, la zone anarchiste tomba sous la domination de Franco presque dès les premiers jours de la guerre et même les parties républicaines furent bientôt conquises. 1936-1937 marque donc la fin, pour cette période au moins, de l'histoire anarchiste andalouse.

Il est évident que sur une grande portion de l'Andalousie la révolution paysanne était endémique depuis 1870 et épidémique à des intervalles d'environ dix ans. Il est également évident qu'aucun mouvement de force et de caractère comparable n'exista durant la première moitié du XIXe siècle. Les raisons n'en sont pas faciles à découvrir. L'essor du révolutionnarisme n'était pas seulement le reflet des mauvaises conditions d'existence ; car ces conditions ont pu s'améliorer, mais seulement au point d'éliminer les disettes les plus catastrophiques comme celles qui s'étaient produites en 1812, 1817, 1834-1835, 1863, 1868 et 1882. La dernière véritable famine (à l'exception de quelques épisodes survenus depuis la guerre civile), fut celle de 1905. En tout cas, la famine avait généralement des effets plus sédatifs que stimulants sur les mouvements sociaux, bien que sa proximité échauffât les esprits. Lorsque les hommes ont vraiment faim, ils sont trop occupés à chercher de la nourriture pour pouvoir faire autre chose ; ou alors ils meurent. Les conditions économiques déterminaient évidemment le déclenchement et la périodicité des explosions — ainsi les mouvements sociaux avaient-ils tendance à atteindre leur intensité maximum pendant les pires mois de l'année, de janvier à mars, alors que les ouvriers agricoles avaient moins de travail (la marche sur Jerez et le soulèvement de Cosas-Viejas en 1933 se produisirent au début de janvier), et de mars à juillet, lorsque la récolte précédente avait été épuisée. Mais la montée de l'anarchisme n'était pas seulement un indice de la détresse économique grandissante. Il reflétait aussi, quoique indirectement, les mouvements politiques extérieurs. Les rapports entre les paysans et la politique (qui est une affaire de citadin) sont toujours assez particuliers et tout ce qu'on peut dire c'est que la vague nouvelle d'un cataclysme politique, telle qu'une révolution, ou une « loi nouvelle », ou un quelconque événement dans le mouvement ouvrier international qui pouvait sembler préfigurer la venue de l'ordre nouveau — l'Internationale, la découverte de la grève générale en tant qu'arme révolutionnaire

— obtenaient un écho chez les paysans si le moment était propice.

La meilleure explication est que l'essor du révolutionnarisme social fut la conséquence de l'introduction des rapports juridiques et sociaux capitalistes dans les campagnes méridionales durant la première moitié du XIXe siècle. Les droits féodaux sur la terre furent abolis en 1813. De cette date jusqu'à 1854 la bataille pour la reconnaissance du libre contrat dans les affaires agricoles fut ininterrompue. Vers 1855 elle était gagnée : la libération générale de la propriété civile et ecclésiastique (terres de l'État et de l'Église) fut confirmée et des dispositions furent prises pour assurer le libre marché des terres. Par la suite, les ventes se poursuivirent sans interruption. Il est à peine nécessaire d'analyser les conséquences inévitablement catastrophiques d'une telle révolution économique sur la paysannerie. L'essor du révolutionnarisme social s'ensuivit tout naturellement. Mais l'Andalousie a ceci de particulier que la transformation par les chefs anarchistes de l'agitation sociale et du malaise révolutionnaire en un mouvement spécifique de révolution sociale agraire doué d'une conscience politique se fit en termes clairs et de très bonne heure. Car, comme Brenan le fait remarquer[10] l'Andalousie en 1860 présentait les mêmes ferments que l'Italie du Sud. Elle aurait pu produire la combinaison italienne du brigandage à la fois bourbonien et révolutionnaire avec d'occasionnelles jacqueries ou la combinaison sicilienne des deux avec la Mafia elle-même, amalgame complexe de banditisme social, de banditisme « seigneurial » et de défense instinctive contre les étrangers. Il est clair que la doctrine des apôtres anarchistes qui soudèrent en un mouvement unique les rébellions séparées d'Iznajar et de Benameji, d'Arcos de la Frontera et d'Osuna explique la netteté de la ligne politique. En revanche les apôtres anarchistes avaient aussi visité l'Italie mais sans susciter les mêmes élans.

On peut avancer qu'en Espagne certaines caractéristiques de l'Église et de l'État ont contribué à ce phénomène andalou si particulier. L'État n'était pas entre les mains des « étrangers » comme en Sicile (les Bourbons ou la maison de Savoie) ou en Italie du Sud (la maison de Savoie), il était espagnol. La révolte contre l'autorité légitime exige toujours une conscience politique beaucoup plus développée que la lutte contre l'étranger. De plus l'État espagnol avait des agents dans chaque *pueblo*, omniprésents, efficaces, ennemis des paysans : la Guardia Civil formée en 1844 pour extirper le banditisme et qui de ses casernes fortifiées surveillait les villages. Ses membres parcouraient la campagne en armes, deux par deux, et n'étaient jamais *des enfants du pueblo*. Comme Brenan l'observe si justement, « chaque garde civil était un recruteur pour l'anarchisme et à mesure que l'anarchisme attirait de nouveaux adeptes la Guardia Civil augmentait ses effectifs[11] ». Alors que l'État obligeait les paysans à définir leurs rébellions en termes d'hostilité contre lui, l'Église les abandonnait aussi. Ce n'est pas le lieu d'analyser ici l'évolution du catholicisme espagnol depuis la fin du XVIIIe siècle[12]. On peut cependant noter qu'au cours de sa lutte sans espoir contre les forces du libéralisme économique et politique, l'Église devint non plus simplement une force conservatrice-révolutionnaire comme chez les petits propriétaires de Navarre et d'Aragon (épine dorsale du mouvement carliste), mais une puissance conservatrice *tout court*[13], dans la mesure où elle s'alliait aux classes possédantes. Être l'Église du *statu quo*, du Roi et du passé ne l'empêchait pas d'être considérée comme l'Église des paysans. Mais lorsqu'elle devint l'Église des riches, ce n'était plus possible. Au fur et à mesure que le bandit, le rebelle individuel, devint *bandolero*, protégé par les riches de l'endroit, les caciques, et que l'Église devint l'Église des riches, le rêve paysan d'un monde juste et libre devait trouver une nouvelle expression. Les apôtres anarchistes la lui donnèrent.

L'idéologie du nouveau mouvement paysan était anarchiste ; ou, pour lui donner une appellation plus précise, communiste libertaire. Son programme économique visait théoriquement à la propriété commune, et réclamait en fait le partage des terres. Son programme politique était républicain et anti-autoritaire ; c'est-à-dire qu'il envisageait un monde dans lequel le *pueblo* auto-dirigé était l'unité souveraine dont seraient éliminées les forces extérieures telles que rois, aristocrates, policiers, collecteurs d'impôts et autres agents de l'État supra-local qui sont essentiellement des agents de l'exploitation de l'homme par l'homme. Dans la conjoncture andalouse, un tel programme était moins utopique qu'il n'y paraît. Des villages s'étaient dirigés eux-mêmes, économiquement et politiquement, à leur façon primitive, avec un minimum d'organisation administrative, de gouvernement et de coercition, et il ne paraissait pas déraisonnable de penser que l'autorité et l'État étaient d'inutiles intrus. Pourquoi donc la disparition d'un poste de la Guardia Civil, d'un maire désigné et d'un flot de formalités officielles allait-elle introduire soudain le chaos, plutôt que la justice, dans le *pueblo* ? Mais on ne peut pas exprimer les aspirations des anarchistes sous forme d'exigences économiques et politiques précises. Ils étaient pour un monde moral nouveau.

Le chemin de ce monde nouveau devait être tracé par la science, le progrès et l'instruction, en quoi les paysans anarchistes croyaient avec une ferveur passionnée, rejetant la religion et l'Église comme ils rejetaient tout ce qui faisait partie du vieil ordre oppresseur. Il n'était pas nécessaire que ce fût un monde d'opulence et de confort, car pour les paysans andalous le confort consistait en ce que chacun ait toujours de quoi manger à sa faim. La vie dont ont toujours rêvé les petites gens des époques pré-industrielles n'était pas faite de luxe et d'opulence. Ils aspiraient à une société libre et juste dans laquelle l'austérité serait équitablement partagée. Cet idéal n'est pas spécifiquement anarchiste. En fait, si le programme qui hantait les esprits des paysans siciliens[14] ou de tout autre groupe de paysans révolutionnaires avait été réalisé, le résultat aurait certainement ressemblé à la situation à Castro del Rio, dans la province de Cordoue, entre la prise du pouvoir par les anarchistes et la conquête par les soldats de Franco : expropriation des terres, abolition de la monnaie, abolition de la propriété, hommes et femmes travaillant sans salaire et obtenant gratuitement ce dont ils avaient besoin au magasin du village (« Ils mettent tout en commun et chacun prend ce qui lui faut pour vivre »). Les débits de boisson du village étaient fermés. Les stocks de café seraient bientôt épuisés et les militants se réjouissaient de la disparition prochaine de cette drogue. Le village était isolé et peut-être encore plus pauvre qu'avant : mais il était pur et libre et ceux qui n'étaient pas dignes de cette liberté étaient tués[15].

Si ce programme portait l'étiquette bakouniniste c'est parce qu'aucun mouvement politique des temps modernes n'avait reflété de façon aussi sensible, aussi précise les aspirations spontanées des paysans Primitifs. Le bakouninisme, lui, s'y était adapté délibérément. En outre, et plus qu'aucun autre mouvement politique de notre époque, l'anarchisme espagnol avait été presque exclusivement élaboré et répandu par des paysans et des petits artisans. Diaz del Moral a bien vu qu'à l'inverse du marxisme, il n'attirait pratiquement pas d'intellectuels et ne produisit aucun théoricien marquant. Ses adeptes étaient des prophètes de village ; sa littérature représentée par des feuilles et des prospectus qui ne popularisaient que des théories élaborées par des penseurs étrangers : Bakounine, Reclus, Malatesta. À une seule exception près — encore s'agit-il d'un Galicien —, il n'existe aucun théoricien ibérique important de l'anarchisme, qui a été surtout un mouvement de pauvres gens et dont il n'est donc pas surprenant qu'il ait reflété avec une telle rigueur les intérêts et les aspirations du *pueblo* andalou.

Peut-être le cœur du révolutionnarisme est-il ce refus total et absolu du monde mauvais de l'oppression, qui trouva une expression dans cette passion sans précédent, si caractéristique de l'anarchisme, pour les incendies d'églises, et qui reflète probablement l'amertume des paysans devant la « trahison des pauvres » par l'Église. « Malaga, affirme imperturbablement l'édition de 1935 du Guide bleu de l'Espagne, est une ville aux idées avancées. Les 12 et 13 mai 1931 quarante-trois églises et couvents y furent incendiés. » Et un vieil anarchiste regardant la même ville brûler cinq ans plus tard dialoguait ainsi avec Brenan :

« — Qu'en pensez-vous ? me demanda-t-il.

— Ils sont en train de brûler toute la ville.

— Oui, dit-il, ils la brûlent jusqu'au sol. Et je vous assure qu'il ne restera pas une pierre debout, non, pas une plante, pas même un chou ne poussera ici, comme cela il n'y aura plus de méchanceté sur la terre[16]. »

Et l'anarchiste consciencieux ne désirait pas seulement détruire le monde du mal — bien qu'il n'estimât pas généralement que cela nécessiterait beaucoup de meurtres et d'incendies —, il le rejetait complètement et immédiatement. Tout ce qui avait façonné l'esprit de l'Andalou traditionnel devait être sacrifié. Il ne voulait pas prononcer le nom de Dieu ou entendre parler de religion, il était contre les courses de taureaux, il refusait l'alcool ou même le tabac — durant la période « bolchevik » le mouvement connut même une tendance végétarienne. Bien qu'officiellement en faveur de l'amour libre, il réprouvait la promiscuité des sexes. Il semble même qu'en période de grève ou de révolution il ait pratiqué une abstinence totale qui n'a pas été toujours bien interprétée par les observateurs[17]. C'était un révolutionnaire à la façon la plus complète qui fût concevable à un paysan andalou : il condamnait le passé *en bloc.* C'était en fait un millénariste.

Heureusement nous possédons au moins une description magnifique des aspects millénaristes de l'anarchie rurale vue par un juriste local : la volumineuse *Histoire des agitations agraires dans la province de Cordoue* par F. Diaz del Moral, dont le récit se poursuit jusqu'aux environs de 1920. L'ébauche qui va suivre est principalement fondée sur Diaz del Moral et sur quelques autres ouvrages moins ambitieux, et complétée par ma propre étude d'une révolution villageoise, celle de Casas Viajas (Cadix) en 1933[18].

Le mouvement anarchiste villageois peut être divisé en trois groupes : la masse de la population du village qui participait par intermittence lorsque la situation l'exigeait ; le cadre des agitateurs, meneurs et orateurs, ceux qu'on appelait les « travailleurs conscients », *obreros conscientes*, que l'on désigne aujourd'hui rétrospectivement par la phrase « ceux qui avaient des idées » et étaient constamment sur la brèche; enfin ceux de l'extérieur : les dirigeants nationaux, orateurs, journalistes et autres personnalités extérieures. Dans le mouvement anarchiste espagnol ce dernier groupe était fort peu important. Le mouvement rejetait toute organisation ou du moins toute discipline rigide et refusait de se mêler à la politique; en conséquence, il comptait peu de personnalités d'envergure nationale. Sa presse consistait en un grand nombre de feuilles modestes écrites par des *obreros conscientes* d'autres villages et visait moins à définir une ligne politique — le mouvement, comme nous l'avons vu ne croyait pas à la politique — qu'à rejeter, à développer les arguments en faveur de la vérité, à attaquer l'injustice, à créer ce sentiment de solidarité qui faisait que le petit cordonnier d'une ville andalouse était conscient de ne mener qu'un seul et même combat avec ses frères de Madrid, de New York, Barcelone, Livourne ou Buenos-Aires. Les forces extérieures les plus actives étaient d'abord les orateurs itinérants qui, n'acceptant que l'hospitalité, parcouraient le pays en répandant la bonne parole et en ouvrant des écoles, et ensuite les grands noms des classiques qui écrivaient les pamphlets anarchistes les plus connus : Kropotkine, Malatesta. Mais si un ou deux hommes pouvaient se tailler une renommée nationale durant leur campagne itinérante, la plupart faisaient corps avec leur village. Un petit villageois pouvait tout aussi bien acquérir une réputation de ce genre, car chaque *obrero consciente* considérait qu'il était tenu de faire une propagande incessante, où qu'il fût. Ce qui influence les hommes, pensaient-ils, ce ne sont pas d'autres hommes, mais la vérité, et le mouvement tout entier était axé sur la propagation de la vérité par tous ceux qui l'avaient acquise. Après avoir eu, en effet, cette extraordinaire révélation que les hommes pouvaient fort bien ne plus être misérables et superstitieux, comment pouvaient-ils faire autrement que de la répandre ?

Les *obreros conscientes* étaient donc des éducateurs, des propagandistes et des agitateurs plus que des organisateurs. Diaz del Moral a donné une spendide description de ces hommes, petits artisans de village, plus souvent sans doute petits paysans propriétaires qu'ouvriers agricoles. Ils lisaient et s'instruisaient avec un enthousiasme passionné. (Même aujourd'hui lorsqu'on demande à un habitant de Casas Viajas ce qu'il pense des vieux militants morts ou dispersés, la réponse qu'on obtient le plus souvent est : « Il était toujours en train de lire ou de discuter. ») Ils vivaient dans la discussion. Leur plus grand plaisir était d'écrire des lettres ou des articles pour la presse anarchiste, pleine de phrases ronflantes et de grands mots glorifiant les merveilles de la pensée scientifique moderne qu'ils avaient découvertes et répandaient. Lorsqu'ils étaient particulièrement doués, ils retrouvaient souvent le type d'éloquence populaire qui multiplia les tracts et les pamphlets dans l'Angleterre du XVIIe siècle, ou lors de la Révolution française. Jose Sanchez Rosa, de Grazalema (né en 1864) écrivait des satires et des dialogues entre l'ouvrier et le capitaliste, des nouvelles et des sermons à la manière des vieilles pièces qu'encourageaient les moines espagnols (avec évidemment un contexte différent) et qui étaient jouées, et souvent improvisées, dans les fermes et les dortoirs des ouvriers agricoles des grandes propriétés où les hommes travaillaient toute la semaine loin du village.

Leur influence dans le village n'était pas fondée sur leur statut social, mais sur leurs qualités en tant qu'apôtres. Ceux qui les premiers avaient apporté la bonne parole à leurs camarades, peut-être en lisant des journaux à leur auditoire illettré, bénéficiaient souvent de la confiance aveugle de tout le village, surtout lorsque la frugalité de leur existence venait témoigner de leur foi et de leur valeur. Après tout, tout le monde n'avait pas la force d'abandonner l'alcool, le tabac et les femmes, ou de résister aux pressions de l'Église en faveur du baptême, du mariage ou des obsèques religieuses. Selon Diaz del Moral, des hommes comme Vallejo Chinchilla, de Bujalance, ou Justo Heller, de Castro del Rio, « avaient sur les masses le même ascendant que les grands conquistadors sur leurs hommes » ; à Casas Viejas le vieux Curro Cruz, qui donna le signal de la révolution et fut tué après une fusillade de douze heures contre la troupe, semble avoir exercé la même autorité. Il était normal que ce petit groupe d'élus se rapprochassent les uns des autres. Le cas de Casas Viejas où des rapports personnels et familiaux liaient entre eux les principaux cadres anarchistes est probablement typique : la petite fille de Curro Cruz, Maria (surnommée « la Libertaria ») était fiancée à José Cabañas Silva (« le poussin »), chef des jeunes militants, un autre Silva était secrétaire du syndicat des ouvriers, et les familles Cruz et Silva furent décimées lorsque la répression survint. Les *obreros conscientes* fournissaient les cadres et assuraient la continuité.

Normalement, le village les reconnaissait comme ses citoyens les plus influents et leurs avis étaient sollicités sur n'importe quel sujet, qu'il s'agisse de l'utilité d'une visite au cirque ambulant (les baladins apprirent rapidement à obtenir une recommandation du chef local) ou du déclenchement d'une révolution. Mais évidemment les révolutions ne se faisaient que lorsque le village lui-même le désirait, car les *obreros conscientes* considéraient qu'il n'entrait pas dans leurs fonctions de coordonner l'agitation publique, mais qu'ils devaient seulement faire la propagande de telle façon que l'action ne soit déclenchée que lorsque la température de l'opinion publique dans le village l'aurait rendue non seulement souhaitable mais virtuellement inévitable. (Le développement de l'anarcho-syndicalisme plus organisé et plus coordonné commença à saper cette notion de spontanéité ; cependant nous n'avons pas l'intention d'examiner ici le déclin et la chute de l'anarchisme rural, mais son âge d'or.) Nous savons en fait que le soulèvement se produisait à des intervalles de dix ans environ. À l'échelon du village toutefois il éclatait soit lorsqu'un événement local l'exigeait soit lorsqu'un élan nouveau venait de l'extérieur enflammer les braises de la révolution latente. Une nouvelle, un présage, ou une comète attestant que le moment était venu, arrivait au village. Il pouvait s'agir de l'arrivée des apôtres bakouninistes peu après 1870, de nouvelles plus ou moins fragmentaires de la Révolution russe, de la proclamation de la République ou de la discussion d'un projet de loi agraire.

> « Au début de l'automne dernier (1918)… la conviction qu'une “nouvelle loi” venait d'être mise en application, s'empara des esprits des paysans andalous. Ils ne savaient pas qui l'avait promulguée ni où ni quand, mais chacun en parlait[19]. »

Avant le soulèvement de Casas Viejas des rumeurs de toutes sortes avaient couru : le « moment » était arrivé, deux autres *pueblos* avaient déjà pris position pour le communisme, les terres étaient sur le point d'être partagées, etc. (Cette dernière rumeur peut avoir été provoquée par la nouvelle du morcellement imminent, aux termes d'une récente loi, d'une grande propriété voisine.)

En de tels moments l'anarchisme endémique devenait épidémique. Diaz del Moral l'a admirablement décrit :

« Ceux d'entre nous qui vécurent cette période en 1918-1919 n'oublieront jamais cet étonnant spectacle. Dans les champs, dans les cours et les abris, où que les paysans se rencontrassent, il n'y avait qu'un sujet de conversation, discuté avec ferveur et gravité : la question sociale. Lorsque, durant le travail, les hommes faisaient un instant la pause ou le soir après le dernier repas, le plus instruit lisait les tracts et les journaux et chacun écoutait attentivement. Venaient ensuite les commentaires corroborant ce qui venait d'être lu et une interminable succession de discours. Eux ne comprenaient pas tout. Ils ignoraient certains mots. Certaines interprétations étaient puériles, d'autres astucieuses, selon la personnalité de l'homme, mais au fond ils étaient tous d'accord. Comment ne l'auraient-ils pas été ? N'était-ce pas la vérité qu'ils venaient d'entendre, qu'ils avaient *sentie* toute leur vie sans avoir été capables de l'exprimer ? On lisait constamment. La curiosité des hommes, leur soif d'apprendre n'avait pas de limites. Même les cavaliers sur leur monture lisaient, laissant traîner leur bride. Lorsqu'ils préparaient leur casse-croûte de midi ils glissaient toujours un tract ou un journal dans leur musette… Certes soixante-dix à quatre-vingts pour cent d'entre eux étaient illettrés, mais ce n'était pas un obstacle insurmontable. L'illettré enthousiaste achetait son journal et se le faisait lire par un camarade. Il lui faisait alors marquer l'article qui lui plaisait le plus. Plus tard il demanderait à un autre camarade de lui relire l'article marqué et après plusieurs lectures il le connaissait par cœur. Il le répétait à ceux qui ne l'avaient pas encore lu. II n'y a qu'un seul mot pour décrire cela : frénésie » (p. 190).

Dans de telles conditions la bonne parole se répandait spontanément de l'un à l'autre. « En quelques semaines, le noyau originel de dix ou douze adeptes en comptait deux cents ; en quelques mois la presque totalité de la population laborieuse, en proie à un ardent prosélytisme, propageait son nouvel idéal. Ceux qui résistaient par timidité ou par peur de perdre leur respectabilité étaient peu nombreux. Ils étaient assaillis par des groupes de convertis, dans la montagne, au labour, dans les fermes, les tavernes ou dans la rue et bombardés d'arguments, d'imprécations, de mépris ou d'ironie jusqu'à ce qu'ils s'inclinent. La résistance était impossible. Une fois le village converti l'agitation s'étendait… Chacun était un agitateur. Ainsi le feu gagnait rapidement tous les villages combustibles. La tâche du propagandiste était facile. Il lui suffisait de lire un article de *Tierra y Libertad* ou de *El Productor* pour que son auditoire se sente soudain illuminé par le nouvel évangile. »

Mais comment allait venir cet ordre nouveau ? Personne ne le savait. Au fond les paysans sentaient qu'il devait arriver d'une façon ou d'autre, si seulement tous les hommes le désiraient et le proclamaient bien haut tous ensemble. Ils le firent en 1873 mais l'ordre nouveau ne vint pas. Ils formèrent le syndicat en 1882. Les filles chantaient :

> Toutes les jolies filles
> L'ont écrit au mur de leur chambre
> En lettres d'or qui proclament
> Je donnerai ma vie pour un syndicaliste[20].

Mais le syndicat s'écroula. En 1892 ils marchèrent sur Jerez, prirent la ville et firent quelques morts. Ils furent facilement dispersés. Vers 1900 les nouvelles du débat international sur la grève générale qui bouleversait alors les mouvements socialistes atteignirent l'Andalousie et la grève générale sembla être la meilleure réponse. (En fait la découverte de ce nouveau procédé pour accélérer la venue du millenium paraît avoir secoué l'apathie des villages.) Ces grèves étaient absolument spontanées et très solides ; même les servantes et les bonnes d'enfants de l'aristocratie arrêtaient le travail. Les tavernes étaient vides. Personne ne formulait la moindre revendication ou pétition, personne n'essayait de négocier, bien que parfois les autorités soient parvenues à faire dire aux paysans qu'ils désiraient de meilleurs salaires et à élaborer des accords. Ces efforts étaient sans rapport avec l'objet de la grève. Le village se mettait en grève pour des choses plus importantes que les salaires. Après environ deux semaines, lorsqu'il devenait évident que la révolution sociale n'avait pas conquis l'Andalousie, la grève, aussi solide qu'au premier jour, se terminait tout à coup et chacun retournait au travail, attendant la prochaine occasion. En fait, comme Diaz del Moral le note si justement, les tentatives des chefs, anarchistes ou autres, pour renforcer leur organisation ou pour atteindre des objectifs limités, à l'occasion de ces grèves, se heurtaient à l'opposition ou à l'indifférence : les paysans désiraient des « grèves messianiques » (p. 358).

Il n'est pas facile d'analyser ces grèves ou les autres soulèvements semblables qui se sont produits. Ils étaient évidemment révolutionnaires : leur seul but était la réalisation du bouleversement fondamental. Ils étaient millénaristes au sens où nous l'entendons dans la mesure où ils ne devaient pas eux-mêmes faire la révolution : les hommes et les femmes de Lebrija, de Villamartin ou de Bornos jetaient leurs outils non pas tellement pour renverser le capitalisme que pour montrer qu'ils étaient prêts pour son renversement, lequel devait bien finir par se produire puisqu'ils en avaient manifesté l'espoir. En revanche, ce qui ressemble à du millénarisme peut fort bien n'avoir été parfois que la conséquence du manque d'organisation, de l'isolement et de la faiblesse relative des anarchistes villageois. Ceux-ci étaient suffisamment éclairés pour savoir que le communisme ne pouvait pas être instauré isolément dans un village, tout en ne doutant pas qu'il fonctionnerait correctement s'il était instauré. Casas Viejas fit l'expérience en 1933. On coupa les lignes du téléphone, on coupa les routes avec des tranchées, on isola les bâtiments de la police puis, à l'écart du monde extérieur, on hissa le drapeau rouge et noir de l'anarchie et on commença à redistribuer la terre. Il n'y eut aucune tentative pour élargir le mouvement ou pour tuer qui que ce soit. Mais lorsque la troupe arriva, les chefs comprirent que la bataille était perdue, ils envoyèrent leurs hommes dans la montagne tandis qu'eux-mêmes combattaient jusqu'au dernier dans une ferme et furent tués comme ils s'y attendaient. À moins que le reste du monde n'agît comme le village, la révolution était condamnée ; eux étaient incapables de faire bouger le reste du monde, si ce n'est peut-être par leur exemple. Dans ces conditions, ce qui paraissait être une démonstration millénariste pouvait n'être que la moins inefficace des techniques révolutionnaires disponibles. Rien ne permet de penser qu'un village ait jamais laissé passer une occasion profitable de faire une révolution classique avec prise du pouvoir contre les magistrats locaux, la police et les propriétaires ; exemple : juillet 1936. Et pourtant, même si nous trouvons une explication fonctionnelle plutôt qu'historique au comportement apparemment millénariste des anarchistes villageois espagnols, nous devons reconnaître qu'ils ne se seraient certainement pas comportés de la même façon si l'image qu'ils se faisaient du « grand changement » n'avait pas été utopique, millénariste, apocalyptique, comme elle le fut aux dires de tous les témoins.

Ils ne voyaient pas dans le mouvement révolutionnaire un long combat contre l'adversaire, une série de campagnes et de batailles aboutissant à la prise du pouvoir national, puis à l'édification d'un ordre nouveau. Ils voyaient un monde méchant dont la fin ne pouvait tarder et qui devait aboutir au « Jour du Grand Changement » qui marquerait le début du monde juste dans lequel ceux qui avaient été les derniers seraient les premiers et où les biens de cette terre seraient partagés entre tous. « Monsieur, disait le jeune ouvrier à un aristocrate, quand le grand jour doit-il venir ? — Quel grand jour ? — Le jour où nous serons tous égaux et où la terre sera partagée entre tous. » Ce changement devait être tellement total et apocalyptique qu'ils en parlaient en toute liberté — les témoins là aussi sont unanimes — « publiquement, avec une ingénuité parfaite, même devant l'aristocrate, avec une joie sereine »[21]. Car la puissance du millénium était telle que, s'il venait vraiment, même l'aristocratie ne pourrait lui résister. Son avènement serait le résultat, non pas tellement d'une lutte des classes — car la lutte des classes après tout faisait partie du vieux monde — que d'une force infiniment plus grande et plus générale.

L'anarchisme agraire espagnol est peut-être l'exemple le plus clair du mouvement de masse moderne millénariste ou quasi-millénariste. C'est pourquoi ses qualités et ses lacunes politiques peuvent être très facilement analysées. Ses qualités tiennent à ce qu'il exprimait les véritables sentiments de la paysannerie plus fidèlement peut-être et avec plus de sensibilité qu'aucun autre mouvement social moderne ; il pouvait donc parfois obtenir une unanimité d'action apparemment spontanée qui ne manquait pas d'impressionner profondément les observateurs. Mais ses lacunes étaient capitales. La découverte par les paysans andalous de l'agitation sociale moderne sous une forme qui ne leur démontrait pas la nécessité de l'organisation, de la stratégie, de la technique et de la patience aboutit à un gaspillage presque total de leurs énergies révolutionnaires. Une agitation comme la leur, soutenue durant soixante-dix ans et explosant spontanément tous les dix ans sur de larges portions du royaume, aurait suffi à renverser des régimes beaucoup plus solides que les gouvernements branlants de cette époque ; mais en réalité l'anarchisme espagnol, comme Brenan l'a noté, ne fut jamais autre chose, pour les autorités, qu'un banal problème de police. Il ne pouvait être plus : car la révolte paysanne spontanée est, par essence, localisée ou, au mieux, régionale. Pour devenir générale, elle doit bénéficier de circonstances dans lesquelles chaque village passe à l'action simultanément pour des objectifs précis. La seule fois que l'anarchisme espagnol faillit y parvenir, ce fut en juillet 1936, lorsque le gouvernement républicain proclama la résistance aux fascistes. Mais pour le mouvement, cet appel venait d'une institution qu'il avait toujours refusé, par principe, de reconnaître et qu'il ne s'était jamais préparé à utiliser. Certes les dangers de la spontanéité pure et du messianisme avaient à la longue été reconnus. L'avènement de l'anarcho-syndicalisme qui impliquait une direction et une politique syndicales représentait par rapport à l'anarchisme pur un progrès important vers l'organisation méthodique, la stratégie et la tactique, mais ne suffisait pas à inculquer la discipline et le sens de l'action préparée, concertée, dirigée, à un mouvement qui avait été construit sur des principes diamétralement opposés.

Dans la défaite également l'anarchisme était et demeure désemparé. Rien n'est plus facile à réaliser dans un village unanime qu'une organisation illégale. Nous verrons que Piana degli Albanesi, en Sicile, en fournit une excellente illustration. Mais lorsque la frénésie millénariste du village anarchiste était passée, il n'en restait plus que le petit groupe d'*obreros conscientes*, les irréductibles, et une masse démoralisée attendant la prochaine occasion. S'il advenait que ce petit groupe fût dispersé par la mort ou par l'exil ou par l'action méthodique de la police, il n'en subsistait rien, hormis l'amer sentiment de la défaite. Il est peut-être exact, comme Pitt Rivers le note, que depuis la Guerre civile l'anarchisme a cessé de jouer un rôle actif, le peu d'activité illégale qui subsiste étant surtout le fait des communistes, pourtant si faibles auparavant[22]. S'il en est ainsi, il ne faut pas s'en étonner, car un mouvement paysan de type anarchiste est incapable de résister méthodiquement à une répression efficace et à un contrôle constant qu'aucun gouvernement espagnol avant Franco ne s'était préoccupé d'exercer, préférant laisser de sporadiques manifestations mourir d'elles-mêmes dans leur isolement. Ainsi, l'anarchisme classique est une forme de mouvement paysan presque incapable de s'adapter efficacement aux situations modernes dont il est pourtant issu.

Si une idéologie différente avait pénétré la campagne andalouse vers 1870, elle aurait pu transformer la révolte instable et spontanée des paysans en une force beaucoup plus redoutable parce que plus disciplinée, comme le communisme y est parfois parvenu. Cela ne s'est pas produit. C'est pourquoi l'anarchisme est un cas exceptionnel dans l'histoire des mouvements sociaux. Celui d'un échec total. Et à moins que des bouleversements historiques imprévisibles ne se produisent, il ira rejoindre les anabaptistes et les autres prophètes qui n'étaient pourtant pas dépourvus d'armes, mais qui, ne sachant pas s'en servir, furent écrasés à jamais.

VI

Le millénarisme
3. Les Fasci siciliens et le communisme paysan

Cet exposé sur les Fasci siciliens et sur quelques-unes de leurs conséquences politiques est destiné à illustrer le processus complet suivant lequel un mouvement social primitif est absorbé par un mouvement social moderne : car les paysans siciliens (comme les autres Italiens du Sud) ne se sont pas laissés embourber dans l'impasse de l'anarchisme rural ; au contraire, du moins lorsqu'ils ont su sortir de leur archaïsme, ils ont rejoint les mouvements socialistes et communistes puissamment organisés. Ainsi le contenu du millénarisme qui détermina en Andalousie les formes simples de l'organisation anarchiste villageoise, fut, en Italie, adapté à un cadre politique infiniment plus complexe. Cela ne veut pas dire que le paysan du Sud italien, socialiste ou communiste — dans ce pays tous les deux sont des marxistes révolutionnaires — ait des réactions très différentes de son frère andalou en matière politique. Cela veut dire que l'histoire politique de son village et de son mouvement est différente parce que la cause qu'il a embrassée l'a entraîné dans des activités différentes et plus complexes ; par exemple le vote, le fonctionnement des coopératives agricoles, aussi bien que l'occupation des terres par la force ou la grève générale.

Pourquoi ce cas unique parmi tous ces mouvements paysans d'Europe occidentale ? Pourquoi le mouvement révolutionnaire paysan italien est-il tombé d'emblée sous la domination marxiste ? La réponse n'est pas facile. Il est certain en tout cas que les apôtres bakouninistes déployèrent autant d'efforts pour évangéliser le Sud italien que l'Espagne. Mais ils y rencontrèrent l'indifférence, sauf chez les jeunes intellectuels du Sud, région qui a produit un grand nombre de très brillants sujets. Ce n'est pas par hasard si les grands noms de l'anarchisme italien sont des intellectuels appartenant souvent à l'élite révolutionnaire, comme Enrico Malatesta et Carlo Cafiero, alors que les grands noms de l'anarchisme espagnol sont des hommes du peuple, le contraire de théoriciens. À notre connaissance, il n'y a pas eu de soulèvement anarchiste sérieux dans le Sud italien où l'esprit révolutionnaire est pourtant endémique. La tentative la plus célèbre, le soulèvement de Benevento en 1877, fut brisée dans l'œuf parce qu'elle était inadaptée au rythme du mécontentement paysan. Sinon, les paysans de Letino et de Gallo n'auraient pas fait au noble Malatesta qui les exhortait à exproprier les terres, cette réponse si peu espagnole mais pleine de bon sens : « Notre paroisse ne peut pas lutter contre l'Italie tout entière. Ce n'est pas un soulèvement général. Demain la troupe viendra et tout le monde sera fusillé. » Pourtant, en choisissant leurs moments, les paysans méridionaux ont su passer à l'action et exproprier des terres en de nombreuses occasions.

L'explication provisoire la plus utile est peut-être la suivante. Dans l'Espagne du Sud, comme nous l'avons vu, on trouve peu de trace d'un esprit révolutionnaire agraire très actif avant le milieu du XIXe siècle et les apôtres anarchistes arrivèrent à l'époque des premiers sursauts. Le mouvement agraire andalou fut donc influencé dès le départ par leur idéologie. Dans le royaume des Deux-Siciles au contraire, un sentiment révolutionnaire primitif existait à l'état endémique avant l'arrivée d'une idéologie moderne. N'importe quel élan politique venu de l'extérieur, qu'il fût libéral comme en 1820-1821, 1848-1849 ou 1859-1860, ou bourbonien comme en 1799, produisait sa moisson de jacqueries. Les anarchistes arrivèrent avant que les paysans aient compris que leurs idéologies — banditisme ou Mafia, bourbonisme ou garibaldisme — étaient inadéquates, donc à une époque où ils ne cherchaient pas encore une foi nouvelle. Lorsqu'ils en ressentirent le besoin, l'élan anarchiste avait été dépensé en pure perte, le socialisme révolutionnaire fortement teinté de marxisme représentait la « nouvelle » idéologie montante, et ils l'adoptèrent[1]. Il y a d'autres différences que seule une profonde connaissance de l'histoire et de la sociologie de l'Espagne et du royaume des Deux-Siciles nous permettrait d'analyser avec suffisamment d'autorité. Mon but en tout cas n'est pas d'expliquer les différences mais de les souligner.

La Sicile est un pays trop grand et trop complexe pour qu'il soit possible de résumer ici même rapidement ses problèmes agraires : il nous suffira de noter une similitude générique avec l'Andalousie et quelques autres points. En premier lieu elle était considérablement en retard, socialement et économiquement, sur d'autres régions de l'Italie. Elle demeura officiellement féodale jusqu'en 1812 et encore l'abolition légale de la féodalité ne fut-elle à peu près achevée que vers 1838 ou même 1862. Du fait de l'occupation britannique, les réformes radicales introduites par la France en Italie continentale y furent retardées ou modifiées. Malgré les réformes légales officielles, d'importantes portions de l'île restèrent sous l'emprise des barons latifundistes et de leurs bandes, et cultivées par des hommes de journée ou des fermiers sans défense, produisant surtout du bétail et des céréales, du moins à l'intérieur. La nouvelle bourgeoisie rurale, comme nous l'avons vu à propos de la Mafia, employait les procédés légaux ou illégaux des propriétaires féodaux au moins autant que l'appareil plus moderne du fermier ou du propriétaire capitaliste soucieux de rentabilité. Le seigneur et ses *campiere* armés, les *gabelotti*, régnaient en maîtres ; le paysan souffrait en silence et obéissait[2]. En second lieu les paysans siciliens étaient misérables, ignorants, et exploités en bloc sans discrimination. Ainsi, sur plusieurs milliers d'habitants de Piana dei Greci vers 1870, quatre familles seulement étaient considérées comme nobles (*galantuomini* ou *boiardi*) et six comme « bourgeoises » (*borghesi*) parce qu'elles faisaient le commerce des grains ou affermaient des terres anciennement féodales[3]. En dernier lieu, la Sicile était alors, et reste jusqu'à un certain point, dans une situation où se combinaient l'esprit révolutionnaire agraire, une lutte des classes à peine endiguée, et une impressionnante absence d'ordre public, particulièrement dans les zones intérieures qu'aucun gouvernement n'avait jamais été capable de soumettre à une administration efficace[4].

Les formes traditionnelles du mécontentement paysan avaient été, comme nous l'avons vu, extrêmement primitives, pratiquement dépourvues de toute idéologie précise, d'organisation et de programme. De tout temps les paysans ont haï les seigneurs, leurs gens et la classe moyenne : les « bonnets » — les paysans siciliens portaient la traditionnelle chaussette méditerranéenne ou bonnet Phrygien — haïssaient les « chapeaux ». En période prérévolutionnaire, ils idéalisaient les brigands ou mafiosi, du moins dans la mesure où ceux-ci représentaient la vengeance et les aspirations des paysans et non pas les exactions des seigneurs. (Comme en Italie du Sud, la grande époque de ce brigandage se situe dans les deux décennies qui suivirent l'unification.) En période révolutionnaire, c'est-à-dire généralement lorsqu'une des villes traditionnellement explosives de l'île, Païenne, Catane ou Messine, avait donné le signal, ils se lançaient dans d'aveugles et féroces insurrections, occupant les terres communales, pillant les mairies, les octrois, les archives municipales, les maisons et les clubs de l'aristocratie. Verga a laissé une description d'une de ces jacqueries dans son bref récit : « Liberté[5]. » Le XIXe siècle est une succession de soulèvements semblables : en 1820, 1837, 1848, 1860 et 1866. Le mouvement des Fasci n'en est pas seulement le plus étendu mais aussi le premier que l'on puisse qualifier d'organisé, avec des chefs, une idéologie et un programme modernes : en fait, si on laisse de côté les réactions paysannes spontanées et instinctives, le premier mouvement paysan[6].

Les raisons précises de la nouvelle explosion de désordres paysans qui se produisit en 1891-94 ne nous concernent pas ici, car nous nous préoccupons moins des causes que des formes du révolutionnarisme paysan dans la structure des Fasci[7]. On peut se contenter d'observer que les effets habituels de l'introduction des relations capitalistes furent aggravés par la crise agraire mondiale des années 1880 et suivantes, alors que l'émigration massive qui devait devenir une des caractéristiques de l'île n'était pas encore venue les adoucir, même partiellement. En fait la période des Fasci marque le commencement de l'émigration massive, ce qui peut expliquer que l'explosion suivante de la révolte paysanne ne se soit produite qu'après la Première Guerre mondiale. Le mouvement se caractérisa par la fondation et le développement des ligues paysannes (les Fasci), à direction principalement socialiste, et par des bagarres et des grèves agricoles sur une telle échelle que le gouvernement italien, inquiet, prit des mesures militaires et étouffa le mouvement sans difficulté.

Ce n'était absolument pas, en fait, un mouvement insurrectionnel. À l'encontre des soulèvements de 1810, 1848 et 1866, qui constituaient à l'origine des tentatives libérales ou nationales (italiennes ou siciliennes) visant à renverser le gouvernement et à prendre le pouvoir, les Fasci restèrent de bout en bout un mouvement de revendications économiques précises, bien qu'il y ait eu dans l'esprit de ses militants des objectifs beaucoup plus vastes. Il serait tout aussi erroné de le considérer comme simplement « réformiste » que de considérer le chartisme comme un mouvement de réforme parlementaire. Il occupe en fait dans l'histoire sicilienne une place quelque peu analogue au chartisme.

Les cadres du mouvement provenaient des villes et de la classe ouvrière citadine. Comme on sait, les années qui suivirent 1889 virent les progrès rapides de la propagande et de l'influence socialistes à travers l'Europe. La doctrine et la propagande de la seconde

Internationale atteignirent la Sicile par l'intermédiaire des intellectuels et des artisans radicaux qui se mirent en devoir de fonder dans les villes des sociétés, des syndicats et des organisations de défense mutuelle, des Fasci. Mais dans l'atmosphère révolutionnaire que nous avons décrite, ceux-ci se répandirent dans tout le pays et devinrent rapidement le refuge de tous les groupes de Siciliens mécontents, y compris les paysans, bien que les Fasci paysans n'eussent été créés que très postérieurement aux Fasci urbains. La notion d'organisation n'était pas étrangère aux paysans siciliens, dont la majorité vit encore non pas dans des villages mais dans de grandes agglomérations au sein desquelles chaque classe avait depuis longtemps ses fraternités religieuses et ses rites funéraires, à l'exception de la classe moyenne qui économiquement n'en avait pas besoin et estimait sans doute qu'elles étaient incompatibles avec son individualisme. De petites associations paysannes avaient aussi surgi çà et là aux environs de 1880 bien qu'elles s'avérassent intransformables en Fasci[8].

Nous remarquons ainsi qu'il n'est pas question au sein des Fasci d'une primauté des intérêts religieux ou sociaux. C'étaient des organisations économiques, et ils se présentèrent aux paysans comme tels, inspirés par la propagande socialiste. Leurs revendications n'avaient rien de millénariste. Ils demandaient presque invariablement la réforme municipale et l'abolition des taxes et des droits d'octroi — en partie pour des raisons déjà examinées dans le chapitre sur les lazzarettistes, en partie du fait de l'anormale prédominance d'un système de concussion à l'échelon municipal dont bénéficiait telle ou telle faction de la classe moyenne qui détenait le pouvoir local[9]. Dans les régions moins évoluées, les paysans demandaient le partage des *latifundia* et, dans les zones plus avancées, une réforme des baux agricoles touchant aussi bien les ouvriers que les métayers ou autres locataires. Les grèves qui eurent lieu et qui furent des réussites, visaient ce dernier objectif. Les bagarres et les démonstrations qui se produisirent dans des régions moins avancées pour soutenir des revendications plus primitives étaient le plus souvent axées sur des problèmes municipaux ou fiscaux[10]. On ne trouve chez les dirigeants du mouvement aucune trace de visées concernant la prise du pouvoir.

Rien dans tout cela n'était susceptible de favoriser le millénarisme chez les paysans. Pourtant il faut se rappeler que les gens qui entraient dans ces mouvements avaient une mentalité médiévale. Lorsqu'ils criaient « À bas les impôts », ils criaient également souvent « Longue vie au Roi et à la Reine », pensant sincèrement quc si seulement le roi apprenait quelles injustices on commettait en son nom, il ne les tolérerait pas[11]. Il était tout à fait normal pour eux de porter dans leurs processions des crucifix et des portraits de saints ; d'ériger dans les locaux des Fasci des crucifix devant lesquels ils allumaient des cierges et de traiter les dirigeants socialistes en visite comme des évêques — hommes et femmes se prosternant à leurs pieds et jetant des fleurs sous leurs pas[12]. D'autant plus naturel que l'un des phénomènes les plus frappants des Fasci était la participation active et massive des femmes paysannes, ce qui est d'ailleurs le cas dans tous les mouvements révolutionnaires. Il n'est donc pas étonnant que les grandioses et émouvantes espérances révolutionnaires que les paysans avaient placées dans les Fasci se soient exprimées dans les termes millénaristes traditionnels.

Il n'est pas douteux que l'espoir des paysans était la révolution, une société nouvelle, juste, égalitaire et communiste. « Qu'entendez-vous par socialisme ? » demandait un journaliste du nord aux paysans de Corleone, un des centres du mouvement. « La révolution », répondirent certains. « Rassembler tous les biens et manger tous la même chose », dirent d'autres. Une paysanne de Piano dei Greci exprima leurs aspirations avec une limpidité remarquable[13] : tout le monde devrait travailler. Il ne devrait y avoir ni riche ni pauvre. Tous devraient être égaux. Il était inutile de redistribuer les terres et les maisons. Tout devait être mis en commun et le revenu équitablement distribué. Cela ne provoquerait ni querelles ni égoïsme car la fraternité régnerait — les membres des Fasci étaient des « frères » — et ceux qui violeraient la fraternité seraient punis. Ces sentiments n'étaient pas nouveaux. Mais ce qui n'avait été jusque-là qu'une aspiration fervente, sans espoir et cachée, paraissait soudain réalisable parce que les paysans avaient eu une révélation apportée par des hommes nobles et bons qu'un paysan de Canicatti décrivait comme « des anges venus du Paradis. Nous étions dans l'obscurité et ils nous ont apporté la lumière[14] ». Cette révélation disait que l'union faisait la force et que l'organisation pouvait amener une société nouvelle. Il n'est pas étonnant que les paysans se soient tournés vers les Fasci non seulement en raison de leur organisation mais aussi pour apprendre :

« Nous n'allons plus à l'église », disait une paysanne de Piana dei Greci, « mais au Fascio. Là nous devons apprendre, là nous devons nous organiser pour la conquête de nos droits[15] ».

Qualifier ce mouvement de millénariste au sens lazzarettiste ou au sens anarchiste ne serait donc pas tout à fait exact. Ce que les Fasci enseignaient ce n'était pas le millénarisme mais la politique moderne. Mais dans le contexte sicilien cet enseignement, du simple fait qu'il était révolutionnaire, devait avoir des aspects fortement millénaristes. C'était, et les observateurs du mouvement le répétaient inlassablement, une nouvelle religion : « Voici des gens Primitifs rendus fanatiques par une nouvelle foi », remarque Rossi. L'enquête parlementaire devait plus tard révéler :

« … et le paysan (écoutant le sermon socialiste) en était frappé et croyait véritablement qu'une nouvelle religion était née, la vraie religion du Christ, qui avait été trahie par les prêtres de connivence avec les riches. Et dans de nombreux villages ils abandonnaient les prêtres[16]… »

Car il est bien évident que les discours des socialistes ne pouvaient pas être en contradiction avec la vraie foi chrétienne. Jésus, disait la paysanne de Piana, était un vrai socialiste et souhaitait précisément ce que les Fasci exigeaient, mais les prêtres ne le représentaient pas fidèlement, surtout lorsqu'ils pratiquaient l'usure. Lors de la fondation du Fascio, les prêtres l'avaient attaqué par le biais du confessionnal, en disant que les socialistes étaient excommuniés. Mais les paysans répondaient que les prêtres étaient dans l'erreur, et boycottaient la procession de la fête Dieu en signe de protestation[17]. En outre, des dissidents chrétiens venaient çà et là renforcer les Fasci. À Bisacquino, le Père Lorenzo, curé de l'église de la Madonna del Balzo, était surnommé « le Socialiste » parce qu'il disait ouvertement, lorsqu'il n'était pas en train de donner aux paysans des « tuyaux » pour la loterie, que l'appartenance au Fascio n'entraînait pas l'excommunication, que saint François avait été un des premiers et des plus grands socialistes, et qu'il avait, entre autres choses, aboli la monnaie. À Grotte, chez les mineurs de soufre, un bourgeois, ancien prêtre, S. Dimino, avait fondé, quelques décennies auparavant, une église évangélique qui s'était imposée malgré une sévère opposition ecclésiastique. Par la suite, tous les mineurs évangéliques devinrent socialistes et fondèrent un Cercle savonarole où Dimino leur enseignait le socialisme chrétien[18]. Il n'était pas surprenant que quelques hommes d'église reconnussent que la parole de Dieu telle que la prêchaient les socialistes était aussi celle de la religion.

Contrairement à ce qui s'était produit en Andalousie, la nouvelle religion n'entraînait pas une cassure ouverte avec l'ancienne, même s'il apparaît probable que les socialistes eussent pu déchristianiser certaines parties de la paysannerie comme le firent les anarchistes, s'ils avaient concentré leurs efforts sur la propagande antireligieuse. On a enregistré plusieurs cas de paysans qui amenaient leurs enfants au Fascio au lieu de les faire baptiser à l'église. Mais la religion était étrangère au mouvement, sauf dans la mesure où les aspirations des paysans s'exprimaient automatiquement dans une terminologie religieuse. L'important, c'était la nouvelle société :

« L'avènement d'un monde nouveau qui ne connaîtrait pas la pauvreté, la faim ou le froid, était inéluctable car c'était la volonté de Dieu. Et c'était imminent. Comme par enchantement les Fasci bourgeonnèrent dans toute la province. Un seul discours de Barbato ou de Verro suffisait à réveiller les esprits après des siècles de léthargie. Comment dans ces conditions pouvait-on douter que le grand jour fût proche[19] ? »

Le nouvel évangile se répandait dans cette atmosphère d'exaltation que nous avons déjà remarquée en Andalousie. La phrase de Rossi peut s'appliquer aussi bien à la province de Cordoue qu'à la Sicile :

« Dans certaines régions se répandait comme une contagion épidémique ; les foules étaient balayées par la croyance en la venue imminente d'une ère nouvelle de justice[20]. »

Pas plus qu'en Andalousie, on ne savait exactement par quel processus ce monde nouveau viendrait à être instauré et, comme nous l'avons vu, les dirigeants du mouvement n'avaient pas de plans insurrectionnels immédiats pour en hâter la venue, bien qu'il ne pût être question dans leur esprit d'attendre à la façon des millénaristes ou de se refuser à d'éventuelles concessions secondaires susceptibles de soulager ici et là le sort des paysans. Le mouvement fut vaincu. Mais c'est à partir de là que les histoires andalouse et sicilienne divergent. Car en Espagne le cycle d'attente, de préparation et d'explosion millénariste recommençait, en ne tolérant qu'une infiltration lente et timide des notions d'organisation et de jeu politique. Au contraire, dans certaines portions de la Sicile, la pédagogie révolutionnaire des socialistes permit de sauver quelques meubles des ruines de la défaite. Des mouvements paysans permanents capables de survivre à l'oppression et de profiter même des périodes non-révolutionnaires naquirent çà et là. On peut illustrer ce processus avec l'exemple d'une bourgade particulièrement révolutionnaire, Piana dei Greci (appelée aujourd'hui Piana degli Albanesi)[21].

Piana fut fondée vers la fin du XVe siècle lorsque quelques clans albanais, fuyant la conquête turque, furent accueillis en Sicile. Cette communauté, qui est restée à ce jour le centre le plus farouchement albanais de toute l'île, conservant sa langue et son rite catholique grec (uniate), est encore peuplée des descendants des premiers émigrés ; une poignée de noms de famille dont certains remontent aux « familles albanaises nobles » (aux clans) du XVe siècle monopolise toujours les patronymes locaux : Matranga, Stassi, Schiro, Barbato, Loyacano[22]. Ces Albanais d'Italie ont toujours été portés vers la révolution, probablement du fait des efforts constants déployés par les seigneurs locaux pour grignoter petit à petit les privilèges qui leur avaient été accordés lors de leur établissement, ou par l'Église pour les convertir au catholicisme romain, et du fait aussi des particularités de leurs concessions terriennes qui placèrent leurs villages dans une situation défavorable après l'abolition de la féodalité, et envenimèrent leurs relations avec les autorités. La ténacité dont ils firent preuve dans le maintien de leur cohésion nationale y contribua peut-être aussi. Quoi qu'il en soit, Piana était connue pour son esprit de rébellion bien avant 1893. « Le tempérament des habitants est tellement enclin à la rébellion », disait à Rossi une personnalité locale modérée, « que chaque fois que des révoltes ou des désordres se produisent à Palerme ou sur le continent, des excès sont commis à Piana[23]. » Lorsqu'ils ne les précèdent pas. Trevelyan décrit la localité comme « le foyer de la liberté en Sicile occidentale », car les habitants de Piana étaient déjà en révolte bien avant l'arrivée de Garibaldi à Marsala ; et plusieurs années auparavant, le lieutenant-général avait été contraint de rapporter au roi à Naples que Piana, entre autres localités, abritait une population « féroce et toujours prête à faire des révolutions[24] ».

Quant aux causes de la rébellion, les observateurs étaient unanimes. Villari dans ses *Lettere Meridionali* a décrit la condition épouvantable des habitants et les proportions qu'atteignait leur dénuement en 1878. Piana était située sur le plateau couvert de *latifundia* consacrées à la culture des céréales. Vers 1890 sa population était composée de travailleurs non propriétaires et de tenanciers prolétarisés. À l'éclosion des Fasci, « métayers et hommes de journée se confondaient en une classe unique de miséreux » et, si l'on s'en rapporte aux chiffres cités par La Loggia, les salaires étaient encore moindres qu'à l'époque de Villari[25]. Le bourg ne possédait aucune tradition solide en matière d'organisation paysanne bien qu'il ait eu en 1890 une association comptant une centaine de membres[26]. La politique locale, sauf en période de révolution, était dominée par les familles appartenant à la classe moyenne qui se disputaient le pouvoir municipal, par la terreur des mafiosi et des *campieri* et la haine sourde des bonnets pour les chapeaux.

Les Fasci emportèrent la ville comme une lame de fond. Heureusement, un de leurs dirigeants nationaux — le plus compétent peut-être — était un *Pianese*, le Dottore Nicola Barbato, médecin âgé de trente ans. « En l'espace de quinze jours », raconte l'informateur modéré de Rossi, « Barbato était devenu le patron (*il vero padrone*) de la région ». Lorsque le Fascio fut créé, un peu plus tard, en avril 1893, il recruta virtuellement la totalité de la population adulte, « à l'exception des riches », hommes et femmes. La police estima sa force à deux mille huit cents membres, soit plus du double de n'importe quel Fascio de la province, exception faite de celui de Palerme[27]. La localité était si complètement embrigadée qu'il n'y eut plus aucun désordre important malgré deux meurtres télécommandés, semble-t-il, par les gros propriétaires qui menaçaient de tuer les militants et dont furent victimes des membres influents du Fascio. L'organisation survécut à l'arrestation de Barbato.

Si, comme nous l'avons vu, les aspirations des habitants de Piana étaient assez millénaristes, si l'esprit dans lequel ils entraient au Fascio se caractérisait par une grande exaltation — les femmes y étaient particulièrement actives —, le mouvement qui les accueillait avait la tête froide et leur enseignait les leçons de la politique réaliste et de l'efficacité : organisation et — pour l'heure — élections. Tout comme en d'autres lieux le Fascio fut prompt à présenter ses candidats à la municipalité et en fit élire plusieurs. Lorsque Rossi leur demanda comment ils envisageaient la venue du socialisme, la paysanne que nous avons déjà citée exprima une idée très claire du processus : aux prochaines élections les Fasci emporteraient la majorité à Piana, car tous les électeurs à l'exception des anciens seigneurs leur étaient favorables. Évidemment cela signifierait simplement que la municipalité pourrait protéger un peu les citoyens contre les abus et les pouvoirs excessifs des *Signori*. Mais le moment venu, les Fasci éliraient aussi des conseillers provinciaux et des députés et lorsqu'il y aurait une majorité socialiste à Rome toutes les mauvaises lois seraient abrogées[28]. Pour ce qui ne dépendait que d'elle, Piana avait réalisé son programme. Le Conseil et le député locaux devinrent socialistes avant la fin de la Première Guerre mondiale et communistes par la suite. En 1953 Piana donna la majorité absolue au parti communiste, compte non tenu des socialistes nenniens.

Plus important : les habitants de Piana conservèrent et développèrent leur organisation. Une ligue paysanne survécut au Fascio avec une participation variable, mais jamais négligeable : 600 membres en 1906, 1 000 en 1907, 400 en 1908[29]. Après 1893, les dirigeants socialistes favorisèrent énergiquement la création de fermes collectives dans lesquelles ils voyaient non seulement un soutien à l'agitation paysanne mais un embryon de la nouvelle société au sein de la vieille, et cette forme de coopération séduisait beaucoup les paysans, plus même que d'autres formes moins ambitieuses de coopération agricole : ils louaient des terres aux *gabellotti* et les cultivaient en commun, en partageant les revenus. Évidemment, Piana posséda une coopérative dès le début et l'a conservée à travers toutes les vicissitudes économiques et politiques depuis 1890, réussite extraordinaire : en 1953, celle-ci comptait environ sept cent cinquante membres — sur quelque deux mille familles —, tous socialistes ou communistes.

Depuis les Fasci, les habitants de Piana ont donc toujours maintenu leur triple allégeance : au communisme, aux Albanais et au catholicisme grec ; un attachement qu'est naturellement venue renforcer la conversion de la patrie de Scanderbeg à la cause adoptée par eux bien avant Enver Hodja. Depuis mai 1893 ils n'ont pas manqué une seule fois, même sous le fascisme, de se rendre en procession dans la montagne jusqu'à un col isolé, le Portella della Ginesta, pour y tenir leur réunion du 1er mai et écouter les discours prononcés sur « la pierre du docteur Barbato », un rocher sur lequel le grand homme grimpait jadis pour leur parler. Sans doute n'y eut-il là, sous le fascisme, que des processions très discrètes, mais les habitants vous affirmeront qu'il y eut toujours quelqu'un pour y célébrer le 1er mai. En 1947, la Mafia recruta le bandit Giuliano pour mitrailler la démonstration, ce qu'il fit, tuant quelque quatorze personnes et déclenchant un scandale politique qui ne se termina qu'en 1956 avec la condamnation des survivants de sa bande. Car dans cette région les activités politiques d'extrême-gauche ont toujours comporté des risques physiques considérables bien que, nous l'avons vu, les mafiosi fussent sensiblement moins puissants à Piana depuis le Fascio qu'en d'autres portions de la province. Les habitants de Piana n'ont pas abandonné leur esprit révolutionnaire, même si, aujourd'hui, leur idéologie ne peut guère être qualifiée de millénariste ni même de spontanément violente et même si, étant toujours très pauvres, ils le sont pourtant beaucoup moins qu'en 1890. La force de leur mouvement leur a fait faire bien des progrès. Mais la vieille flamme révolutionnaire ne s'est pas pour autant obscurcie en un banal réformisme. Elle prend parfois des formes inattendues, comme en 1943, lorsque la chute du fascisme obligea Piana à se déclarer pour quelques jours république indépendante, jusqu'à ce que le parti communiste lui ait fait comprendre que ce n'était pas souhaitable. Aujourd'hui, lorsqu'on apprend que des manifestations agraires, des occupations de grandes propriétés se produisent quelque part en Sicile, on peut être certain que des gens de Piana y participent. Leur vieil enthousiasme millénariste a pris une forme plus durable : l'allégeance permanente et organisée à un mouvement social-révolutionnaire moderne. Leur expérience montre que le millénarisme n'est pas forcément un phénomène temporaire mais peut, dans des conditions favorables, être le fondement d'une forme de mouvement permanente et extrêmement résistante.

Nous avons examiné les causes et la nature du millénarisme paysan et ses rapports avec les mouvements sociaux modernes. Il nous reste à considérer sa fonction dans les mouvements paysans; car il avait une fonction pratique, qui peut expliquer pourquoi une « atmosphère millénariste » entraîne même des mouvements révolutionnaires qui devraient lui être totalement étrangers. Il facilitait l'organisation presque simultanée, à une échelle nationale, de foules jusque-là inorganisées.

Tous les mouvements sociaux se développent par à coups : leurs histoires comptent toutes des périodes où l'on mobilise d'une façon anormale, et souvent avec une rapidité et facilité extraordinaires des foules demeurées « vierges » jusque-là. Un tel développement se produit presque toujours par contagion : un propagandiste arrive dans une localité et bientôt toute la région est gagnée; quelqu'un établit ou rétablit un syndicat dans un corps de métier désorganisé et en quelques semaines le mouvement est inondé d'adhésions; une grève éclate, ou mieux, une grève est victorieuse et en quelques jours des centaines d'ateliers en contact avec les premiers grévistes arrêtent le travail[30]. Dans le cadre du village ou du bourg, cette contagion est facile car les habitants entretiennent des contacts étroits, de même dans les pays avancés les nouvelles sont diffusées par la presse, radio et télévision; enfin les communications sont très développées. Dans les pays retardataires, elles sont lentes et irrégulières. Les difficultés que peut rencontrer l'organisation d'un mouvement à l'échelle nationale sont illustrées par l'expérience sicilienne lors de l'organisation de la première célébration du 1er mai en 1890 : n'eût été l'inquiétude du gouvernement, qui avertit les autorités locales de la nécessité d'éviter des désordres ce jour-là — nouvelle qui fut vite répandue par la rumeur publique —, les socialistes locaux auraient ignoré dans bien des cas que l'Internationale attendait d'eux qu'ils organisent une démonstration. Mais une atmosphère d'exaltation facilite grandement la diffusion des informations. Des équipes de femmes et d'hommes se chargent de répandre de tous côtés la joyeuse nouvelle, car en période millénariste, comme nous l'avons vu en Andalousie, chacun se transforme en propagandiste : « Des paysans de Piana et de San Giuseppe Iato », écrivait un journal de la province de Trapani, « venus ici pour la moisson, décrivent l'enthousiasme qui règne chez eux et enflamment nos paysans[31]. » Cela nimbe le moindre progrès du mouvement d'une auréole d'invincibilité et de triomphe futur, et rien n'est plus contagieux que le succès. Par ces moyens, un mouvement peut mobiliser des masses presque simultanément sur une grande étendue de territoire et rien n'est plus important pratiquement, car un mouvement qui se développe simultanément dans six villages atteint une puissance de choc beaucoup plus considérable et une efficacité politique infiniment plus redoutable que s'il se développe isolément dans chaque village. En réalité le millénarisme n'est pas seulement la touchante survivance d'un passé archaïque, mais un phénomène extrêmement utile que les mouvements politiques et sociaux modernes peuvent utiliser pour accroître leur rayonnement et laisser leur marque sur les hommes et les femmes qui ont été touchés par leur doctrine. Car, lorsqu'il n'a pas assimilé les préceptes éprouvés en matière d'organisation politique, de stratégie, de tactique et de programme, le millénarisme s'effondre inévitablement. Seul, il peut à la rigueur se maintenir dans une secte, sous forme de courant spirituel, comme chez les lazzarettistes ; sous forme de pépinière d'agitateurs et foyer de révolte périodique comme en Andalousie. Il peut être, il sera toujours intensément émouvant pour tous ceux que le sort des hommes ne laisse pas indifférent : mais il sera perpétuellement vaincu.

Mais lorsqu'il est « attelé » à un mouvement moderne, le millénarisme peut non seulement devenir politiquement efficace ; il peut aussi le devenir sans perdre ce zèle, cette ferveur, cette inébranlable confiance en un monde meilleur et cette générosité émotive qui le caractérisent même sous ses formes les plus primitives et les plus perverties. Personne ne peut lire un témoignage comme celui de la paysanne anonyme de Piana sans espérer que cet esprit vivra.

VII

La foule urbaine et ses émeutes

Nous avons jusqu'ici traité presque uniquement des mouvements sociaux Primitifs tant du point de vue de leurs aspirations que du point de vue de la psychologie de leurs membres. C'est par un caprice de l'histoire que les bandits, les mafiosi, les lazzarettistes, les socialistes paysans siciliens, les anarchistes paysans andalous ont émergé aux XIXe et XXe siècles plutôt qu'au XIVe. Ils appartenaient à un monde révolu ; et leur tragédie fut d'avoir été projetés dans un avenir qu'ils s'efforçaient d'exorciser par le rêve et la violence. Il nous faut maintenant considérer les formes de mouvement social primitif dans des classes qui appartenaient au monde nouveau des villes et de l'industrie, du capitalisme moderne. Il ne faut évidemment pas nous attendre à y trouver autant de symptômes d'archaïsme, bien que nous puissions tout de même en déceler certains, car la première génération de la population industrielle moderne était encore loin d'être adaptée à un mode de vie nouveau et révolutionnaire. En Angleterre je situerais volontiers l'époque cruciale aux environs de 1850 ; cette population apprit ce que l'on pourrait appeler « la règle du jeu » de la société industrielle moderne, et les mouvements ouvriers contemporains sont le résultat le plus universel et le plus frappant de son « éducation ». Mais il ne faut pas oublier que la masse des travailleurs industriels de tous les pays commencèrent comme les Américains, en tant qu'immigrants provenant de milieux pré-industriels, même lorsqu'ils n'avaient pas quitté leur patrie. Comme tous les immigrants, ils regardaient derrière eux autant que devant.

Mais avant de traiter des mouvements sociaux Primitifs dans les classes-types de la société capitaliste moderne, il serait bon d'examiner certains mouvements qui se situent entre les anciens et les nouveaux : ceux des grandes cités à l'époque pré-industrielle. Les mouvements les plus caractéristiques de ces grands centres étaient les guildes d'artisans, un type d'organisation que l'on trouve à travers le monde dans toutes les sociétés pré-industrielles. La nature de ces guildes et le rôle qu'elles jouaient dans la vie politique urbaine est suffisamment connu et il est inutile d'en parler ici. Les liens qui pouvaient exister entre ces guildes (et d'autres organisations) et les mouvements urbains d'ouvriers spécialisés nous sont également familiers[1]. Dans l'ensemble, le compartimentage social qui existait à l'intérieur des corps de métier ou entre eux, produisit des organisations calquées sur la structure des anciennes guildes ou fraternités mais exprimant les intérêts précis de groupes particuliers, notamment les compagnons ; l'ancienne structure fut reprise par la suite — le processus exact est encore discuté — dans les premiers syndicats de travailleurs qualifiés de la période industrielle. Inversement, un certain nombre d'anciennes organisations de compagnons — les compagnonnages français et les *Gesellenverbände* allemands — absorbèrent certaines fonctions syndicales au début de la période industrielle avant de céder la place au système syndical moderne[2]. Certains aspects de la survivance de ses traditions seront examinés dans le chapitre sur les rites dans les mouvements sociaux.

On sait aussi que les compagnons et les ouvriers spécialisés de l'époque pré-industrielle déployaient une activité politique intense. Qui disait cordonnier disait radical et c'était aussi le cas pour nombre de petits métiers et leurs compagnons. Leurs mouvements présentaient peut-être des signes d'archaïsme, mais on doit les considérer dans l'ensemble comme la partie la plus « moderne », la plus avancée du monde des travailleurs et la plus perméable aux nouvelles idéologies, particulièrement aux variantes du jacobinisme.

Toutefois ce courant d'organisation et d'action politique qui est au centre de la vie sociale des travailleurs urbains ne nous concerne pas. Je me contenterai d'examiner plutôt ce qu'on pourrait appeler un remous, un de ces éternels remous de la vie citadine : la foule. On peut la définir comme englobant toutes les classes citadines indigentes. Sa légèreté, son inconstance bien connues, n'excluent pas certaines aspirations sociales qui peuvent s'exprimer collectivement en un mouvement visant à provoquer des réformes économiques ou politiques par l'action directe — l'émeute ou la révolte — sans être encore inspiré par aucune idéologie précise ; ou bien, s'il trouvait une expression, celle-ci était traditionaliste et conservatrice (Le *Church and King Mob* en Angleterre). C'était un mouvement pré-politique et dans cette mesure il était primitif à notre sens. Cependant, si la foule et ses émeutes ont fait couler beaucoup d'encre à travers les âges, on leur a consacré fort peu d'études. Heureusement des études sérieuses sont actuellement en cours dans plusieurs pays : M. Georges Rudé notamment s'est penché sur les cas français et anglais, et sa connaissance des émeutes du XVIIIe siècle m'a été très précieuse. Si l'on désire comprendre le mécanisme de l'émeute, il faut l'étudier sans tarder, car cette forme de manifestation a depuis longtemps et dans de nombreux pays, cessé d'être un phénomène courant ou même d'être acceptée comme un mode d'action populaire efficace[3]. En tant que phénomène social, la foule indigente a tendance à disparaître en maints endroits pour céder la place à la classe ouvrière industrielle. En outre, depuis la Révolution française et l'essor des mouvements socialistes, les pouvoirs publics sont devenus très sensibles aux rassemblements et aux désordres, particulièrement dans les grandes villes. Il en est résulté un accroissement des forces de police, même dans les pays les plus libéraux en matière de maintien de l'ordre. Ce n'est pas en Europe occidentale que le citoyen d'une grande ville peut espérer faire l'expérience d'une émeute de la foule pré-industrielle.

Que la foule soit un phénomène prépolitique ne signifie nullement qu'elle n'ait eu aucune idée explicite ou implicite sur la politique. Elle a souvent manifesté « sans idées » c'est-à-dire généralement contre le chômage et pour un abaissement du coût de la vie — la disette, la hausse des prix et le chômage ayant habituellement tendance à se manifester simultanément en période pré-industrielle[4] : par conséquent, les commerçants et des taxes locales tels les droits d'octroi étaient invariablement ses cibles préférées. Les Napolitains qui pendant la révolution de 1647 chantaient :

Jadis il n'y avait pas de taxe sur les provisions
Jadis il n'y avait pas d'octroi et pas de douane

exprimaient une aspiration qu'aucun pauvre habitant des villes dans le monde n'aurait reniée. Lorsque l'on songe que des masses de citadins miséreux subsistaient, même en période normale, avec un régime de famine, et que la moindre augmentation des prix ou du chômage les faisait mourir de faim, on comprend que leurs manifestations et leurs bagarres n'aient été le plus souvent que des réactions instinctives, automatiques et inévitables. Les fluctuations des prix alimentaires constituaient, c'est bien connu, le baromètre presque infaillible des désordres à Paris pendant la Révolution française. Toutefois la simple émeute alimentaire ne suffit pas à épuiser le catalogue des activités et des « idées » de la « foule ».

Deux autres notions au moins, peut-être trois, étaient présentes dans ces manifestations. En premier lieu, le désir d'être reconnu. La populace ne marchait pas seulement en signe de protestation, mais pour un objectif précis. Elle présumait que les autorités seraient sensibles à ses mouvements et qu'elles lui feraient immédiatement une quelconque concession ; la foule des manifestants ne constituait pas seulement un rassemblement d'hommes et de femmes unis pour un objectif *ad hoc*, mais une entité permanente bien que rarement organisée comme telle en permanence. Elle l'était parfois, mais on sait fort peu de choses sur les formes d'organisation permanente de la *plèbe* — distincte des guildes d'artisans. En second lieu, les manifestations populaires, quels que fussent leurs objectifs affichés, leur idéologie ou leur absence de doctrine, étaient toujours dirigées contre les riches et les puissants (mais pas obligatoirement contre le chef de l'État ou le maire de la ville) : durant les *Gordon Riots* en Angleterre au XVIIIe siècle, les paroisses comptant la plus forte population catholique furent à peu près épargnées. Des maisons détruites, dans le plus grand nombre, étaient situées — à une exception près — dans des paroisses abritant des colonies catholiques assez modestes. Sur les 136 personnes qui réclamèrent des indemnités et dont les professions sont connues, 33 étaient des pairs, des ambassadeurs ou des gentilshommes, 23 des membres des professions libérales et des prêtres, 29 des fonctionnaires, 33 des marchands, commerçants et boutiquiers, 15 étaient probablement des artisans et seulement 4 des salariés[5]. Les Viennois qui manifestèrent contre l'exécution du roi de France en 1793 dirigèrent leur fureur contre les émigrés français nobles[6]. Les Lazzaroni de Naples, foule émeutière par excellence, défendaient passionnément l'Église et le roi, mais étaient, plus farouchement encore, anti-jacobins en 1799. Pourtant ils chantaient des chansons contre toutes les classes supérieures qui à leurs yeux avaient « trahi le roi » notamment les « chevaliers et les moines », pillaient avec une impartialité totale les demeures des royalistes et considéraient comme jacobins et ennemis du roi tous les propriétaires et plus simplement tous ceux qui roulaient carrosse[7]. Ce penchant a de tout temps incité les observateurs malveillants — et presque tous les observateurs, de tous les bords politiques, ont manqué de sympathie pour la « foule » classique —, à présenter cette foule comme un ramassis de *lumpenprolétaires* et de pillards[8]. On ne peut nier que des forcenés et des criminels, qui étaient légion dans les grandes villes, aient saisi ces occasions : tous ceux qui ont pu passer, ne serait-ce que quelques heures à Naples ou à Palerme, savent combien celles-ci sont indispensables à ces populations misérables. Pourtant, nous le verrons, la « foule » n'est pas essentiellement composée de ces individus.

Le troisième facteur permanent est probablement l'hostilité aux étrangers (ce qui signifie ici étrangers à la ville). Une sorte de chauvinisme municipal semble avoir été une des caractéristiques constantes de la « foule » classique. Les comédies populaires viennoises de 1700 à 1860, qui s'adressent à un auditoire « faubourien » et populaire et constituent un admirable miroir des sentiments d'une population, reflètent bien cette fierté intérieure du citadin. Les Lazzari napolitains étaient toujours prêts à défendre la gloire de leur cité contre les méprisables provinciaux, même s'il fallait pour cela qu'ils soutinssent les jacobins[9].

De quels individus cette foule était-elle composée? Sa force principale résidait dans le *menu peuple*[10] (*little people, popolo minuto* ou *popolino*), particulièrement celui de certains vieux quartiers comme le faubourg Saint-Antoine à Paris, le Transtevere à Rome ou le Mercato à Naples. C'était un mélange de salariés, de petits propriétaires et de « misérables » difficiles à classer dans une catégorie précise[11]. À Naples, où elle était sans doute plus consciente de son existence collective sous le nom de Lazzari ou Lazzaroni et où on l'a le plus souvent accusée d'être presque uniquement composée de mendiants et de *lumpenprolétaires*, nous la connaissons assez bien. Goethe croyait simplement que les Lazzari étaient composés du *menu peuple* et des chômeurs. L'auteur d'un journal rédigé pendant la révolution de 1799, et que Croce a paraphrasé, en donne une analyse plus précise. Lazzaroni, les portefaix, classe de meneurs dans bien des villes — il semble que les dockers en aient fait partie —, les apprentis et compagnons des métiers les plus modestes, tels les cordeliers, forgerons, chaudronniers, étameurs, serruriers, tanneurs, tailleurs et cordonniers[12]. Les lainiers et soyeux, menuisiers et ébénistes, orfèvres, argentiers et joailliers aussi bien que les domestiques de grande maison se considéraient comme supérieurs aux Lazzari[13]. Il faut évidemment y ajouter la masse des colporteurs, marchands ambulants et obscurs besogneux qui peuplèrent les cités pré-industrielles. Les Lazzari ressemblaient donc fort au *menu peuple* des autres villes si ce n'est que leur cohésion était supérieure, car ils élisaient chaque année un *capolazzari* et étaient fanatiquement attachés au culte de saint Janvier, patron de leur ville, tout comme leurs collègues de Païenne à celui de sainte Rosalie. Ils émergèrent en tant que groupe reconnu lors de la révolution de 1647 qui porta temporairement au pouvoir l'un d'eux, le poissonnier Masaniello. Ce ne fut ni la première ni la dernière, mais certainement la plus frappante des rébellions de cette ville[14]. Du moins le nom apparaît-il pour la première fois en 1647 dans une description des partisans de Masaniello et quoique employé entre 1650 et 1750 il reparaît ensuite pour s'établir solidement lors de leur contre-révolution de 1799[15]. À Rome la *plèbe* semble, peut-être par tradition, avoir été moins attirée par l'artisanat. Elle paraît avoir eu un penchant pour des professions telles que boucher, batelier, roulier, pêcheur, portefaix, tanneur, paveur et colporteur ou marchand ambulant, abandonnant, dit-on, l'artisanat aux étrangers qui étaient venus à Rome chercher fortune[16]. La proportion de *lumpenprolétaires* y était sans aucun doute élevée. En revanche, dans une grande ville du nord comme Milan, elle était faible et pour une population masculine comptant 27 000 ouvriers et petits commerçants on ne dénombrait que 2 500 « mendiants, chômeurs volontaires, vagabonds et prisonniers avec leurs femmes[17] ».

Quoi qu'il en soit, il est clair que la foule était constituée par la population citadine ordinaire et pauvre et non simplement par la « lie » du peuple. Il n'était pas rare que certains groupes aussi « respectables » tels les corporations d'artisans se joignent à elle ou collaborent avec elle comme lors des émeutes de Palerme en 1773 ou de Bologne en 1790, auxquelles participèrent des « personnes de basse et vile origine », mais aussi des artisans[18].

Un tel corps de fauteurs de troubles se développait dans chaque ville importante lorsque les forces de l'ordre relâchaient leur surveillance. Mais il est une série de villes dans lesquelles la foule avait pris une importance particulière et acquis une physionomie politique propre : la métropole pré-industrielle classique — généralement une capitale — où siégeaient une cour, un gouvernement, une église ou une aristocratie. La plupart de ces villes sont situées en Europe méridionale car cet ensemble de caractéristiques se trouvait plus facilement réuni dans des villes dont l'existence remontait au moins au Haut Moyen Âge et qui n'avaient jamais été des républiques. Les meilleurs exemples de cette tradition urbaine se trouvent à Rome, Naples, Palerme et peut-être Vienne ou Istamboul, dont la grandeur est très ancienne et qui ont toujours été régies par un prince.

Dans ces cités, le *popolino* entretenait avec ses maîtres des rapports assez tendus faits à la fois de parasitisme et d'émeute. Son raisonnement — si c'est là le terme qui convient — peut être défini assez clairement. Le souverain avec son aristocratie a le devoir d'assurer la subsistance de son peuple, soit en lui fournissant lui-même du travail, par exemple en accordant sa clientèle aux commerçants locaux ou par des dépenses et des gratifications généreuses comme il convient à un prince ou à un gentilhomme, soit en favorisant l'emploi par le tourisme et l'hospitalité offerte aux pèlerins. Cela est d'autant plus nécessaire que ces villes princières ne sont généralement pas des villes industrielles, étant souvent trop importantes pour que les manufactures locales puissent assurer le plein-emploi. Car on a souvent remarqué que les plus grandes villes pré-industrielles n'atteignaient des chiffres de population aussi énormes que parce qu'elles constituaient des centres administratifs abritant également la cour. Comme nous l'avons vu pour Rome, il se pouvait que le *popolino* résistât à l'industrialisation en considérant que celle-ci n'était pas compatible avec sa dignité citadine et en préférant vivre au jour le jour. Mais si pour une raison quelconque les moyens habituels d'existence venaient à être compromis ou à disparaître, le prince et son aristocratie avaient le devoir de lui fournir des secours et de maintenir le pouvoir d'achat.

S'ils faisaient leur devoir, ils recevaient en échange le soutien actif et enthousiaste du peuple. Mieux, malgré ses haillons et sa misère, la foule s'identifiait à la splendeur et au rayonnement de sa ville, qu'elle identifiait par ailleurs avec le souverain. Vienne *était* la cour impériale, Rome *était* la papauté et les Bourbons français ont peut-être eu tort d'échanger le loyalisme turbulent mais précieux de leurs Parisiens contre le calme de Versailles où les manifestations étaient certes moins spectaculaires, mais où les avantages politiques de la résidence royale étaient infiniment moins nombreux. Ainsi donc, rien n'était plus facile pour le *popolino* que de s'identifier à la ville et au souverain. Aussi miséreux qu'il fût, il n'était pas exploité directement par la cour papale ou celle des Bourbons, mais en était au contraire le parasite, bénéficiant, même très modestement, de l'exploitation générale par la ville des provinces et des paysans (fondement de toutes les économies urbaines méditerranéennes) et du reste du monde par l'intermédiaire du commerce, des touristes et des pèlerins. Les souverains et ces parasites miséreux vivaient ainsi en une sorte de symbiose. Il n'était même guère nécessaire de séparer ces deux classes comme dans les cités modernes. La métropole traditionnelle, médiévale et absolutiste n'a pas de *beaux quartiers*[19] : taudis et marchés jouxtaient les palais comme on peut encore le constater dans certains quartiers de Paris (mais pas dans les quartiers post-révolutionnaires). La cité formait une entité culturelle. Il se peut que l'usage selon lequel l'aristocratie de Vienne, de Venise ou de Naples se rendait au théâtre populaire et parlait une version légèrement modifiée du dialecte populaire au lieu d'une langue précieuse, ait reflété cette communauté fondamentale des intérêts de la cité tout entière contre les « étrangers » qu'elle exploitait. On a du mal à imaginer un empereur et ses archiducs s'entretenant dans une langue qui serait l'équivalent viennois du « cockney » amélioré ou de l'argot parisien. C'est pourtant ce que firent les Habsbourg jusqu'à leur déchéance.

Aussi longtemps que le souverain accomplissait son devoir, la populace le défendait avec enthousiasme. Mais s'il ne le faisait pas, elle manifestait jusqu'à ce qu'il le fît. Ce mécanisme était parfaitement compris des deux côtés et engendrait peu de problèmes politiques à l'exception de quelques dégâts matériels, aussi longtemps que l'attachement du *menu peuple* à sa ville et à ses souverains ne cédait pas la place à quelque autre idéal, et dans la mesure où la défaillance du souverain n'était que temporaire. La menace d'émeutes incitait les souverains à contrôler les prix, à assurer l'emploi ou à distribuer de larges oboles, et même à écouter les avis de leur fidèle Tiers État sur d'autres problèmes. Les manifestations n'étant pas dirigées contre le système social, le maintien de l'ordre public pouvait être singulièrement relâché au regard des critères modernes, sans qu'il y eût lieu de s'en alarmer. De son côté, la population était satisfaite de l'efficacité de ce moyen d'expression de ses revendications politiques; elle n'en exigeait pas d'autre car elle réclamait à peine plus que la subsistance minimum, un peu de distraction et des miettes du prestige princier. Un admirable tableau de ce genre de situation a été brossé à Parme, où le prolétariat non qualifié qui vivait des libéralités ducales avait conservé la tradition des révoltes « sacrées », lors desquelles il dressait des barricades et jetait des pierres tout en restant sincèrement attaché à sa duchesse bien-aimée[20]. C'est pourquoi les Parmesans éprouvèrent les plus grandes difficultés à s'adapter aux nouvelles techniques politiques telles que les élections et les syndicats, qu'ils considéraient comme inutiles. Ainsi, en 1890, alors qu'autour d'eux les nouvelles méthodes s'implantaient rapidement, les Parmesans manifestaient encore malgré leurs chefs syndicalistes réformistes, et en 1895, alors que Milan et la Romagne votaient à gauche, Parme votait à droite. Le bulletin de vote n'était pas encore considéré comme une arme sérieuse pour le peuple. Fait significatif, en 1898, c'est la campagne qui fit la grève et organisa des émeutes : Parme se contenta des émeutes. Cependant, dans cette année-là, qui fut cruciale pour le développement du socialisme italien, la vague d'émeutes fut nationale et entraîna les Parmesans dans le camp de la gauche, bien que Parme demeurât un îlot radical-maçonnique au milieu d'un arrière-pays socialiste. C'est que son mouvement vers la gauche était dirigé par la petite bourgeoisie plutôt que par les classes travailleuses.

Ce retard politique de la cité (non-industrielle) par rapport aux campagnes n'est pas l'apanage de la seule Parme. C'est un phénomène assez répandu en Italie du Sud, même de nos jours, bien que le mouvement vers la gauche de l'électeur des grandes villes ait commencé durant les dernières années. Ainsi, comme nous l'avons vu au chapitre sur la Mafia, lors des premières élections post-facistes, les voix de la gauche à Palerme, Messine et Catane étaient deux fois moins nombreuses que celles des provinces rurales ; il est vrai qu'elles ont approximativement doublé depuis. Dans les mêmes élections (1946) les voix non-politiques (y compris monarchistes) à Rome furent considérablement plus nombreuses qu'en aucune autre province du Latium, et à Naples sensiblement plus nombreuses que dans le reste de la Campanie[21]. En 1953, dans la province calabraise de Cosenza, la gauche obtint plus du double des voix monarchistes et néofascistes ; mais à Cosenza même elle n'en reçut que 15 % de plus[22]. Ce n'est pas non plus par hasard qu'un monarchisme d'un autre genre, représenté par un armateur milliardaire et démagogue, tout puissant à Naples, y a conservé plus d'électeurs qu'en aucune grande ville d'Italie. En 1956 il recueillit trois fois plus de voix que les communistes. Mais ce manque d'intérêt pour la politique contemporaine chez les pauvres des grandes villes — qui expriment une sorte de conservatisme, lorsqu'ils votent — n'est pas seulement le résultat de ces étranges symbioses ; il pourrait aussi être dû à l'absence de catalyseurs comme les grandes usines, la solidarité artisanale ou villageoise. Une des particularités les plus connues de l'histoire politique londonienne est le vote apolitique de l'East End jusqu'au XXe siècle, date où il bascula directement vers le parti travailliste, sans transition par le stade antérieur de la prise de conscience politique, le libéral-radicalisme. Les vieux faubourgs d'artisans et de petits boutiquiers — notamment ceux du sud de la Tamise — acquirent leur maturité politique beaucoup plus tôt, lorsqu'ils passèrent au radicalisme, auquel ils restèrent attachés beaucoup plus longtemps, avant de rejoindre le parti travailliste durant les années 1920-1930.

Pourtant, une telle symbiose de la foule et de ceux contre lesquels elle dirigeait ses émeutes ne constitue pas toujours le facteur fondamental de sa vie politique. La foule manifestait, mais elle faisait aussi parfois des révolutions, même si elle les camouflait en contre-révolutions. Elle était pauvre, « Ils » étaient riches ; la vie était profondément injuste envers les pauvres. Tels étaient les fondements de son comportement que l'on retrouve dans d'innombrables ballades de rue (« C'est partout pareil c'est le pauvre qui paie » à Londres, ou à Séville : « Je suis enfermé Parce que je n'ai pas d'or Avec une clef d'or Il n'est pas de porte qui ne s'ouvre »), dans l'idéalisation de la révolte anarchique des brigands et des bandits de grand chemin toujours mis hors la loi pour quelque mauvaise querelle d'un seigneur ou de l'État, toujours trahis, toujours vengés. Le révolutionnarisme implicite de la foule était, à sa manière, l'équivalent citadin du stade de maturité politique que le banditisme, en tant que rébellion individuelle, représentait dans les campagnes. Pareillement, lorsqu'il apparaissait sous forme de phénomène politique, c'était généralement une sorte de « légitimisme de barricade » c'est-à-dire, dans les pays absolutistes, « Pour l'Église et le Roi ».

Ce légitimisme populiste mérite d'être analysé car les postulats dont il procédait n'étaient pas le seul apanage de la ville. Ils avaient cours parmi toutes les populations prépolitiques. Les mouvements paysans de la Russie tsariste jusqu'au XXe siècle en sont profondément imprégnés. Ces postulats sont à peu près les suivants :

1) Le souverain (ou une institution telle que l'Église) représente et symbolise en quelque sorte le peuple et son mode de vie tels que l'opinion non éclairée les conçoit. Il peut être cruel, corrompu et injuste ; à moins que ce ne soit le système de gouvernement qu'il représente — mais dans la mesure où la société sur laquelle il règne est stable et traditionaliste il représente la norme d'existence. Cette norme n'est pas particulièrement heureuse pour les petites gens : épidémies, pestes, guerres, meurtres et morts violentes, pauvreté et injustice sont leur lot quotidien ; mais enfin c'est la vie. Mais si cet ordre stable, aussi pauvre qu'il soit, vient à être menacé de l'extérieur ou de l'intérieur, alors, à moins que le souverain n'ait provoqué ou toléré plus que la mesure normale de misère, d'injustice ou de mort (à moins, comme disent les Chinois, « que le mandat du ciel ne soit arrivé à expiration »), le peuple s'unira derrière lui puisqu'en un sens symbolique et magique il est « eux mêmes » ou du moins la personnification de l'ordre social. Ainsi

les Castillans s'unirent-ils autour des Bourbons contre l'envahisseur étranger. Cela n'est pas en soi un mouvement social, mais si la menace qui plane sur l'ordre ancien prend la forme d'une force sociale nouvelle et traumatisante, le légitimisme peut dissimuler ce qui n'est qu'une révolte massive contre les injustices de l'ordre nouveau, une sorte de « luddisme » politique. Les monarques légitimes, ou des institutions telles que l'Église, ne voient pas toujours les manifestations d'un très bon œil. L'empereur François Ier d'Autriche ne goûtait pas du tout le légitimisme révolutionnaire de son peuple et remarquait fort justement : « Aujourd'hui ils sont patriotes avec moi ; mais un jour ils pourraient bien être patriotes contre moi. » Du point de vue de l'institution vraiment conservatrice, l'idéal c'est l'obéissance, et non pas l'enthousiasme, quelle qu'en soit sa nature. Ce n'est pas un hasard si *Ruhe ist die erste Bürgerpflicht* (« Le calme est le premier devoir du citoyen ») était la devise de tous les roitelets allemands.

2) Le souverain qui, fort heureusement pour lui, est une institution lointaine, représente la justice. Certes il est patent que les seigneurs, les autorités, hauts fonctionnaires, hommes d'Église et autres exploiteurs sucent le sang du pauvre, mais c'est probablement parce que le monarque ignore ce qui est fait en son nom. Si le tsar, ou le roi de France, en avait le moindre soupçon, il sauterait dans sa calèche et partirait sur les routes du pays pour fustiger ses fonctionnaires cruels et dispenser la justice à ses loyaux sujets. Une foule de mythes populaires expriment ce sentiment depuis Haroun-al-Rachid jusqu'à l'empereur Joseph II. L'éloignement du roi (ou du pape) préserve sa réputation. Et parallèlement, dès que les souffrances et les injustices qui

oppriment son peuple sont soumises à son arbitrage, sa réputation s'écroule. Aucun coq ne chantera pour un roi injuste, aussi légitime soit-il — pour un Nicolas II après trois ans de massacres —, car un roi injuste est la négation même de la royauté. Institution moins personnelle, l'Église résiste mieux à la découverte de sa faillibilité, mais comme nous l'avons vu au chapitre sur les millénaristes, elle est vulnérable également, par exemple lorsqu'on découvre qu'elle n'est pas la « pure » Église mais une conjuration d'oppresseurs pour maintenir les pauvres dans l'ignorance. Le chrétien dévot mais farouchement anti-clérical est un personnage familier de l'histoire révolutionnaire européenne.

Les mouvements légitimistes sont donc des protestations sociales, mais révolutionnaires seulement dans ce que j'ai appelé leurs phases « luddistes ». Généralement leur objectif est de préserver les normes traditionnelles dans les rapports sociaux, ce qui implique l'acceptation de la hiérarchie traditionnelle. Mais le rêve séculaire d'une société vraiment et complètement libre dans laquelle il n'y a ni « bonnets » ni « chapeaux », pour reprendre un proverbe sicilien, explose de temps à autre en d'effroyables massacres. Ces mouvements ne deviennent la « révolution des fous » qu'en période révolutionnaire. S'ils possédaient une doctrine constitutionnelle, on pourrait expliquer comment ils divergent du légitimisme royal en disant que le légitimisme aux yeux du roi implique avant tout une obéissance totale ; et qu'aux yeux du peuple il présuppose quelques manifestations réelles ou imaginaires de la justice que le roi rend ou pourrait rendre s'il n'en était pas empêché. Les mouvements légitimistes populaires ne sont donc pas inconditionnels et, d'ailleurs, comme ils ne se sentent pas profondément concernés par ce que le Roi ou l'Église pensent, ils en font peu de cas. Les Parisiens en 1588 ne se souciaient pas de savoir si Henri III approuvait la commune insurrectionnelle qu'ils avaient instaurée en son nom. Les Napolitains et les Parmesans n'hésitaient pas à déclencher leurs émeutes contre leur souverain lorsque celui-ci paraissait faillir au devoir qui était le sien de sauvegarder la modeste subsistance à laquelle ils estimaient avoir droit. Les habitants de Dublin peints par Sean O'Casey ne se souciaient pas de savoir si l'Église approuvait les rebelles. En fait les rapports de l'Église avec les Frères républicains irlandais, mouvement qui remonte au laïcisme ou au déisme du XVIIIe siècle, furent toujours assez distants. Il leur est inconcevable que l'Église puisse ne pas être pour l'Irlande. Il n'y a donc pas de mystère dans cet abandon soudain, par des sujets légitimistes, d'un roi qui avait, en quarante ans, transformé un monarchisme quasi universel en Europe centrale, orientale et méridionale de 1914 en une anomalie politique sans gravité.

La populace se lance donc dans ses émeutes pour la justice sous la bannière du roi ou du tsar, comme par exemple dans la terrible *jacquerie* urbaine de Naples en 1799 ou dans beaucoup d'autres soulèvements durant lesquels les paysans, que ce soit en Sicile ou sur la Volga, ne peuvent pas croire que les forces de l'État sont venues les anéantir, car c'est la volonté, c'est certainement la volonté du tsar qu'ils accomplissent. « Ne tirez pas sur nous », criaient les paysans de Bezdna au général Apraxin en faisant le signe de la croix. « Vous tirez sur Alexandre Nicolaïévitch, vous répandez le sang du Tsar[23]. » Ils ne pensaient pas à un tsar en chair et en os, à *aucun* souverain en chair et en os, mais au tsar du peuple, idéal et légitime, qui ne peut pas exister. Lorsque, comme à Naples, le roi est assez proche pour être connu personnellement, l'absence d'attachement à la légitimité, telle que la conçoit le souverain est plus flagrante. Les Lazzari étaient attachés à *un* roi — car une république impersonnelle était une chose qu'ils ne pouvaient pas comprendre —, mais pas particulièrement à un roi Bourbon. D'ailleurs, après la conquête française, ils étaient tout à fait prêts à reporter leur allégeance sur le général Championnet qu'ils comparaient favorablement au « roi qui est parti » à cause de son comportement plus démocratique. La réputation de légèreté de la foule est due pour une grande part à cet empirisme. Elle veut un roi qui fasse son devoir comme elle veut que son saint fasse son devoir : n'importe qui fera l'affaire. Il était logique qu'après leur défaite, les Lazzari aillent manifester contre saint Janvier et qu'ils aillent reporter leur piété momentanément sur saint Antoine[24].

Mais au fond la populace n'était attachée à aucun roi, souverain ou régime et l'on distribuait des étiquettes politiques à des mouvements qui n'avaient de programme positif que la haine des riches et un certain égalitarisme à relents anarchistes. Car l'anarchisme lui-même n'offrait pas de solution positive. Un village paysan peut espérer fonctionner comme village par le simple jeu du consensus de ses habitants si seulement l'État, les lois et les riches exploiteurs qui s'y mêlent sont condamnés à la disparition. Mais une grande ville ne peut pas être dirigée de cette façon. La seule solution que l'anarchisme primitif ait proposée pour la cité c'est sa destruction, solution que les paysans anarchistes peuvent rechercher, mais que les pauvres de la ville, de par leur situation même, ne peuvent que rejeter. Quelqu'un doit organiser la Cité et veiller à sa subsistance. Si une « égalité » y règne, ce ne peut être que l'égalité illusoire du suffrage universel, ou l'égalité devant la vie, ou quelque chose de semblable, mais non la simple égalité de tous les hommes cultivant fraternellement la terre en commun et peut-être la redistribuant périodiquement. La populace pouvait se révolter. Elle pouvait le faire très efficacement parce que, vivant dans des grandes villes ou des capitales, elle avait des notions plus précises que les paysans des lointains villages de ce que signifiaient « gouvernement », « pouvoir » et « prise du pouvoir ». Mais elle ne pouvait faire mieux que se révolter périodiquement contre la condition humaine, puis y retomber, et elle préférait tolérer tacitement le gouvernement — un gouvernement quelconque — et les dispensateurs de travail et recourir aux émeutes pour ses objectifs à court terme. Les bannières qu'elle brandissait lui importaient peu. Je n'ai pas connaissance d'un seul mouvement millénariste parmi les populaces classiques des grandes villes au cours des deux derniers siècles car la conception d'un monde nouveau et parfait leur était extrêmement difficile à acquérir.

Pourtant, graduellement, la populace changeait de camp. Si nous nous en tenons, pour les besoins de la comparaison, à la populace des cités absolutistes ou ex-absolutistes du type méridional, la transition peut être observée à ses différents stades à partir de la Révolution française. Quelles que fussent les causes des émeutes du menu peuple parisien, il ne manifesta, à partir de la Révolution, que sous les auspices de la gauche. La populace viennoise, loyaliste et antijacobine vers 1790-1800 (à l'exception, symptomatique, des cordonniers qui étaient francophiles parce que les Français étaient anticléricaux[25]) était révolutionnaire en 1848. Une étude des comédies faubouriennes permet même de situer plus exactement le changement de l'atmosphère politique populaire : entre 1830 et 1848[26]. En Espagne, les héros des cafés-concerts de Séville et de Barcelone après le milieu du XIXe siècle étaient des libéraux généreux si l'on en juge par les paroles de leur *coplas* (chansons) et les souvenirs de leurs chanteurs[27]. À Naples même, citadelle du bourbonisme miséreux, les Bourbons, en 1860, attendirent vainement une réédition du soulèvement Lazzaroni de 1799. Les Lazzari restèrent calmes. D'ailleurs, depuis quelques années, la Camorra avait fait sa paix avec les libéraux et Garibaldi conquit les Napolitains comme il s'était emparé des cœurs de tous les miséreux. Et si le soulèvement de Palerme en 1866 était encore « pour sainte Rosalie » il était aussi « pour Garibaldi et la République » car Palerme avait depuis longtemps pris l'habitude de se soulever avec ou même avant ses libéraux. Cela ne veut pas dire que la populace pré-politique ou de droite n'existât plus, bien qu'elle agît alors le plus souvent moins comme une force consciemment traditionaliste que sous l'influence d'une démagogie ostensiblement gauchiste — antisémite comme à Vienne, anticléricale et « anti-riches » comme à Barcelone — ce qui, comme par hasard, faisait l'affaire des milieux conservateurs. C'est avec de tels slogans qu'Alejandro Lerroux, l'« empereur du Paralelo » fit sortir ses hommes du Barrio Chino, le quartier purulent des taudis et des lupanars de la vieille Barcelone, lors de la « Tragique Semaine » d'émeutes de 1909[28].

Pourquoi ce revirement ? En partie parce que la foule était empiriste et les régimes monarcho-ecclésiastiques sur le déclin. On chercherait en vain l'entêtement traditionaliste et désespéré des paysans vendéens ou des carlistes navarrais et aragonais dans les taudis des grandes villes. Mais c'est aussi qu'avec les mouvements révolutionnaires de l'ère nouvelle apparaissait triomphalement un nouveau type de héros champion du peuple, dont il était peut-être issu. Garibaldi dont l'aptitude à incarner cet idéal tenait du miracle — il demeure à ce jour l'homme qui, seul, a inspiré les plus imposantes démonstrations populaires qu'on ait jamais vues à Londres — en est sans doute l'exemple le plus vivace. Longtemps avant que les Italiens du Sud aient abandonné le révolutionnarisme traditionaliste, il triompha de leur incompréhension ; peut-être, comme M. Mack Smith l'explique de façon convaincante, parce qu'il était lui-même un homme pré-idéologique, simple, qui trouvait instinctivement les mots qu'il fallait pour parler à de pauvres êtres prépolitiques. La populace était traditionaliste faute de mieux, ce mieux que les nouveaux mouvements, jacobin, national, socialiste paraissaient, aussi vaguement que ce fût, lui apporter.

Cela, certes, elle ne pouvait les assimiler complètement. Son empressement à manifester a grandement facilité la tâche des révolutionnaires dans les premiers jours des révolutions, mais il était compensé par une totale incompréhension de ce que l'agitation sociale ne se termine pas lorsqu'une émeute a atteint ses objectifs immédiats, et par un manque de discipline. N'importe quel mouvement socialiste ou communiste contemporain échangerait volontiers, s'il le pouvait, l'effervescence de trois villes comme Palerme contre l'imperturbable discipline d'un quelconque bassin minier. Et en fait, à quelques exceptions près, la vraie puissance des mouvements ouvriers contemporains, presque dès leurs débuts, est issue non pas des grandes capitales non-industrielles mais de la province : du Nord et du Pas-de-Calais, de l'Allemagne du Centre, du Nord de l'Angleterre et du Pays de Galles, de Turin et de Milan. L'âge d'or de la populace révolutionnaire fut celui du jacobinisme et du premier radicalisme.

Mais, même dans ses citadelles, la puissance de la foule est sur le déclin. Tout d'abord l'industrialisation a remplacé le *menu peuple* par la classe ouvrière industrielle, dont l'essence même est l'organisation et la solidarité tenace, tout comme celle de la populace est l'émeute brève et intermittente. Et puis la modification des conditions économiques a fait disparaître le tandem disette-chômage auquel il a substitué une sorte de crise économique qui ne provoque pas automatiquement et inéluctablement l'émeute alimentaire. Enfin, depuis la Révolution française, la sensibilité exacerbée des gouvernements aux désordres de rue dans les capitales, et sans doute l'évolution des structures urbaines au XIXe siècle qui tendirent à séparer le riche du pauvre, chacun dans son quartier, et à les éloigner tous deux des quartiers ministériels, ou des quartiers d'affaires, rendit l'émeute classique et spontanée moins facile, même lorsque la matière première était toujours là. Qui connaît le Londres, le Paris ou le Berlin de la fin du XIXe siècle éprouvera certaines difficultés à saisir toute la signification que l'idée de foule pouvait revêtir auparavant. Il lui faut parcourir Païenne, par exemple, où les *Quattro Canti* constituent toujours le centre nerveux de la ville, à portée d'arquebuse des palais gouvernementaux, des taudis et des marchés, pour ressentir dans sa substance toute la signification qu'avait à l'époque classique des émeutes populaires le cri d'alarme : « La foule s'est soulevée[29]. »

On ne portera guère son deuil. Les tenants du *statu quo* se sont rarement leurrés avec le « solide traditionalisme de la populace », comme ils s'étaient leurrés avec celui des paysans conservateurs, même quand ils ont bénéficié. Pour le mouvement ouvrier, le phénomène fut dans l'ensemble un facteur de retard dans sa conquête des grandes villes non industrielles et lorsque la populace s'est trouvée à ses côtés, il s'est efforcé d'en nier l'importance. Même les anarchistes, les champions les plus Primitifs, les plus spontanés de la rébellion, même purement négative, ont hésité à l'idéaliser. La transformation du *menu peuple* des grandes capitales en une classe ouvrière moderne lui a fait perdre une partie de sa couleur, mais celui qui a vu l'effroyable spectacle du sous-prolétariat napolitain considérera même Hénin-Liétard[30] avec indulgence.

Mais avec toutes ses tares, la foule est un fait historique. Elle symbolise peut-être la forme d'agitation sociale la plus ancienne, car on peut sans trop d'imagination en déceler les embryons dans les jeux du cirque antique, avec le parti Bleu et le parti Vert. Et parce qu'elle a, peut-être inconsciemment, joué un rôle important dans l'évolution politique du monde moderne avant de céder la place à des mouvements plus efficaces et à d'autres formes d'union des petites gens, l'historien doit s'efforcer de comprendre son mécanisme, même si, pareille en cela à divers autres mouvements sociaux Primitifs, elle n'éveille que rarement sa sympathie.

VIII

Les sectes ouvrières

I

Les révolutions américaine et française du XVIIIe siècle sont probablement les premiers mouvements politiques de masse qui aient exprimé leur idéologie et leurs aspirations en un langage rationaliste laïque, rompant avec la tradition religieuse. Ce fait marque une révolution si profonde dans la vie et la pensée populaire que sa nature est difficile à comprendre pour ceux d'entre nous qui ont grandi à une époque où la politique est agnostique quelles que soient les croyances personnelles des politiciens et des électeurs. Le mouvement ouvrier contemporain est le produit de cette époque de deux façons différentes. D'abord du fait que sa principale idéologie, le socialisme (ou le communisme ou l'anarchisme qui appartiennent à la même famille) est le dernier, l'ultime héritier des Lumières et du rationalisme du XVIIIe siècle. Ensuite parce que les classes ouvrières elles-mêmes, ses soutiens, infantes d'une époque qui n'a pas de précédent dans l'histoire, furent probablement moins touchées en tant que classes par les religions traditionnelles qu'aucun autre groupe social, à l'exception d'une certaine couche assez réduite et de milieux d'élite tels que les intellectuels des classes moyennes. Cela ne signifie pas la prédominance, chez les travailleurs, de l'agnosticisme ou de l'athéisme ; mais seulement que le passage historique ou individuel du village à la ville, de la ferme à l'usine a en général provoqué une baisse sensible de l'influence des religions et des églises traditionnelles. Les enquêtes qui ont été faites sur l'affiliation et la pratique religieuse des classes ouvrières de 1840 à 1950 ont très généralement révélé que, comparées aux autres classes, elles sont caractérisées par un degré exceptionnel d'indifférence religieuse[1]. Les exceptions elles-mêmes sont souvent plus apparentes que réelles car les groupes anormalement religieux de la classe ouvrière — en Europe occidentale ils sont généralement catholiques romains — sont souvent des minorités nationales comme les Irlandais en Angleterre et les Polonais dans l'Allemagne impériale, pour qui la religion est le signe de leur nationalité. Encore ceux-ci, bien que plus nettement religieux que leurs collègues, le sont-ils généralement beaucoup moins que leurs coreligionnaires demeurés au pays qui ne font pas partie de la classe ouvrière. Quant aux cadres et aux militants des mouvements socialistes ils ont été, presque dès le début, non seulement indifférents à la religion, mais en général activement agnostiques, athées ou anticléricaux.

La forme typiquement « moderne » de mouvement ouvrier est donc purement, sinon activement laïque. Mais il est inconcevable que les habitudes et les réflexes de la vieille religion qui avaient régi la vie du peuple depuis des temps immémoriaux aient soudain disparu. Aux origines des mouvements sociaux et politiques même les plus laïcs, on remarque souvent une sorte de nostalgie de la vieille religion ou peut-être, pour être plus précis, une inaptitude à concevoir de nouvelles idéologies qui ne suivent pas le mécanisme de l'ancienne ; sans doute les dieux sont-ils transformés ou apaisés, sans doute ne s'agit-il que de réminiscences des anciens cultes. Les classes moyennes éclairées elles-mêmes avaient leur déisme maçonnique, la Révolution française, ses cultes de la Raison et de l'Être suprême. Fait plus significatif encore révélé récemment par Albert Soboul, des révolutionnaires de la base recréaient sur l'ancien modèle des cultes de saints et de martyrs, y compris de ceux qui faisaient les miracles : Perrine Dugué dans la Sarthe qui monta au ciel avec des ailes tricolores et dont la tombe guérissait les malades, ou Marat, Lepeletier et Chalier, parmi les sans-culottes de Paris[2]. Les premières versions du socialisme à l'époque des communautés utopistes se présentaient souvent sous la forme de religions nouvelles (telle que la religion saint-simonienne) ou d'un sectarisme prophétique (comme celui de Wilhelm Weitling). L'aptitude des mouvements laïcs à créer des cultes persista très longtemps. Même le positivisme d'Auguste Comte avait sa religion de l'humanité. Mais excepté dans les tous premiers stades, ce sont là des phénomènes plus bizarres qu'importants. Les nouveaux mouvements socialistes remplissaient en vérité pour leurs membres de nombreuses fonctions traditionnellement religieuses, et eurent des effets analogues. Les socialistes espagnols dans leur correspondance s'appelaient mutuellement *coreligionario*. Mais de telles similitudes sociologiques dépassent le cadre de cette discussion. Dans son laïcisme le mouvement travailliste et socialiste est distinctement « moderne ».

La principale exception à ce phénomène général est représentée par les sectes ouvrières des pays anglo-saxons[3]. L'histoire idéologique des mouvements ouvriers britanniques ne diffère évidemment pas totalement de celle des pays du continent. Les mouvements travaillistes et socialistes britanniques, comme ceux du continent, furent dominés par la tradition laïque et radicale qui fournit les pamphlétaires les plus influents, de Tom Paine[a] à Bradlaugh[b] et Blatchford[c], à peu près tous les théoriciens du mouvement depuis les spenciens[d], les « économistes ouvriers », les oweniens[e] et les o'briens[f] jusqu'aux marxistes et aux fabiens[g], ainsi que l'essentiel de son élan politique*. Il existe des localités — surtout Londres mais aussi quelques autres villes dont le passé d'agitation ouvrière et artisanale remonte sans interruption au-delà de la Révolution industrielle — où le militant ouvrier religieux ou l'ouvrier appartenant à une secte a toujours représenté une curiosité. La laïcité est le fil idéologique qui unit l'histoire ouvrière londonienne en un tout cohérent depuis Place[h] et les jacobins de Londres en passant par les oweniens et les coopérateurs antireligieux, les libraires et les journalistes antireligieux, les radicaux libres penseurs qui écoutaient Holyoake[i] et fréquentaient le *Hall of Science* de Bradlaugh jusqu'à la Fédération sociale-démocrate et les *London Fabians*, avec leur dégoût non dissimulé de la rhétorique de chapelle. À Londres un rebelle religieux aussi farouche que George Lansbury fut obligé de faire sa carrière dans la Fédération sociale-démocrate athée et marxiste car l'Independent Labour Party avec son esprit de chapelle n'avait même pas pu s'y implanter. Mais on ne saurait

* Les termes suivis d'une lettre ont fait l'objet de notes du traducteur qui figurent à la fin de ce chapitre, aux pages 223, 224 et 225.

nier que dans l'ensemble, en Angleterre, les liens entre la religion traditionnelle et les mouvements ouvriers aient été assez étroits et beaucoup plus solides que dans la plupart des autres pays jusqu'à une date très récente. Sur 249 députés travaillistes dont les affiliations religieuses furent examinées en 1929 par un chercheur allemand, 8 seulement se déclarèrent agnostiques ou athées[4]. Il n'y a pas eu d'enquête semblable depuis.

Les relations précises entre la religion traditionnelle et les mouvements ouvriers ont été longuement débattues, bien que généralement sur la base d'informations insuffisantes et avec un parti-pris politique ou social désastreux[5]. Il serait plus pratique, avant de traiter du sectarisme ouvrier proprement dit, de résumer brièvement ce que nous savons des relations d'ensemble entre la religion et la classe ouvrière britannique depuis la Révolution industrielle[6].

La période d'industrialisation de l'Angleterre — 1790-1850 — fut une période d'évolution religieuse capitale car elle vit la création du protestantisme non-conformiste[j] en tant que religion de masse. Les sectes avaient été importantes et influentes pendant le XVIIe siècle qui fut un siècle révolutionnaire, mais au cours du XVIIIe elles perdirent un terrain considérable. Les *Old Dissenters* (« vieux dissidents »), indépendants, baptistes, unitariens, presbytériens anglais et Quakers n'étaient que de petites communautés de classes moyennes, amputées par les forces du déisme et du rationalisme. La Renaissance méthodiste n'avait pas créé un groupe massif de convertis définitifs avant la Révolution française, époque où ses adhérents se chiffraient à moins de soixante mille. Vers 1851 la situation avait profondément changé et le *Religious Census* de cette année-là démontra que l'Église officielle d'Angletere maintenait à peine son avance sur les sectes protestantes dissidentes dans l'ensemble du pays, et était, à une exception près, nettement distancée dans les villes et les régions industrielles. La plupart de ces conversions massives aux sectes protestantes se produisirent entre 1805 et 1850. Ainsi les méthodistes progressèrent de 107 000 en 1805 à près de 600 000 en 1851 sans compter les 125 000 méthodistes calvinistes du Pays de Galles[7].

Les conversions coïncidèrent nettement avec les périodes de tension économique et sociale. Les années de l'expansion méthodiste la plus rapide se situent pendant l'époque jacobine (1793-1795), les dernières années des guerres napoléoniennes (1805-1816) et particulièrement 1813-1816), les années du *Reform Bill* et de la « loi sur les pauvres », qui connurent le taux de progression le plus élevé. Autre fait également significatif, l'expansion se ralentit et cessa temporairement pour toutes les sectes entre 1850 et 1855, seules années du siècle qui virent diminuer le recrutement. Ce sont également les années du déclin du chartisme et du radicalisme. Il est bien évident qu'il y eut un parallélisme marqué entre les mouvements religieux, sociaux et politiques.

Nous ignorons le nombre d'ouvriers dans cette masse de nouveaux convertis, car ni la statistique contemporaine ni les archives des sectes, ne nous fournissent de chiffres valables sur leur composition sociale. Toutefois, même si on admet que, comme c'est très probable, l'attrait du non-conformisme religieux diminuait à mesure que l'on montait de la zone limitrophe entre les classes ouvrière et moyenne à la haute bourgeoisie, ou à mesure que l'on en descendait jusqu'au tréfonds de la misère, il est clair qu'un grand nombre d'ouvriers étaient affectés par ce vaste mouvement religieux. Sans aucun doute, nombreux sont ceux qui furent précipités dans le non-conformisme religieux au cours de cette période de « réveils » semi hystériques qui sont si caractéristiques du protestantisme du XIXe siècle et durant lesquelles les principales progressions numériques des sectes furent amorcées : 1797-1800, 1805-1807, 1815-1818, 1823-1824, 1831-1834, 1849, 1859, 1904-1905.

Pratiquement toutes ces conversions se firent au profit de sectes ; car l'expansion de la communauté catholique romaine était due à l'immigration des catholiques irlandais plus qu'à des conversions, et l'absorption de quelques-uns des plus riches non-conformistes dans l'Église d'Angleterre fut un phénomène de promotion sociale et non de conversion religieuse. Quel rôle le christianisme « de sectes » a-t-il joué dans la vie de la jeune classe ouvrière industrielle ?

Les couches prolétariennes qu'il attirait le plus étaient les plus nouvelles et les moins mûres. La classe des artisans spécialisés d'une ville pré-industrielle comme Londres avait son mode de vie et d'agitation politique radical et jacobin, bien établi ; évidemment, cela aussi était souvent fondé sur une version transformée d'un sectarisme révolutionnaire protestant plus ancien[8]. Des villes industrielles comme Sheffield étaient painiennes ou oweniennes : là les commerçants et petits fabricants étaient les principaux non-conformistes. Mais dans les nouvelles zones industrielles, les villages qui devenaient rapidement des bourgs industriels n'avaient pas un mode de vie approprié au nouvel âge et, qui plus est, personne qui s'y estimât responsable de la construction d'une forme quelconque de communauté, à l'exception parfois de l'aubergiste. Certaines, comme dans de nombreux bassins miniers récents, étaient habitées principalement par une population autochtone qui croissait par son propre taux de natalité, formant des centres isolés où les hommes puisaient dans les seules ressources spirituelles dont ils disposaient : les coutumes et la religion pré-industrielles. C'est là que naquirent les chansons folkloriques du début de l'industrialisation, englouties ensuite par la marée de l'urbanisation, chansons de mineurs, de tisseurs, de marins. D'autres étaient des agglomérations d'autochtones et d'immigrants divers groupés autour d'une ou deux industries. Un troisième groupe, en proie au plus grand désordre social, consistait en de vastes rassemblements d'immigrants dans des villes comme Londres et les ports, où les hommes, et notamment les ouvriers non-qualifiés, vivaient d'une innombrable quantité de métiers hétéroclites. Dans de telles villes, moyennes ou grandes, il ne pouvait être question de recréer la vie pré-industrielle sur de nouvelles bases comme dans les villages industriels[9].

Dans toutes ces zones la vie des ouvriers était triste, pauvre, cruelle, brutale, courte et surtout précaire et la religion qu'ils choisirent reflétait leur situation. Leur pitié était fervente. (« L'insécurité de leur existence est compensée par la ferveur des fidèles », dit Pope.) Des visions de splendeur pour les bons, de jugement et d'enfer pour les méchants emplissaient les esprits de ceux qui avaient besoin de soutien pour supporter le fardeau de leurs souffrances, et les foudres infernales des prédicateurs apportaient une certaine distraction dans leur existence. Une dame décrivant les usines Courtauld à Essex vers 1840 remarqua le besoin d'émotion qu'éprouvaient les filles lorsqu'elles n'étaient pas en train de travailler : « Lorsqu'il n'en existe pas d'autre, l'enthousiasme religieux fait parfois l'affaire[10]. » « Ils veulent du sang », disait un prêtre en parlant de ses ouailles. Seuls les plus misérables et les plus isolés étaient peut-être au-dessous du niveau où la religion pouvait les atteindre, bien que l'Armée du salut s'efforçât de les toucher.

Ce phénomène n'avait rien d'intellectuel, ni de théorique ; il était entièrement affectif. Les sectes ouvrières étaient typiquement faites pour des gens dépourvus d'instruction, de sorte que ferveur et moralité, sentiments que même les esprits les plus frustes peuvent partager comme les autres hommes, constituaient les seuls gages de salut et de foi. Toutes les sectes qui attiraient les ouvriers industriels (à la différence des artisans moins miséreux) tendaient à devenir des sectes « délirantes » et la remarque de Pope est applicable aussi à l'Angleterre : « Ils acceptent des notions (théologiques) d'origines très variées et les soudent sans souci de cohérence. » Pour les mêmes raisons cette vie était également démocratique : les fidèles participaient au culte dans une beaucoup plus grande mesure, par le chant choral, le dialogue avec l'au-delà et les « témoignages », par la prédication laïque (sermons par les fidèles) y compris celle des femmes, et la prolifération des groupes et des chapelles. La démocratie de chapelle et la communauté de chapelle se confondaient, car une des grandes vertus de la secte était qu'elle donnait à la communauté ouvrière à la fois sa cohésion et une échelle de valeurs dans laquelle les pauvres pourraient surpasser les riches : la pauvreté devenait l'indice de la grâce — l'austérité celui de la vertu —, la rigueur morale contrastait avec le laisser-aller des réprouvés et un nouveau système de statut spirituel remplaçait celui du monde laïc[11]. La secte donnait enfin des institutions communautaires qui faisaient par ailleurs presque totalement défaut.

En revanche, et c'est en cela que les sectes ouvrières britanniques se distinguent des autres, la secte traitait les problèmes du prolétariat en les éludant ou plutôt en les résolvant non pour l'ensemble de la classe mais pour chaque individu ou pour un groupe particulier d'élus (d'où cette incurable tendance des sectes « délirantes » à se diviser en une masse de conventicules dissidents). On escomptait bien une aide de la religion, ne fût-ce que par la magie ou la superstition[12], qui pourraient peut-être corriger les aléas de la vie, affecter la prospérité et le gouvernement de l'usine ou de la mine par exemple. Mais les conditions économiques étaient l'affaire du destin plus que d'un combat. Ce qui comptait c'était le salut de l'individu : « Dans la théologie des ouvriers d'usine le monde est un grand champ dc bataille où le Seigneur et le Diable se disputent chaque âme. Le “sang de Jésus” et la lecture de la Bible font pencher la victoire du côté du Seigneur. » (Pope). Politiquement, l'affilié d'une secte trouvait deux ressources dans sa religion : la patience et une sorte de revanche surnaturelle — il « attendait l'heure de la grande colère », à l'exemple de nombreuses sectes qui se répandirent lors de la dépression de 1930, tels les « Lookers » qui ont inspiré les admirables romans de Gwyn Thomas sur le sud du Pays de Galles[13]. Gerhart Hauptmann a exprimé ces sentiments avec sobriété dans *Les Tisserands*, fidèle description historique des émeutes luddites de 1844 en Silésie et je ne peux faire mieux que citer deux discours d'un vieux membre d'une secte extraits de cette pièce remarquable :

« Seigneur nous ne te louerons jamais assez car dans ta grâce et ta bonté tu nous as guidés à travers cette nuit et tu as eu pitié de nous. Et nous avons traversé la nuit sains et saufs. Seigneur ta bonté est infinie et nous sommes de pauvres enfants malfaisants de l'homme, indignes d'être foulés sous tes pieds tellement nous sommes pourris et imprégnés de péché. Mais tu es notre Père tu veux bien nous regarder et avoir pitié de nous pour l'amour de ton fils notre Seigneur et Sauveur Jésus-Christ. Le sang de Jésus et sa justice sont mes bijoux et mon habit de splendeur. Et si parfois dans ta punition nous perdons la foi, si le feu de ta purification est parfois trop brûlant pour nous, ne perds pas patience et pardonne-nous nos offenses. Donne-nous la patience Saint Père qui es au Ciel, pour que nous puissions bénéficier de ta rédemption lorsque nos souffrances auront cessé. Amen. »

Ou encore :

« Je t'en prie, Gottlieb, ne mets pas en doute le seul bien que nous, pauvres humains, possédions. Pourquoi aurais-je attendu ici quarante ans, traînant mon fardeau pendant que cet homme, là-bas, vivait dans l'orgueil et la rapacité, faisant de l'or avec ma peine ? Pourquoi ? Parce que j'ai l'espoir. Parce que malgré mon dénuement il me reste quelque chose. Son rôle est dans ce monde, le mien est dans l'autre c'est ce que j'ai pensé quand j'ai visité sa maison. Il peut me couper en morceaux, je garderai cette certitude. On nous l'a prophétisée. Il y aura un jugement. Nous ne serons pas les juges, mais « la vengeance est mienne » a dit le Seigneur notre Dieu. »

En fait l'expression « opium du peuple » n'est pas inexacte pour décrire ce genre du sectarisme[14]. Dans l'ensemble, les religions ouvrières étaient ce que Troeltsch a appelé des sectes non-agressives, dont les membres estimaient que le vrai croyant doit tourner le dos au monde et n'aspirer qu'à la gloire du salut éternel que sa conversion lui a garanti. Les prolétaires des « Walworth Jumpers », une secte extatique extrémiste dont nous possédons une description[15] poussaient cette notion jusqu'à croire sérieusement qu'ils mouraient en se convertissant, et renaissaient dans la vie éternelle : ils devenaient alors immortels.

II

La secte ouvrière proprement dite se distingue de cette sorte de religion car elle est avant tout *active.* Ses membres ne sont pas uniquement des ouvriers salariés, mais la secte est en rapport étroit avec les mouvements ouvriers et syndicaux, par sa doctrine, sa structure ou les activités de ses membres. Plus encore, elle représente la recherche d'une doctrine et d'une organisation religieuses qui refléteraient non seulement la condition mais les aspirations collectives de la nouvelle classe. Sous cette forme extrême, elle est rare. Le seul exemple clair que je connaisse d'une secte ainsi formée parce que ses membres étaient des ouvriers à l'esprit de classe, est un phénomène récent et transitoire, l'Église travailliste ; d'autres exemples peuvent sans doute être découverts. Ce qui est plus fréquent en revanche, c'est la transformation partielle d'une secte non-agressive en une secte ouvrière sous la pression des revendications sociales de ses membres. Sous sa forme modérée c'est un phénomène extrêmement courant : les ouvriers wesleyens[k] et autres ignorèrent le torysme de leur secte pour participer à des activités luddistes[l], radicales ou chartistes[m16]. Malgré leur détachement de ce monde (qui comportait une hostilité envers les syndicats), les prédicateurs des Églises de Dieu et des Églises de la Sainte Pentecôte défendirent souvent les grévistes de 1929, simplement parce que leurs paroisses s'identifiaient complètement au monde ouvrier. Mais dans de telles sectes les exemples d'un militantisme syndicaliste plus systématique qu'exceptionnel sont rares. Les méthodistes Primitifs sont les plus connus[17].

Les méthodistes Primitifs se déparèrent des wesleyens vers la fin des guerres napoléoniennes, c'est-à-dire au commencement de la période des conversions industrielles massives. (Un groupe très semblable, les chrétiens de la Bible dont les forces étaient dans l'ouest et plus tard dans le Kent, s'en était séparé peu auparavant.) Les raisons officielles de la scission provenaient d'un désaccord sur ce que l'on peut appeler la démocratie religieuse. Le wesleyanisme, nous le savons, conservait une théologie arminienne[n] ; il était centralisé, hiérarchisé ; dans la mesure où le prédicateur se distinguait nettement du laïc, ses structures étaient sacerdotales et sa politique tory. Bien qu'il eût gagné son droit de cité comme foi non intellectuelle, s'adressant à tous directement sur le plan affectif, indépendamment des distinctions de classes, il conservait certains interdits, même dans sa ferveur. Ainsi lorsque les évangélisateurs américains de la prairie inventèrent vers la fin du XVIIIe siècle le *Camp*

Meeting (« sermon au campement ») que l'un d'eux introduisit en Angleterre quelques années plus tard, les wesleyens orthodoxes gardèrent leurs distances, méfiants vis-à-vis de ces démonstrations massives d'extase religieuse, de ces foules en proie à l'hystérie collective, de ces conversions massives et aussi selon les cyniques — de certaines formes moins dévotes de défoulement émotif. Au contraire, les méthodistes Primitifs, dont le surnom, les « délirants », décrit bien le style de prédication, leur firent bon accueil. De plus, ils insistaient énergiquement pour faire admettre le principe de la prédication par des laïcs, y compris — et c'est là un autre point de discorde et un symptôme presque certain de radicalisme instinctif — par des femmes[18]. Durant son existence, la secte avait de très loin la plus grande proportion de prédicateurs laïques. L'antitorysme semble y être pour quelque chose, bien quc la politique ne soit pas entrée consciemment en ligne de compte. Mais il y a au moins un exemple de scission dans ce qui devait devenir une citadelle du méthodisme primitif; il portait à la fois sur la réforme parlementaire et sur la question de savoir si les prédicateurs ne devaient pas, comme les chrétiens Primitifs, renoncer à toute récompense pour leur conduite évangélique; sous un de ses aspects, le nouveau groupe s'engagea presque officiellement dans le radicalisme[19].

Comme prévu, la théologie n'entrait pour ainsi dire pas dans la prédication des Primitifs, mais le ton de leur culte était austère, implacable. Quel que soit son contenu précis, la religion des pauvres et des instables semble exiger un fort contraste entre l'or des rachetés et la noirceur des damnés, formule que le calvinisme avec son feu d'enfer et sa prédestination semblait réaliser mieux que tout autre dogme. S'ils avaient le choix entre une secte modérée et une secte très stricte, les malheureux choisissaient invariablement la plus stricte, par exemple en Lancashire les austères et calvinisants baptistes plutôt que les modérés[20]. On peut remarquer que cela n'était pas dû à des facteurs spécifiquement prolétariens, car d'autres aussi étaient pauvres et instables. Les religions intransigeantes et tragiques exerçaient la même attirance sur d'autres individus dont l'existence était également isolée, dure, hasardeuse et pauvre — les cultivateurs montagnards des Appalaches ou du nord et de l'ouest de l'Angleterre (où ils étaient souvent méthodistes Primitifs), les pionniers et surtout les pêcheurs. Qu'ils soient méthodistes Primitifs comme à Grimsfy ou à Yarmouth, ou membres de diverses autres sectes rébarbatives de Norvège et de Hollande, ceux-ci embrassent les cultes les plus sévères avec un zèle que même la séduction du communisme (en Norvège et en Islande) ne peut satisfaire. Car la piété ouvrière est généralement une variante particulière d'une religion beaucoup plus répandue : celle des classes laborieuses, prolétaires ou non, de l'époque pré-industrielle.

La nouvelle secte — elle n'émergea comme telle que progressivement — fut dès le début reconnue comme un culte ouvrier. Il suffit pour s'en convaincre de regarder les photos de ses premières chapelles dans l'histoire de Kendall et leurs localisations. La carte religieuse de l'Angleterre est complexe et il n'était pas rare que les Primitifs échouassent dans des régions déjà colonisées auparavant par d'autres sectes qui y remplissaient les mêmes fonctions — par exemple par les wesleyens eux-mêmes en Cornouailles, dans le Dorset, le West Riding et le Lincolnshire. Ils devinrent donc dans une certaine mesure une religion régionale. Leurs principales forces se trouvaient dans le nord, notamment dans le Durham, dans l'est, notamment dans le Norfolk, dans la zone misérable des petites industries archaïques des Midlands de l'ouest et dans les villages de la vallée de la Tamise. (Dans le sud du Pays de Galles, contrairement à ce qu'on a pu croire, aucun méthodisme n'était développé car il y avait assez de sévérité, de malédiction et « d'enfer » dans le dogme des baptistes locaux et dans celui des congrégationalistes ; dans le nord du Pays de Galles une secte quasi-nationale, les méthodistes calvinistes qui prêchaient en gallois, était prédominante.)

Comme les autres sectes, mais de façon plus nette, c'est dans la période du mécontentement social le plus intense et de l'industrialisation la plus rapide, entre 1815 et 1848, que les Primitifs firent leurs progrès les plus importants. Durant la seconde moitié du siècle, ils perdirent un peu de leur élan, bien qu'ils aient fait quelques progrès frappants dans les zones nouvellement industrialisées qui ne possédaient pas la vieille structure de main-d'œuvre spécialisée, comme dans l'East-End de Sheffield (mais sans aucun rapport avec la coutellerie)[21]. En tant que secte ouvrière ils étaient particulièrement sensibles aux fluctuations cycliques et au chômage et ils expliquaient généralement les fluctuations du nombre de leurs membres en termes économiques[22]. Dans l'ensemble, ils avaient perdu leur dynamisme aux alentours du dernier quart de siècle, si ce n'est avant.

Les Primitifs n'étaient pas simplement une secte ouvrière, ils étaient surtout une secte d'ouvriers *villageois ;* c'est peut-être pourquoi nous les trouvons en force dans certaines régions de mineurs et de travailleurs agricoles dont quelques-uns ont fort bien pu leur attribuer des intentions encore plus révolutionnaires qu'elles n'étaient, car on rapporte que les incendies de meules de foin par des ouvriers en 1830 dans le Berkshire avaient été « provoqués par les prêches car ils disent tous, faites ce qu'il vous plaît, ce n'est pas un péché[23] ». Quelle que soit la région que l'on étudie, on constate que la force de cette secte ne réside pas dans la ville industrielle de dimensions moyennes et encore moins dans la grande cité inhospitalière à la piété ouvrière, mais dans la bourgade semi-villageoise. C'est peut-être pourquoi les Primitifs avaient en 1830 une fois et demie plus de chapelles que les wesleyens n'avaient de prêtres — respectivement 1555 et 1034 — bien qu'ils n'eussent que le tiers de leurs membres. Ainsi, en 1863, ils avaient moins de 700 membres à Newcastle même, mais 800 à Shotley Bridge et 700 à Thornley qui n'étaient que des villages. On trouve constamment des villages dont la quasi-totalité de la population semble avoir appartenu à la secte : Wangford (Suffolk), Rockland (Norfolk), Docking (Norfolk), Brinkworth (Wiltshire), Motcombe (Dorset), Minsterley (Shropshire). On pourrait en conclure que les sectes ouvrières sont des phénomènes propres au début de l'industrialisation, les situations qui les favorisent tendant à disparaître à mesure que le système moderne d'urbanisation et d'industrialisation se développe. Peut-être est-ce en partie parce que les petites congrégations propices à la démocratie de paroisse et à un haut degré de participation des profanes constituaient le meilleur type de structure pour les Primitifs, comme pour toutes les sectes de travailleurs. Il ne faut pas oublier qu'il s'agit là d'une secte de militants :

jusqu'à 1853 elle ne compta jamais moins de 10 % de membres itinérants ou de prédicateurs locaux[24].

Cette tendance à l'activisme individuel aide à comprendre le fait le plus surprenant à propos des Primitifs : leurs liens étroits avec le syndicalisme. En fait, il n'est pas exagéré de les considérer comme une secte de cadres syndicalistes. Lorsque, en 1844, Lord Londonderry expulsa ses mineurs en grève, deux tiers des méthodistes Primitifs de Durham se trouvèrent sans abri. Tous les leaders des mineurs du Northumberland et de Durham au XIXe siècle appartenaient virtuellement à la secte : Hepburn, Burt, Fenwick, John Wilson, William Crawford, John Johnson, Peter Lee. Leur puissance était disproportionnée à leur nombre, même dans d'autres bassins miniers où ils étaient pourtant plus faibles numériquement. Des chefs de mineurs comme Parrott et Cowey dans le Yorkshire ; Enoch Edwards, Albert Stanley, Sam Finney dans les Midlands ; Barnett Kenyon dans le Derbyshire, des habitants de Cleveland comme Toyn, des habitants du Cumberland comme Tom Cape étaient tous des méthodistes Primitifs. C'est également vrai pour les syndicats de travailleurs agricoles : Joseph Arch, George Edwards, Edwin Gooch sont les noms qui viennent spontanément à l'esprit, mais il y avait des régions dans le Norfolk où le syndicat était le rejeton direct de la chapelle. Cette tendance syndicaliste de la secte est d'autant plus frappante que d'autres sectes, les wesleyens par exemple produisaient comparativement très peu de chefs syndicalistes. Les seuls chefs syndicalistes importants d'origine wesleyenne au XIXe siècle semblent avoir été Henry Broadhurst, le maçon, Ben Pickard, des mineurs du Yorkshire, et Arthur Henderson, bien que les wesleyens fussent environ cinq fois plus nombreux que les Primitifs. Ils semblent n'avoir joué un rôle comparable que dans des régions isolées comme le Dorset : trois des six Martyrs de Tolpuddle étaient des prédicateurs laïques wesleyens.

En revanche, les rapports *directs* entre le méthodisme primitif et le mouvement ouvrier étaient peu importants. La doctrine des Primitifs, bien que favorable à la cause du radicalisme, aux réformes, à l'abstinence totale et à divers autres mouvements de gauche, ne l'était pas plus que celle des autres non-conformistes, et plutôt moins que celle de certaines factions parmi les vieux dissidents (les congrégationalistes et les unitariens). Les chefs de la secte étaient évidemment favorables au syndicalisme et dans certaines circonstances à la grève, mais pas autant qu'on pourrait le penser de la part d'une secte dont les membres montraient un tel enthousiasme pour les deux formes d'action. On trouve peu de traces chez eux d'idées collectivistes politiques ou économiques — bien que leur historien fasse remarquer, fort justement je crois, que les progrès du mouvement pour la tempérance et de sa forme la plus extrême, l'abstinence totale, « commençaient à gagner la société et les Églises, émoussant les contours anguleux de l'individualisme et unissant les hommes dans la conscience de leur communauté d'intérêts[26] ». En réalité si l'on ne savait pas combien les rapports entre les Primitifs et le mouvement ouvrier étaient étroits, il ne serait pas facile de le découvrir en examinant seulement leurs doctrines et leur organisation.

Quels éléments ont pu faire d'eux une secte aussi nettement ouvrière ?

D'abord leur doctrine et leur technique d'évangélisation, généralement appropriées à leur type de classe ouvrière. Ensuite l'hébraïsme de l'Ancien Testament qu'ils prêchaient et auquel ils adhéraient, tels les anciens prophètes dans la Maison de Rimmon, avec la plus rigoureuse intransigeance. Il est bien évident que rien dans l'enseignement méthodiste primitif ne pouvait décourager un mouvement d'organisation de la classe ouvrière, bien au contraire. Enfin leur structure. Le docteur Wearmouth a énuméré les nombreux emprunts faits par les mouvements ouvriers au méthodisme et son argumentation, bien qu'exagérée, demeure solide. La chapelle, et particulièrement la petite chapelle de village repliée sur elle-même, représentait une excellente école d'organisation et il n'est pas rare de voir le syndicat, tant chez les mineurs que chez les travailleurs agricoles, emprunter les formules même de la secte[27]. Surtout, la nature anti-sacerdotale de la secte représentait un excellent moyen de sélection et de formation des chefs et des cadres syndicaux. Le prédicateur laïque sans instruction pouvait se présenter devant ses frères sans rougir et la pratique du sermon lui donnait aisance et assurance. Il existe encore beaucoup de chefs syndicalistes qui sont en même temps prédicateurs laïques, particulièrement chez les mineurs. Le méthodisme primitif n'était donc pas spécifiquement adapté aux ouvriers imbus de l'esprit de classe ; peu de sectes importantes l'étaient. Mais lorsqu'il prenait racine chez les ouvriers, il devenait grâce à son mécanisme remarquablement adéquat, une excellente école de cadres syndicalistes[28].

Mais il y avait une autre parenté entre la secte et le mouvement ouvrier, particulièrement chez les cadres et les dirigeants du mouvement : c'était la *conversion*, c'est-à-dire la bouleversante découverte du péché et de la grâce que le méthodisme, doctrine du « nouveau baptême » de l'homme adulte, encourageait. (Ce n'est sans doute pas un hasard si une autre secte du « nouveau baptême », les baptistes, jouissaient auprès des travailleurs manuels d'une popularité que seuls les méthodistes Primitifs surpassaient). Chez un grand nombre de leaders ouvriers, la prise de conscience et l'action politique intervenaient simultanément ou peu après la conversion. Arthur Henderson découvrit la religion à l'âge de seize ans. « La vie commença pour lui avec sa conversion[29]. » Fenwick, Batey (secrétaire du syndicat des mineurs mécaniciens), Reid (agent du Fonds de secours permanent des mineurs du Northumberland et de Durham), Peter Lee des mineurs de Durham, Parrot des mineurs des Midlands, Samuel Jacks de Dewsbury, Bloor des pompiers souterrains du Staffordshire, Kenyon du Derbyshire, George Edwards des travailleurs agricoles du Norfolk sont parmi ceux qui se convertirent durant leur adolescence (contrairement à de nombreux autres syndicalistes qui naquirent dans une secte). J. H. Thomas, des cheminots, n'avait pas vingt ans lorsqu'il se fit baptiste, Fred Messer, député travailliste, en avait vingt et un. Les conversions plus tardives comme celle de John Wilson, des mineurs de Durham semblent avoir été moins nombreuses. En revanche, les conversions d'enfants n'étaient pas rares et il y avait des garçonnets prédicateurs. George Dallas, travailleur agricole, plus tard chef de l'Union des travailleurs et membre du Parlement, enseignait à l'École du dimanche à dix-sept ans. Simons, autre membre du Parlement, prêchait à seize ans ; W. J. Brown de l'Association des fonctionnaires employés de bureau, A. J. Cook et Arthur Horner, des mineurs du sud au pays de Galles, membres du parti communiste, débutèrent comme prédicateurs enfants.

J'ajouterai que les statistiques valables nous font défaut. Et la seule enquête sérieuse sur les affiliations religieuses des membres du Parlement, celle de Franz Linden, n'est pas entièrement satisfaisante. Quant aux affiliations religieuses des chefs syndicalistes, il n'en existe aucune étude. Ces impressions peuvent donc être erronées. Mais les chiffres sont encore plus frappants lorsqu'on songe que de nombreux travaillistes étaient tout simplement nés dans leur secte et n'avaient pas besoin de se convertir ou de conserver la trace de leur conversion.

En l'absence de plus amples renseignements biographiques, on hésite à analyser trop minutieusement ces conversions. Tout ce que l'on peut en dire, c'est qu'elles dénotaient un changement brutal de l'attitude de l'homme devant la vie en général, c'est-à-dire à l'égard de ses activités quotidiennes comme de ses pratiques spirituelles. Car l'attitude caractéristique de l'ouvrier membre d'une secte était réaliste et matérialiste et non mystique, ou lorsqu'elle avait un côté mystique celui-ci était subordonné à l'activité terrestre quotidienne. Il n'est donc pas surprenant que la conversion ait indiqué, reflété, ou peut-être stimulé ce genre d'action désintéressée que le militantisme ouvrier exigeait. Jadis, comme aujourd'hui, l'homme qui prend son activité ouvrière au sérieux est dans une certaine mesure un homme qui se sacrifie, qui renonce à d'autres activités souvent plus superficiellement séduisantes, y compris le gain. La conversion, une conversion quelconque, est un phénomène courant dans les mouvements ouvriers. Les mouvements britanniques, toutefois, sont singulièrement archaïques dans la mesure où la conversion était normalement et traditionnellement un acte religieux ou un acte politique revêtant une forme religieuse.

Nous pouvons nous demander en passant s'il existait une différence quelconque sur les questions religieuses entre les cadres ouvriers et la masse. C'est vraisemblable, mais on ne peut l'affirmer. L'enquête sur les députés travaillistes en 1929 n'est pas concluante. Sur les 249 députés qui fournirent des renseignements sur leur religion, 47 seulement étaient anglicans — pourcentage évidemment beaucoup plus faible que la moyenne nationale —, 51 méthodistes de diverses nuances, 42 vieux non-conformistes (indépendants, baptistes, unitariens, quakers), 17 presbytériens, 3 israélites, 18 catholiques, 8 agnostiques ou athées, le reste étant composé de chrétiens sans dénomination mais avec un penchant pour le non-conformisme. Mais les députés travaillistes provenaient surtout de régions où l'anglicanisme est faible : comme le nord du Pays de Galles et l'Écosse, et ne reflétaient donc pas fidèlement les sentiments religieux de la population. Il semble que les cadres ouvriers aient toujours été plus sensibles aux idéologies, religieuses ou autres. Ainsi vers la fin du XIXe siècle, le laïcisme anglais fut, comme le positivisme en France un peu avant, une sorte de religion d'activistes ou de chefs syndicalistes artisans, bien que leur audience dans la masse fût modeste[30]. La question reste en suspens.

Les méthodistes Primitifs furent le produit du premier stade de l'industrialisation. L'histoire d'une des rares sectes ouvrières créées comme telles, l'Église travailliste[31] de John Trevor, fondée à Manchester en 1891, montre combien l'action des forces qui favorisaient la création des sectes ouvrières continua à agir tardivement. L'Église travailliste ne vécut pas longtemps. Son rôle principal fut de faciliter aux ouvriers du nord le passage du radicalisme libéral à un parti travailliste indépendant et après avoir accompli cette tâche, elle disparut sauf dans quelques villes où elle continuait à fournir utilement un point de rencontre socialiste aux différentes factions de la gauche. L'aspect le plus intéressant de l'Église travailliste n'est pas son échec mais le fait qu'un phénomène de ce genre ait pu paraître naturel en Grande-Bretagne à la fin du XIXe siècle.

Le fondateur de l'Église, John Trevor, a décrit son évolution et celle de son culte dans une autobiographie bavarde mais intéressante[32]. Il était né dans une famille ambitieuse de la petite classe moyenne, appartenant à une secte de baptistes à la piété très fanatique, du type de celles qui tendent à se séparer d'un groupe plus important afin de sauvegarder la pureté des vrais croyants et de séparer les véritables élus des damnés. Après une période de ferveur enfantine, il perdit la foi vers 1870, mais la retrouva sous forme d'un déisme très atténué. Vers 1880, une prise de conscience sociale vint s'ajouter à ses autres tourments théologiques. Avec l'aide de Philip Wicksteed, il essaya de se faire un trou dans l'unitarisme, mais éprouva une sorte de désaffection pour la religion organisée et fonda l'Église travailliste. Sa théologie est difficile à décrire parce qu'elle exista à peine. Elle n'était certainement pas chrétienne au sens traditionnel. Trevor lui-même croyait que :

> « Dieu est dans le mouvement travailliste. C'est là notre enseignement… Le grand élan religieux de notre époque est le mouvement d'émancipation du travail… Le travaillisme aide les églises beaucoup plus que les églises n'aident l'ouvrier. Tout comme le mouvement ouvrier, s'il veut trouver

son salut c'est-à-dire le salut de la société, il a besoin d'être indépendant des partis politiques, et pour avoir une vie religieuse intense, il doit prendre conscience qu'il a sa propre religion et qu'elle peut l'affranchir de toute obédience doctrinale particulière à une église quelconque, aussi "libérale" soit-elle[33] ».

Dès lors que le mouvement ouvrier avait sa religion propre, peu importait son contenu, et Trevor qui estimait que cette religion « devait se dresser sereine et solitaire, sans prêtre, sans curé, sans croyance, sans tradition, sans Bible », était peu fait pour en définir les dogmes. Mais, comme le proclamaient les principes de l'Union de l'Église travailliste, ce n'était « pas la religion d'une classe mais l'union de toutes les classes travailleuses pour l'abolition de l'esclavage commercial[34] ».

En réalité, les Églises qui se répandirent rapidement ne partageaient ni la théologie de Trevor ni son refus de la religion de classe. Elles étaient composées d'une grande majorité d'ouvriers élevés dans l'atmosphère de la dissidence des sectes protestantes, qui ne pouvaient pas concevoir qu'un divorce économique et politique avec le capitalisme ne provoquerait pas également une rupture religieuse. À Bradford où l'on parlait depuis longtemps de fonder une église schismatique, cela ne se fit pas « avant que plusieurs personnalités non-conformistes de la ville n'eussent manifesté une antipathie caractérisée pour la candidature du socialiste Ben Tillet[35] ». À Plymouth la question fut posée : « Pourquoi les congrégations de l'Église travailliste ne sont-elles pas allées écouter l'évangile prêché par telle ou telle confession ? Parce que des non-conformistes, tout comme l'Église d'État, ont blasphémé et insulté dans leurs sermons le menuisier nazaréen, en invitant les hommes à se contenter de la place qu'il a plu à Dieu de leur donner[36]. » Seth Ackroyd, un scieur, de l'Église travailliste de Hull, ex-wesleyen, doué d'une grande force de caractère l'exprima clairement :

> « Les ouvriers estiment que les Églises chrétiennes (comme la presse) sont prisonnières des capitalistes ; le prêtre qui tient des discours indépendants est chassé pour faire place à celui qui vendra son sacerdoce et son âme. Nous constatons que les organisations ecclésiastiques sont ainsi devenues des rouages du système d'émulation capitaliste ; et comme elles fonctionnent pour l'intérêt des employeurs il est nécessaire que les employés possèdent leur propre Église, leur propre culte qui sera pour eux le foyer du dimanche et dont l'influence développera ce qu'il y a de meilleur et de plus noble dans leur caractère. L'union représente l'unique salut des ouvriers. Mais pour la réussite de l'union il faut la volonté. Donc une Église travailliste pour souder les volontés est nécessaire aux vrais intérêts des ouvriers[37]. »

À ceux qui avaient grandi dans une atmosphère non-conformiste rien n'allait paraître plus naturel que la formation d'une autre secte sur le modèle traditionnel, et l'Église travailliste avec ses formes familières de dévotion non-conformiste — les sermons, les hymnes, les orchestres, les excursions d'enfants — exprimait en termes familiers la nouvelle idéologie socialiste. Elle ne fut jamais qu'un phénomène secondaire, bien que ses églises se soient répandues assez rapidement dans le nord. J'estime que le nombre de ses membres devait être de l'ordre de 2000 vers 1895 et un peu plus auparavant. Mais la fréquentation ne se limitait pas aux membres ; des congrégations de plusieurs centaines de personnes sont signalées dans des églises assez modestes vers 1890 et l'église de Birmingham passa une commande de 100 livres de cantiques en 1892. À l'apogée du mouvement, il existait des Églises travaillistes dans vingt-quatre localités, dont seize en Lancashire et dans le West Riding. Manchester et Bradford, avec peut-être trois cents membres, étaient les plus importantes, mais la première déclina rapidement ; Halifax, Leeds, Hyde et Birmingham venaient ensuite avec 100 à 130 membres. Plusieurs de ces églises étaient des prolongements de certains groupes ouvriers laïques, généralement l'Indépendent Labour Party : Bolton, Bradshaw, Farnworth et Morley étaient effectivement dirigées par l'exécutif local de l'I.L.P. et Plymouth était un rejeton du syndicat des ouvriers du gaz[38]. Elles déclinèrent pour la plupart à mesure que l'énergie de leurs membres les plus actifs était absorbée par une organisation socialiste laïque. Car même sur le plan idéologique, la propagande des autres organisations socialistes et du *Clarion*, dont le rédacteur en chef Blatchford allait devenir un propagandiste de la libre-pensée, contrariait celle des sectes ouvrières traditionnelles. Vers la fin du siècle, les Églises avaient cessé de représenter un mouvement sérieux. L'I.L.P. fut leur principal héritier mais bien qu'il conservât dans sa rhétorique des réminiscences de l'ancienne chapelle non-conformiste, il n'était plus une secte ouvrière mais un parti politique laïque. Le principal intérêt historique des Églises travaillistes réside dans le fait qu'elles représentent une des formes d'organisation développées par les ouvriers du nord dans le processus de leur séparation politique et idéologique par rapport au parti libéral.

Il ne faut pas chercher très loin les raisons de la prolifération des sectes ouvrières, en Grande-Bretagne. Ce fut l'œuvre, ou la punition du pionnier social car, par une ironie de l'histoire, le révolutionnaire pionnier conserve plus de ce contre quoi il se révolte que ceux qui viennent après lui. L'idéologie des mouvements politiques ouvriers vient de celle de ses prédécesseurs bourgeois-révolutionnaires, et la plupart des mouvements socialistes sont passés par la phase du jacobinisme de gauche avant d'élaborer leurs doctrines indépendantes. Mais dans les seules îles britanniques, la révolution bourgeoise fut faite et réussie avant que l'idéologie laïque ait atteint les masses ou les classes moyennes. La Déclaration des droits de l'homme prit corps chez le peuple britannique non pas habillée de la toge romaine et de la prose des Lumières, mais sous le manteau des prophètes de l'Ancien Testament et dans le langage biblique de Bunyan : la Bible, le *Voyage du Pèlerin* et le *Livre des martyrs* de Foxe furent les textes dans lesquels les travailleurs anglais apprirent l'ABC de la politique, si ce n'est l'ABC de la lecture. Il était donc aussi naturel pour les gens du peuple d'employer le langage religieux pour exprimer leurs premières aspirations que pour les juges et les orateurs américains de continuer à employer les phrases équilibrées de la prose du XVIIIe siècle longtemps après qu'elles fussent passées de mode ailleurs. Car rien ne marque un peuple plus profondément que les grandes révolutions qu'il a vécues.

De plus, bien que la révolution des sectes non-conformistes du XVIIe siècle ait été vaincue, en même temps que les fondements sociaux du mouvement étaient détruits, l'existence du non-conformisme fut reconnue officiellement. Il y avait donc en Angleterre une sorte de religion qui ne s'identifiait pas avec l'État et les puissances temporelles, lorsqu'elle ne s'opposait pas aux deux. Ainsi, même l'anticléricalisme, phénomène universel dans la période de révolution des classes moyennes et dans les débuts du mouvement ouvrier, n'était pas obligé d'être soit schismatique soit antireligieux. Ce qui était voltairien dans la France du XIXe siècle était non-conformiste dans l'Angleterre de la même époque, ce qui a fait perdre de vue aux observateurs superficiels les similitudes remarquables entre les phénomènes d'anticléricalisme dans les deux pays. En outre, la secte n'était pas seulement une expression de non-conformisme institutionnalisé, mais une forme souple d'organisation populaire à toutes fins utiles, y compris l'agitation politique concrète. Rien n'était plus naturel que l'adoption par des groupes d'ouvriers néo-industriels d'une forme d'agitation aussi élémentaire, qui était à portée de leurs mains, puisque personne ne leur en enseignait une meilleure.

Qui aurait pu la leur enseigner? Les groupements d'artisans et de compagnons des cités pré-industrielles, Londres, Sheffield, Norwich, etc. avaient lentement élaboré leur forme de syndicalisme artisanal sur les débris des anciennes sociétés de compagnonnage, et leur forme particulière de jacobinisme agnostique sur les restes des sectes du XVIIe siècle; ou alors ils conservaient jalousement un noyau irréductible de puritanisme niveleur[39], comme Mark Rutherford l'a décrit sous les traits de Zachariah Coleman dans *The Revolution in Tanner's Lane :* ce n'était pas un « délirant » ou un « revivaliste » mais un calviniste modéré, lecteur assidu de Bunyan et de Milton, grand polémiste et républicain. Sans doute, entre tous ces petits groupes d'érudits et de militants, se développèrent des sectes telles que la Société rationnelle des oweniens qui fondèrent la communauté de Rochdale[40]. Mais à côté de ces groupes qui avaient leur longue tradition ininterrompue d'action politique et syndicaliste, il y avait les masses d'ouvriers qui émigraient vers les villes ou les masses grandissantes du prolétariat agricole, et un prolétariat ou semi-prolétariat industriel dans les villages isolés du monde politique progressiste, désemparés, souvent ignorants, plus illettrés que leurs prédécesseurs d'avant l'industrialisation. Leur mécontentement était prépolitique et la propagande des radicaux et des libres penseurs citadins pouvait encore difficilement les émouvoir même lorsqu'elle les atteignait : les mineurs du nord de l'Angleterre demeurèrent éloignés du chartisme même lorsque le ton de leur mécontentement était au diapason des grands mouvements. Les travailleurs du nord de la France ne pensaient guère à la Révolution de 1848 lorsqu'ils faisaient leurs grèves ou leurs émeutes pour les salaires et contre les immigrants belges : le républicanisme ne commença à s'implanter chez eux que vers 1851. En général, ces groupes étaient convertis par des apôtres venus de l'extérieur qui leur montrèrent la voie à une époque où ils étaient prêts à la suivre, mais n'auraient pas encore été capables de créer leurs propres organisations ouvrières. Ainsi les hommes de la première

Internationale vers 1870, les socialistes marxistes un peu avant 1890, et, comme dans les cotonneries de Gastonia en 1929, les communistes, devinrent les pionniers de l'organisation ouvrière, et amenèrent la conversion solide et permanente à la nouvelle foi des masses auxquelles ils avaient apporté leur enseignement. L'essor du syndicat socialiste et du vote socialiste dans de nombreuses zones villageoises ou minières isolées et négligées pouvait être très rapide : dans la région de Liège en 1886 les ouvriers, dit-on, « abhorraient les socialistes » mais vers 1890, 80% d'entre eux — 90% dans la vallée de la Vesdre — votaient pour des socialistes[41]. Mais cela ne pouvait se produire que lorsque l'industrialisation intervenait si tard que les régions arriérées pouvaient être absorbées rapidement dans un mouvement « moderne » déjà existant et actif. En Angleterre où l'industrialisation était beaucoup plus ancienne il avait souvent fallu construire un mouvement ouvrier quelconque bien avant que les organisations « modernes » fussent prêtes à fournir une direction, une idéologie et un programme.

Dans de telles conditions, et faute de mieux, la secte ouvrière devait combler le vide[42]. Elle avait peu d'obstacles à surmonter car ses perspectives ne différaient pas de celles des mouvements radicaux ouvriers laïques, et lorsqu'elles en différaient, les membres des sectes ne tardaient pas à les adapter au mécanisme général de la démocratie radicale. Le caractère de secte religieuse n'empêchait pas la coopération avec les athées radicaux et socialistes, et n'interdisait pas d'assimiler leurs enseignements : Zachariah Coleman coopérait volontiers avec ses contemporains mécréants, et les mineurs du sud du Pays de Galles, tous membres jusqu'au dernier des sectes non-conformistes, marchèrent derrière le libre penseur Zephaniah Williams lors du soulèvement de Newport[43]. Ceux qui combattaient pour la même cause combattaient ensemble, c'est ce qui facilita par la suite la tentative d'unification par les Églises ouvrières de tous les secteurs du mouvement ouvrier politique, qui n'était pas sans connaître ses propres querelles sectaires. La secte ouvrière fut ainsi facilement absorbée dans le courant général des activités de la gauche et elle présentait le triple avantage d'exprimer la protestation sociale des ouvriers dans le langage puissant et familier de la Bible, de le faire par des méthodes qui étaient à la portée des ouvriers les moins instruits et les moins spécialisés et de leur donner, comme nous l'avons vu, une formation et une expérience inestimables.

Toutefois elle avait aussi ses limites. Sociologiquement elle avait tendance, comme tous les groupes de son espèce, à perdre d'autant plus facilement son caractère de secte représentant une classe unique de travailleurs qu'elle n'était pas théoriquement vouée à une communauté de classe, mais à une communauté de vrais croyants sans distinction de classes. À moins de conserver sa pureté par des sécessions périodiques comme c'était le cas de nombreuses et minuscules sectes ouvrières, elle abritait inévitablement un certain nombre de fidèles qui avaient amélioré leur sort et embrassaient les opinions de la classe moyenne; ceux-ci tendaient évidemment à occuper les positions clés dans les congrégations comme au dehors. Seules les communautés les plus unies, au sein desquelles l'ascension sociale était virtuellement impossible, sauf par l'action combinée des ouvriers, les corons par exemple, étaient à peu près immunisées contre ce mal. Théologiquement, le mouvement des sectes souffrait du handicap de tous les groupes chrétiens qui sont voués par les Écritures à la fois à la rébellion et (à travers saint Paul) à l'acceptation des gouvernements existants comme moralement bons. L'ambiguïté de l'enseignement chrétien n'est pas insurmontable pour l'exégèse ou la casuistique adéquates, mais constitue tout de même un obstacle à la construction d'une doctrine sociale-révolutionnaire cohérente. Enfin, le mouvement souffrait de la nature fragmentaire de son enseignement ; dans ses formes militantes, il présentait rarement un programme complet d'action politique et sociale mais donnait plutôt une force expressive à des programmes élaborés ailleurs. Les sectes ouvrières n'ont produit aucun théoricien important. Le peu de doctrine radicale ou socialiste qui vient d'elles est issu des « vieux dissidents » radicalisés ou jacobinisés du type XVIIIe siècle, comme les unitariens, les quakers, et peut être quelques congrégationalistes ; cela fut noyé dans le courant principal du rationalisme et du jacobinisme. Il n'y a pas eu de socialisme-chrétien ouvrier important ; mais simplement, le socialisme courant, élaboré par des penseurs laïques, et traduit dans la familière terminologie biblique.

La secte ouvrière a donc apporté à l'évolution du mouvement ouvrier britannique une contribution beaucoup plus modeste que ce qu'on aurait pu en attendre, compte tenu de son importance numérique ; à tel point que sa contribution pratique se réduit à quelques recettes d'organisation ou de propagande et à un excellent travail de pénétration dans certains groupes de mineurs ou de travailleurs agricoles. Comme nous l'avons vu, elle perdit son importance vers la fin du XIXe siècle, excepté peut-être — et pour les raisons exposées au paragraphe précédent — comme tradition qui contribua à renforcer la tendance modérée réformiste, déjà très puissante, du mouvement ouvrier britannique. Elle fut longtemps un champ d'entraînement pour les cadres ouvriers; et comme Seth Ackroyd, de Hull, l'avait compris, ce fut sa principale fonction pratique. Ces cadres n'étaient pas toujours nécessairement modérés : nous avons vu qu'un révolutionnaire né, comme Arthur Horner, des mineurs gallois, était un produit du milieu des sectes. Mais même cette fonction a cessé. Les organisations marxistes depuis 1880, les mouvements d'éducation des adultes depuis 1900 ont pris en charge la plupart de ces fonctions, à l'exception d'un ou deux groupes spécialisés. Le sectarisme ouvrier s'est fané bien que son esprit soit toujours vivace dans des régions, comme le sud-ouest gallois et quelques villages agricoles isolés. Il était le mieux adapté à la phase radicale-démocratique primaire du mouvement ouvrier, et il a décliné en même temps qu'elle.

Notes du traducteur

Page 192.

a. *Thomas Paine* (1737-1809) démocrate et républicain qui combattit pour l'indépendance américaine et défendit la Révolution française.

b. *Charles Bradlaugh* fut un propagandiste du radicalisme et de l'athéisme. Élu aux Communes en 1880, il ne put siéger pour avoir refusé de prêter serment. Constamment réélu, il obtint en 1886 la liberté de ne pas prêter le serment.

c. *Robert Blatchford* journaliste et pamphlétaire socialiste qui fonda en 1890 l'*Indepent Labour Party* de Manchester. Son pamphlet *Merrie England* fut un des plus grands succès de la littérature socialiste anglaise de la fin du XIXe siècle.

d. *Thomas Spence* fut un militant et un théoricien du socialisme utopique du début du XIXe siècle. Il préconisait l'appropriation collective des terres, la suppression de l'État et des impôts, la libre administration communale.

e. *Robert Owen* (1771-1858) est le grand nom du socialisme utopique anglais. Il fut à l'origine des premiers mouvements coopératifs puis du premier syndicalisme.

f. *Bronterre O'Brien*, journaliste d'origine irlandaise, créa en 1830 un journal populaire *The Poor Man's Guardian*, qui répandit les idées socialistes. Il fut l'un des leaders les plus écoutés du mouvement *chartiste*.

g. *La Société fabienne*, fondée à Londres en 1883 par Sidney Webb, joua un rôle décisif dans l'évolution du socialisme anglais. Les fabiens, écartant toute perspective de révolution violente, comptait sur l'éducation, la gestion municipale, l'aide de l'État, pour assurer le passage graduel de la société vers le socialisme.

h. *Francis Place* (1771-1854) était un tailleur londonien qui combattit avec succès, en 1824, pour obtenir la liberté d'association ouvrière.

i. *George-Jacob Holyoake* (1817-1907) fut d'abord un disciple de Robert Owen, dont il écrivit la vie. Militant et historien du mouvement coopératif, il dirigea plusieurs journaux radicaux et combattit pour la libre-pensée.

Page 193.

j. Nous traduisons « Dissent » par *non-conformisme* et « Dissenters » par *non-conformistes.* On sait que le *Dissent* désignait, dans le Royaume-Uni, l'ensemble des sectes protestantes qui étaient à l'extérieur de l'Église établie, c'est-à-dire de l'Église anglicane pour l'Angleterre, le Pays de Galles, et l'Irlande, et l'Église presbytérienne pour l'Écosse. Écartés par le *Bill du Test* (1673) de toutes fonctions publiques, exclus par le *Corporation Act* (1661) des municipalités, interdits dans les universités d'Oxford et de Cambridge, les non-conformistes n'obtinrent leur pleine émancipation qu'en 1828.

Page 201.

k. *John Wesley* (1703-1791), fils d'un clergyman conservateur, fut le fondateur du *méthodisme*, la secte non-conformiste qui connut le plus de rayonnement au XIXe siècle.

l. On a baptisé « luddisme » la violente vague ouvrière de bris des machines qui a déferlé sur l'Angleterre en 1811 et 1812, et qui se réclamait d'un chef mystérieux et sans doute mythique, le « général Ludd ». Par extension, le mot désigne toute action ouvrière dirigée contre les métiers mécaniques et les machines.

m. Le *chartisme* fut le mouvement révolutionnaire plébéien le plus important que connut l'Angleterre du XIXe siècle. Son nom vient de la *Grande charte du Peuple*, catalogue de revendications démocratiques et sociales, qui fut présenté sans succès au Parlement. À trois reprises — 1839, 1842-1843, 1848 — les chartistes menacèrent l'ordre établi. Mais ils furent dispersés, et leurs leaders arrêtés.

n. *Arminius* (1560-1609), théologien hollandais du XVIIe siècle qui réagit contre l'orthodoxie calviniste dans un sens libéral et modéré.

IX

Le rite dans les mouvements sociaux

I

Toutes les associations humaines ont leur côté rituel et leur cérémonial, mais les mouvements sociaux modernes sont singulièrement dépourvus de rites délibérément et spécialement élaborés. Officiellement, c'est le fond et non la forme qui unit leurs membres. Le docker ou le médecin qui reçoit sa carte de membre d'un syndicat ou d'une organisation professionnelle, (à condition qu'il l'ait librement sollicitée), sait d'avance qu'il s'engage à accomplir certaines actions et à observer certaines formes de comportement, telles que la solidarité avec ses collègues. L'homme qui adhère à un parti communiste s'astreint à une série d'activités et de devoirs comparables, du moins pour certains membres, à ceux des ordres religieux. Mais il le fait sans plus de cérémonie que l'acceptation d'un morceau de carton au dessin purement utilitaire, sur lequel des timbres sont périodiquement collés.

Cela ne veut pas dire évidemment que les syndicats et les partis politiques n'ont aucun rituel. Lorsqu'il n'a pas été prévu par leurs fondateurs ou leurs chefs, ce rituel se développe spontanément, ne serait-ce que par ce penchant des humains à ritualiser et à formaliser leurs rapports. Les manifestations dont l'objet primitif, dans les mouvements ouvriers, était utilitaire (démontrer la force collective des ouvriers à leurs adversaires, encourager leurs sympathisants en la démontrant) deviennent des cérémonies de solidarité dont la valeur pour bien des participants réside autant dans l'expérience de la communion que dans l'objectif pratique qui est visé : on peut créer une panoplie d'ornements rituels, bannières, drapeaux, chœurs, etc. Dans les organisations dont le développement spontané est moins entravé par le rationalisme que les mouvements ouvriers, le besoin de créer des rites peut s'épanouir comme une flore tropicale. Les conventions politiques américaines en sont peut-être les exemples les plus frappants. Mais le fait que les hommes attribuent une signification rituelle à leurs actes, au point que la distribution annuelle des cartes de membre de certains partis communistes est un événement beaucoup plus solennel que la simple acquisition d'un nouveau morceau de carton, est secondaire. Ce qui unit les communistes, c'est le programme du parti auquel ils appartiennent ; ce qui unit les démocrates américains, ce ne sont pas les pitreries de leurs conventions quadriennales.

Dans les mouvements sociaux Primitifs d'Europe, la forme joue un rôle beaucoup plus important, bien qu'évidemment la distinction moderne entre la forme et le contenu préoccupe rarement leurs membres. L'un ne saurait exister sans l'autre. Les spécialistes du Moyen Âge connaissent bien ces phénomènes. Les sujets doivent obéissance au roi, mais si le roi ne satisfait pas à certaines exigences formelles, par exemple le couronnement et l'onction à Reims, ses droits et leurs devoirs sont plus contestables. Seul un compagnon forgeron peut faire partie du compagnonnage des forgerons, mais s'il n'a pas présenté sa requête en bonne et due forme et en temps voulu avec les réponses exactes aux questions posées il n'est pas « vraiment » un membre et peut être rejeté ou rejeter ses devoirs. Le fait de ne pas avoir été baptisé ou marié selon le rite approprié peut encore aujourd'hui compromettre l'appartenance à une communauté religieuse. Un légalisme aussi excessif peut être justifié rationnellement et l'a été, du moins dans la mesure où il est un des fondements du droit, particulièrement du droit commun. On peut prétendre que le respect minutieux de la procédure garantit le règne du droit, même si des criminels sont acquittés pour des vices de forme du côté de l'accusation. On peut aussi faire remarquer que dans les sociétés peu évoluées, ou dans des organisations constituées par une masse assez abrutie, ce qui est le cas de beaucoup d'armées, la moindre entorse à un cérémonial rigoureusement établi provoque des perturbations croissantes par rapport aux habitudes, voire le chaos. Pourtant, je pense que l'attachement à l'observation littérale des rites est en grande partie irrationnel. Ce n'est pas pour des raisons médicales, aussi valables soient-elles, que les parents juifs ont fait circoncire leurs fils depuis des siècles.

On peut distinguer un certain nombre d'éléments dans ce formalisme des mouvements sociaux Primitifs. Il y a d'abord la notion de l'attachement par *l'initiation.* Dans les associations libres telles que les mouvements sociaux, c'est une cérémonie assurée par des hommes et des femmes capables de faire un choix libre et raisonné (c'est-à-dire pas avant l'adolescence). D'où l'importance du baptême adulte dans les sectes révolutionnaires du XVIe siècle. L'initiation par le rite peut servir à lier intimement le membre à l'organisation, par exemple en l'obligeant à violer des tabous reconnus : c'est le cas des fraternités de proscrits sociaux volontaires tels que les voleurs[1]. Elle peut aussi, c'est plus fréquent, créer une atmosphère particulièrement solennelle et surnaturelle destinée à faire comprendre au candidat la gravité du geste qu'il s'apprête à accomplir ou encore, mais c'est un stade plus tardif, la rigueur des sanctions dont il pourrait être l'objet en cas de trahison. La nouvelle recrue peut aussi être soumise à diverses épreuves et examens. L'initiation proprement dite peut être consommée par un acte rituel comme l'application des mains, mais elle comporte généralement un serment solennel et une déclaration du candidat par laquelle il s'attache librement.

Ensuite il y a les *cérémonies des réunions périodiques* qui, de temps en temps, réaffirment l'unité des membres : réunions, processions, témoignages collectifs de piété. Il y a aussi les *rites pratiques* qui permettent aux membres d'accomplir leurs fonctions efficacement, les signes secrets de reconnaissance, la parole maçonnique[2], la poignée de main des francs-maçons, les mots de passe, etc.

Enfin il y a le *symbolisme* très important et omniprésent. Dans les organisations primitives c'est ce qui unissait la forme et le fond. Le symbolisme auquel nous avons été habitués dans les mouvements modernes — l'insigne, le drapeau, le sigle, etc., n'est qu'une pâle et décadente version du véritable phénomène. Il est vrai que pour le socialiste ou le communiste contemporain, le drapeau rouge, l'étoile à cinq branches, le marteau et la faucille (symbolisant l'unité du paysan et de l'ouvrier) sont une expression concentrée de tout son mouvement : son programme et ses aspirations, ses réalisations, son existence collective, et sa puissance idéologique. Mais dans les mouvements Primitifs comme dans les cathédrales gothiques, il existe tout un univers symbolique et allégorique où chaque partie correspond à une partie précise, modeste ou importante, de l'idéologie du mouvement. Les bannières surchargées d'ornements allégoriques et de sigles des syndicats anglais du XIXe siècle[3] en offrent une illustration affaiblie. Le symbolisme maçonnique est sans doute le type le plus connu de ces univers, exception faite des grandes religions établies. La somme de naïveté qui entrait jadis dans l'élaboration de ces univers de symbolisme, dont chaque élément pouvait avoir une signification différente pour les membres des différents grades de l'organisation, est tout simplement vertigineuse. La plupart de ces univers n'avaient que peu de rapports avec la fonction de l'organisation comme mouvement social, car ces fonctions étaient et restent à chaque instant, concrètes et limitées. Quand il était emprunté à des organisations anciennes et à des traditions, le symbolisme jouait essentiellement le rôle d'un halo affectif dont les mouvements sociaux usaient dans des intentions beaucoup moins précises que celles qui avaient présidé à son élaboration initiale.

II

Où pouvons-nous espérer trouver ce caractère primitif dans les mouvements sociaux du XIXe siècle ? D'abord dans les organisations qui, parce qu'elles étaient secrètes, par goût ou par nécessité, ou parce que leurs objectifs révolutionnaires étaient extrêmement ambitieux, imposaient un degré exceptionnel de cohésion à leurs membres ; ensuite dans celles qui, issues d'associations et de traditions plus anciennes, conservaient des attaches très solides avec le passé primitif. En d'autres termes, dans les sociétés et les ordres révolutionnaires secrets, et dans les syndicats et les sociétés fraternelles, notamment ceux qui étaient issus de l'artisanat indépendant et qualifié. La famille de sociétés que nous pouvons appeler « maçonniques » constitue un lien entre les deux groupes. Mais il y en a d'autres.

Les premières organisations syndicales, les sociétés fraternelles et même les coutumes et les pratiques des ouvriers sur le lieu de leur travail présentent de nombreux symptômes « Primitifs ». Comme l'alcool et les beuveries y jouaient un très grand rôle, la meilleure nomenclature que nous en possédons pour l'Angleterre — quoique très pauvre en détails « non-alcooliques » — nous vient des plus farouches partisans de la tempérance, tel John Dunlop[4] qui désirait informer le public sur les difficultés et les obstacles qui accablaient l'Anglais tempéré.

Considérons l'initiation qui pouvait être l'initiation dans un métier (quand l'apprenti devenait compagnon), dans une organisation quand le compagnon devenait membre de son compagnonnage ou de sa fraternité, ou dans une nouvelle place ou loge, par exemple, lorsque le compagnon arrivait dans une ville étrangère. Cette ritualisation du « commencement » était quasi-universelle en Angleterre pendant la première moitié du XIXe siècle. Ainsi chez les carrossiers, le nouvel apprenti était-il solennellement introduit ; chaque nouvel ouvrage qu'il entreprenait faisait l'objet d'une cérémonie. Une cérémonie devait consacrer l'attribution de son établi au nouveau compagnon. On célébrait la promotion d'un établi à un autre dans l'atelier, la première visite de l'épouse à l'atelier, le mariage et la naissance de chaque enfant. Le nouvel associé de l'employeur devait offrir un souper aux ouvriers. Au début de l'hiver les hommes étaient conviés à une fête. Lors de la livraison d'une voiture au client son cocher recevait un présent. Le moins ancien des compagnons devenait « garde » et recevait solennellement son bâton. Le nouveau costume était parfois (mais pas toujours) « baptisé ». Ces usages stéréotypés étaient assez répandus à travers les métiers.

Si nous gardons à l'esprit cette habitude généralisée consistant à célébrer solennellement tout « commencement » ou même n'importe quel changement dans une existence humaine, il sera plus facile d'imaginer et de comprendre l'ampleur et la gravité de la cérémonie qui pouvait consacrer l'initiation d'un homme dans la société particulière de ses collègues. Cette cérémonic était destinée à marquer la différence radicale par rapport aux autres groupes et à attacher le nouvel initié avec les liens les plus solides qu'on ait pu concevoir. Elle combinait la crainte, l'épreuve et l'initiation aux mystères de l'association et se terminait naturellement par une forme quelconque de déclaration solennelle, généralement un serment, et par un rite symbolisant l'admission dans le groupe. Les rites les plus complexes de ce genre semblent avoir été ceux des compagnonnages français, bien qu'ils aient revêtu des formes assez familières aux spécialistes des sociétés rituelles[5]. Les compagnonnages avaient ceci de particulier qu'ils n'étaient pas seulement des associations professionnelles mais aussi des fraternités groupant divers métiers, bien qu'ils semblent s'être développés à partir du bâtiment et aient ainsi de nombreux points communs avec la franc-maçonnerie à ses débuts. Il semble qu'il y ait eu à l'origine deux fraternités rivales, *Les Enfants du Père Soubise* (tout d'abord les charpentiers puis d'autres métiers du bâtiment) et *Les Enfants du Maître Jacques* (à l'origine les tailleurs de pierre, les charpentiers et menuisiers, les serruriers et plus tard une grande variété de métiers) ; une troisième, *Les Enfants de Salomon*, qui se prétendait très ancienne, ne fut sans doute qu'un rejeton très tardif qui ne se développa pas complètement avant le XIXe siècle, et se limita aux divers métiers du bâtiment.

Les rites secrets d'initiation de ces sociétés étaient des cérémonies vraiment remarquables. Le candidat passait d'abord « l'épreuve du travail » pour prouver sa connaissance du métier. La cérémonie proprement dite commençait dans la soirée mais devait culminer à minuit. Auparavant, le candidat était par trois fois conduit dans la salle d'initiation à diverses fins solennelles, et par trois fois il en sortait escorté. Dans la salle, il était entouré par un cercle de « frères » et faisait face à trois personnages officiels. Il était introduit par le rouleur, de trois coups de bâton frappés sur le sol. La salle était décorée d'un dais blanc, d'un autel sur lequel se dressaient un crucifix et six torches. Un poignard reposait sur l'autel, la pointe nouée d'un ruban rouge symbolisant le sang du postulant que celui-ci devait être prêt à verser plutôt que de trahir les secrets de la société. La « nappe » qui, comme nous le verrons, jouait un rôle important dans le cérémonial des réunions périodiques, était étendue sur le devant de l'autel avec sur un plateau le foulard de sociétaire du candidat et sur un autre une sélection de « noms » parmi lesquels il choisirait le sien — rappelant par une combinaison rituelle sa localité et une vertu morale ou autre — et une bouteille de vin destinée au baptême. Le candidat affirmait alors dans un échange de questions et de réponses son désir d'adhérer. Venait ensuite l'épreuve des yeux bandés.

L'épreuve comportait la terreur, des sévices douloureux, des pratiques humiliantes et plus ou moins grotesques (celles des *Enfants du Père Soubise* étaient particulièrement brutales) et des expériences morales au cours desquelles on demandait au candidat s'il était prêt à abandonner sa famille ou sa religion, à commettre un crime pour la société ou à tuer un homme. Ce dernier test était mis en scène avec un tel réalisme que le nouveau membre, les yeux bandés, restait longtemps persuadé qu'il avait réellement plongé son poignard dans une poitrine humaine. Après avoir passé les épreuves avec succès, il prêtait serment, jurant de conserver fidèlement et éternellement les secrets de la fraternité :

> « Je préférerais me faire couper la gorge, brûler le corps et voir mes cendres dispersées au vent. Je jure de plonger un poignard dans le sein de celui qui deviendra un parjure. Que tel soit mon propre sort si jamais j'en suis un. »

Parfois le candidat était requis de signer avec son sang ou du moins une goutte était-elle extraite avec laquelle il faisait le geste symbolique de tracer sa signature. Parfois on procédait au test de la brûlure : une bougie allumée était pressée contre son sein gauche.

Le serment était répété par trois fois, après quoi l'impétrant recevait son nom de sociétaire, choisissait un parrain, une « marraine » et un « prêtre »[7] parmi les personnes présentes ; il était enfin baptisé au vin[8].

Le seul élément absent de cette initiation, c'est une pédagogie sur la nature et les buts réels de la société en dehors de la symbolique secrète de la société. Les initiations des métiers allemands n'avaient conservé les autres éléments que sous une forme moins complexe et moins rituelle, mais avaient retenu celui-là intégralement. Ainsi chez les imprimeurs, le « baptême » au XIXe siècle n'était plus qu'un rite humoristique dans le style du passage de l'équateur sur les bateaux ; les épreuves n'étaient plus qu'un jeu un peu brutal, l'attribution du nom une simple formalité et les signes secrets étaient devenus moins complexes. Pourtant, à mesure que les autres rites dégénéraient, le « hobelpredigt » prenait une part plus importante et l'on retrouve des sermons de ce genre dans la plupart des métiers[9]. Ces sermons tenaient de la conférence et du catéchisme, un catéchisme assez dégénéré puisque les rites de mise à l'épreuve sur lesquelles ils étaient fondés avaient été oubliés, et les conseils pratiques au compagnon que l'on y avait ajouté contenaient une part importante de plaisanterie. Au mieux, ils font penser aux frères Grimm, et au pire, lorsqu'ils sont prononcés par un « parrain » en état d'ébriété, ils sont aussi fastidieux que les sermons protestants qu'ils semblent pasticher et auxquels ils doivent peut-être leur popularité. Ainsi, chez les tonneliers allemands, le compagnon qui s'apprête à prendre la route s'entend ordonner de lancer trois plumes dans le vent, dont une s'envolera vers la droite, une vers la gauche et une droit devant. Il doit suivre cette dernière. Il arrivera alors à une mare dans laquelle trois hommes verts barbotent en criant « arg, arg, arg » (mal, mal, mal). Malgré ce mauvais augure il doit poursuivre sa route. On peut penser que cela fait écho à un obstacle rituel beaucoup plus grave que trois grenouilles. Il doit ensuite arriver à un moulin dont la roue lui dira (en onomatopée, du moins en allemand) : « Retourne, retourne, retourne sur tes pas. » Il passera ensuite trois portails, trois corbeaux, rencontrera des meuniers, des fermiers, leurs femmes, etc. Dans chaque cas, on demande au candidat ce qu'il ferait et on lui explique ce qu'il devra faire[10].

Avec l'essor de la franc-maçonnerie issue elle-même du même type de rite corporatif, la tendance des sociétés artisanales à tomber sous l'influence maçonnique fut naturellement très forte. En Angleterre du moins, où le compagnonnage pré-industriel ne s'était pas encore développé en une série de sociétés spécialisées comme sur le continent, l'influence maçonnique est très marquée, même lorsqu'elle n'est pas ouvertement revendiquée, comme par les Oddfellows qui affirment eux-mêmes avoir été « fondés sur le principe maçonnique ». Les serments et les rites des premières organisations ouvrières ont visiblement subi cette influence, comme le prouve l'initiation au syndicat des peigneurs de laine[12]. Les initiations anglaises étaient généralement beaucoup moins cruelles qu'en France et l'une des plus brutales, qui appartient paradoxalement aux Oddfellows si pacifiques et respectueux du droit, n'est qu'un jeu d'enfant comparé à l'épreuve du candidat compagnon[13] :

« Avant d'être conduit dans la salle de cérémonie, le candidat avait les yeux bandés. Lorsqu'il avait passé les gardes extérieurs et intérieurs, il se sentait soudain envahi par la mystérieuse gravité émanant du silence solennel et sépulcral qui l'entourait. Puis il était brusquement tiré de sa stupeur par un effroyable bruit de chaînes énormes et des sons inarticulés de voix humaines. Si, à ce stade de la cérémonie, il n'avait pas été jeté et roulé dans des buissons ou précipité la tête la première dans un grand chaudron rempli d'eau, son bandeau lui était retiré et sa première vision était celle d'un sabre acéré menaçant ses organes génitaux. Dès qu'il avait la force de détacher son regard du farouche gardien et de sa lame, neuf fois sur dix, il le posait sur un immense portrait en transparence de la mort dont le sourire sinistre lui glaçait le sang dans les veines. Et dans la salle tout entière une profusion de symboles sacrés ou profanes à la signification obscure ajoutaient leurs mystères à ce décor imposant. »

On peut observer en passant que les gouvernements anglais du XIXe siècle se trompaient lorsqu'ils voyaient des intentions subversives dans les initiations et les serments secrets. Les « étrangers » contre lesquels la fraternité initiatique désirait préserver ses secrets n'étaient pas seulement les « bourgeois » et pas toujours les gouvernements. En France il s'agissait surtout des membres du compagnonnage rival contre lesquels les « frères » menaient une guerre permanente ; dans les Sociétés fraternelles anglaises, de tous ceux qui ne faisaient pas partie de la loge : l'appartenance se définissait précisément par la possession des « secrets ». C'est dans la seule mesure où toutes les organisations de travailleurs, en vertu de leur appartenance de classe, étaient susceptibles d'avoir des activités que n'appréciaient ni les employeurs ni les autorités, que l'initiation et le serment de garder le secret étaient plus particulièrement dirigés contre eux. Il n'y avait pas de distinction *a priori* entre les sociétés légitimement ou inutilement secrètes, mais seulement entre des activités confraternelles pour lesquelles les membres étaient formellement tenus de faire preuve de solidarité, certaines de ces activités étant acceptables aux yeux de la loi alors que d'autres ne l'étaient pas.

Les rites des réunions périodiques ont également été mieux conservés sur le continent qu'en Angleterre où, au XIXe siècle, ils n'étaient guère plus que des vestiges à l'exception de ceux qui entouraient le principal accessoire de toute société professionnelle, la « boîte » ou « arche » renfermant les registres et divers objets du groupe. On possède quelques renseignements sur les rites de réunion, tel celui des charpentiers irlandais que présidait « le père de l'atelier » lequel « frappait le garde à vous » (avec un outil sonore) par trois fois pour indiquer que l'« audience » était ouverte ; ou celui des imprimeurs dont le « père de chapelle » convoquait les membres autour de lui pour imposer la justice devant la pierre d'imposition de l'atelier. Tout ceci est peu de chose à côté des forgerons allemands qui faisaient le « cercle du compagnon », figure ressemblant à une bouée de sauvetage ou à un pneu, avec cette différence que le cercle extérieur restait « ouvert » pendant que l'on inscrivait les noms de tous les présents entre les deux cercles. Le cercle extérieur était alors « fermé » pour symboliser la présence de tous les « frères ». Une fois les cotisations payées on traçait un autre cercle et la craie — habituellement conservée dans la « boîte » (*Lade*) — était placée au centre[14].

Mais la symbolique rituelle des forgerons était beaucoup moins complexe que celle des compagnons français qui juraient de faire la montée en chambre dans n'importe quelle ville chaque dimanche à 2 heures précises de l'après-midi à condition qu'un nombre suffisant de compagnons soient présents dans la ville. À Paris où l'on trouvait suffisamment de distractions, ils pouvaient ne se réunir que deux fois par mois. Les exigences rituelles de ces réunions étaient tellement nombreuses et rigoureuses qu'elles représentent probablement un stade de l'évolution de ces sociétés où celles-ci n'avaient rien de mieux à faire. Les compagnons devaient être convenablement mais sobrement habillés, le veston fermé par le troisième bouton du côté gauche. La nappe était placée devant le « premier en ville » (le plus ancien des compagnons dans la ville) selon un alignement précis. Elle était garnie d'une bouteille de vin en son centre et de deux verres placés à gauche et à droite du président, celui de droite étant à moitié rempli de vin et contenant une rondelle circulaire découpée dans la croûte supérieure d'un pain (obligatoirement la croûte supérieure) que l'on appelait le pavillon. Le verre de gauche, « la coupe fraternelle », était vide. Entre les deux verres devait être placé un couteau, la pointe cachée dans une boulette de pain. D'autres croûtons — carrés cette fois mais provenant aussi de la croûte supérieure — étaient placés à chaque coin de la nappe[15].

Outre les cérémonies ésotériques des réunions périodiques, toutes les fraternités avaient leurs cérémonies publiques. Celles-ci avaient généralement un caractère religieux, au moins dans les pays catholiques où il y avait toujours une procession quelconque le jour du saint patron de la fraternité — Saint-Joseph pour les charpentiers, Saint-Anne pour les menuisiers, Saint-Éloi en été pour les maréchaux-ferrants, Saint-Éloi en hiver pour les forgerons, Saint-Pierre pour les serruriers, Saint-Crépin pour les cordonniers, etc. — et aussi les jours de fêtes carillonnées. Les processions et cérémonies annuelles de ce genre, à jour fixe, étaient quasi générales en Angleterre et les règlements des sociétés amicales villageoises en fixaient le détail. Dans quelle mesure reflètent-elles l'ancienne fête du saint ? Ce serait une recherche utile pour les érudits locaux. Toujours est-il qu'en France les rites religieux publics étaient de moins en moins observés à mesure qu'avançait le XIXe siècle.

Les rites pratiques, c'est-à-dire les signes secrets de reconnaissance tels que la poignée de main, le mot de passe, le signe, le contresigne ou le « mot de passe de voyage[16] », avaient une raison d'être évidemment plus pratique. À l'époque des premières fraternités, les frères étaient généralement illettrés et lorsqu'ils ne l'étaient pas, l'interdiction de garder des documents écrits — les compagnons les brûlaient tous les ans en mélangeant les cendres au vin qu'ils buvaient — obligeait la société à recourir à des signes non-écrits. Même s'il n'y avait pas eu d'autre raison, le risque permanent de voir des étrangers profiter et abuser des privilèges de la société rendait indispensable un système de reconnaissance entre « vrais » frères : les archives des sociétés corporatives anglaises sont pleines d'allusions à la lutte contre les fraudeurs qui tentent d'abuser de leur hospitalité. Il faut se souvenir que les compagnons voyageaient. Les « frères » d'une ville donnée devaient avoir la possibilité de reconnaître les étrangers.

Généralement les rites de reconnaissance variaient de l'utilitaire au fantastique, de la simplicité à la complexité — il faudrait trois grandes pages pour décrire ceux des compagnonnages — du prosaïque au pittoresque et au poétique. Il n'est pas nécessaire de les décrire en détail ici, pas plus que le symbolisme, la pompe et la « théologie » de ces sociétés. Ces rites flattaient la fierté des membres en même temps qu'ils les édifiaient ; ils impressionnaient et divertissaient les profanes. Quant aux mouvements sociaux plus vastes, ils héritèrent de ce véritable trésor de rites éprouvés pour leur potentiel émotif dans lequel ils pouvaient puiser à volonté[17]. Un seul aspect mérite d'être mentionné : la tradition, héritée sans doute des anciennes corporations, qui voulait que les membres gravissent les échelons d'une hiérarchie analogue, bien que souvent plus complexe, à celle de l'apprenti, du compagnon et du maître.

Bien que sous une forme ou une autre le rite fût universel, les organisations ouvrières fortement ritualistes étaient probablement plus rares qu'on pourrait le penser, excepté chez les artisans des métiers traditionnels et les associations dont le souci dominant n'était pas l'action politique ou économique comme les sociétés fraternelles, les confréries de banquets du type semi-maçonnique et autres. Même dans les métiers pré-industriels, le ritualisme n'était pas omniprésent, bien qu'il eût tendance à exister dans toutes les sociétés de compagnons à fonction quasi syndicale. Dans la France de 1791, vingt-sept métiers seulement possédaient des compagnonnages et — exception faite d'artisans spécialistes tels que les tondeurs, ou en Angleterre les peigneurs de laine — ce ritualisme paraît avoir été assez faible dans certains métiers plus prolétariens comme les ouvriers du textile. Les mouvements sociaux « modernes » étrangers à ces milieux traditionnels avaient tendance à adopter un rituel à destination plus utilitaire, pour se protéger contre les attaques de leurs ennemis. C'est pourquoi, à l'exception des grandes sociétés fraternelles et autres sociétés de ce type, les organisations fortement et essentiellement ritualistes semblent avoir été de petite dimension. Le climat du XIXe siècle n'était pas très propice au ritualisme, à moins qu'il fût apolitique. Dans les syndicats britanniques, les serments secrets et autres rites déclinèrent très rapidement et étaient déjà beaucoup plus rares vers 1830 que les observateurs hostiles voulaient bien l'admettre[18]. Dans les métiers traditionnels, le rituel déclina aussi, probablement avec l'urbanisation : à la fin du XIXe siècle on pouvait remarquer que c'était chez les artisans provenant des petites villes de province, comme les carrossiers, que le compagnonnage à Paris était le plus puissant[19]. Les compagnonnages étaient eux-mêmes touchés par la scission rationaliste qui gagna du terrain après 1830, l'appel au bon sens ayant été renforcé par une révolte des jeunes artisans contre les efforts des « frères » reconnus et installés pour monopoliser les privilèges du compagnonnage. Une fraternité de compagnons ouverte à tous fut formée par les dissidents de tous les *Devoirs*, et ses fondateurs « en éliminèrent toutes les coutumes qui, bien qu'elles fussent justifiées au Moyen Âge, ne le sont plus aujourd'hui[20] ». Vers la fin du siècle, quelque 40 % des ouvriers organisés dans les compagnonnages de préférence aux syndicats (moins de 10 000 en tout) étaient membres de la nouvelle organisation. En définitive l'organisation ouvrière ritualiste était une survivance en rapide déclin.

III

Si la fraternité ritualiste n'avait rien été de plus, elle ne mériterait pas un examen détaillé. Mais la période 1789-1848 connut un développement des organisations ritualistes qui présente une importance considérable dans l'histoire des mouvements sociaux, pour ne pas dire dans l'histoire tout court. Durant la période des trois révolutions françaises, la fraternité révolutionnaire secrète fut de loin la forme la plus importante d'organisation révolutionnaire en Europe occidentale et elle était souvent ritualiste au point de ressembler davantage à un opéra italien qu'à un groupe révolutionnaire. Des fraternités semblables sont longtemps restées politiquement importantes ailleurs, et quelques-unes le sont toujours. Leurs aspects ritualistes offrent donc un grand intérêt.

Ce n'est pas ici qu'il conviendrait d'esquisser une histoire des fraternités secrètes, sujet complexe et difficile pour lequel je ne suis pas qualifié. Mais il est évident qu'elles avaient toutes un air de famille, en partie par leur ascendance maçonnique du XVIIIe siècle, en partie aussi parce qu'elles se copiaient mutuellement[21], et enfin parce que le monde des conspirateurs, particulièrement dans les villes internationales servant de refuges aux émigrés — Genève, Bruxelles, Paris, Londres — était petit, cohérent et relativement solidaire, malgré ses dissensions féroces et interminables. Des institutions officieuses telles que le « tribunal d'honneur » auquel les émigrés soumettaient leurs querelles personnelles, et l'habitude prise entre les groupes révolutionnaires rivaux d'échanger des renseignements sur les agents des services de police, confirment ce fait[22].

Les rapports entre la franc-maçonnerie ou des institutions para-maçonniques et les mouvements révolutionnaires ont été très discutés, surtout par ceux qui sont à la recherche d'une vue paranoïaque de l'histoire, et le problème n'est donc pas fait pour susciter l'enthousiasme de l'historien sérieux. La franc-maçonnerie du XVIIIe siècle semble avoir moins été une organisation à doctrine et à programme nets qu'une combinaison de groupes difficiles à définir, sauf par la communauté d'une organisation et d'un rituel, et d'une foi dans les valeurs des Lumières. Il est donc difficile de soutenir les théories de la sinistre conspiration maçonnique. En revanche, la sympathie des maçons (ou d'autres organisations formées sur leur modèle) pour les idéaux des révolutions américaine et française en fit souvent des révolutionnaires, et l'organisation maçonnique se prêtait admirablement à la transformation des loges en noyaux d'influence politique, à l'incubation de groupes révolutionnaires et au noyautage dont elle était par la suite l'objet de leur part. Beaucoup de grands révolutionnaires américains et français étaient des francs-maçons et en irlande, les loges possédant des liens avec l'Union irlandaise étaient tellement nombreuses en 1798 que les autorités en avaient conclu à un rapport très étroit entre les deux organisations. Lorsqu'il n'existait pas d'autre organisation, par exemple après l'écrasement d'un mouvement révolutionnaire, les loges maçonniques servaient souvent de refuge aux rebelles. C'est ainsi que dans les provinces françaises, après 1834, l'opposition républicaine se réfugia dans les loges malgré l'opposition du Grand Orient[23]. Lorsque l'agitation révolutionnaire reprenait, ou s'étendait, il n'était pas rare que la franc-maçonnerie donne naissance à des groupes révolutionnaires plus spécialisés, avec quelques variantes dans le rituel et le symbolisme. Ces groupes conservaient des liens particuliers avec les francs-maçons, se servant d'eux pour leur recrutement et s'efforçant de convertir leurs loges. Ainsi les Illuminés de Weishaupt, qui avaient grandi dans une atmosphère maçonnique, semblent avoir gagné certains maçons à leurs idées révolutionnaires (principalement sans doute par l'intermédiaire du rite des « Templiers écossais ») et être ainsi parvenus à créer au cours de la période napoléonienne et de la Restauration une série de fraternités secrètes dont la plupart voulurent d'ailleurs s'affranchir de la maçonnerie : les Filadelfi, qui à leur tour furent une pépinière de sociétés secrètes et noyautèrent aussi les compagnonnages, le Tugendbund, les

Adelfi, les Carbonari[24]. La tentative napoléonienne de contrôle gouvernemental de la franc-maçonnerie, qui jeta de nombreux francs-maçons dans l'opposition politique au commencement du XIXe siècle, favorisa évidemment ces tendances. Il est clair que de très nombreux révolutionnaires et conspirateurs acharnés entre 1789 et 1830 avaient des atavismes maçonniques et continuaient à raisonner, en matière d'action et d'organisation, en termes maçonniques. C'est particulièrement vrai du conspirateur par excellence de cette génération, Philippe Buonarroti (1761-1837) que l'on commence à bien connaître.

Ce passé et ce climat communs des fraternités secrètes peuvent expliquer leur penchant persistant pour les super-conspirations internationales et leur coordination par des directoires secrets opérant par-dessus les fraternités et les loges, et recrutés dans les « grades » les plus élevés de l'initiation. Ce penchant peut avoir joué un rôle considérable dans la tradition puissamment internationaliste des futurs mouvements socialistes, c'est-à-dire par la conviction que tous ces mouvements devaient être coordonnés et dirigés par une Internationale, bien que l'idéal d'une Internationale rassemblant toutes les tendances de la révolte ait été vite abandonné[26]. Buonarroti en son temps milita non seulement dans la franc-maçonnerie, le babouvisme et le carbonarisme, mais domina une des plus connues parmi ces obscures super-conspirations, celle des « Sublimes et Excellents Maîtres » (peut-être le fruit d'une fusion entre les Adelfi et les Filadelfi en 1818), qui comprenait trois degrés ; le plus élevé étant le « Sublime Élu », un *Grand Firmament* à Paris et, par un accord commun, l'acceptation des grades de certaines fraternités affiliées. Elle avait des liens, dit-on, avec les Carbonari italiens, certains maçons français, le Tugenbund allemand et les sociétés décembristes russes[27]. Il se pourrait que ce fût là le même groupement que la « Charbonnerie universelle démocratique » qui monopolisa les énergies de Buonarroti quelques années plus tard. Un corps de ce genre, plus purement maçonnique, et dont le quartier général était à Gibraltar semble, selon le docteur Dakin, avoir participé au mouvement philhellénique entre 1820 et 1830 et avoir eu des activités souterraines très romanesques. Un internationalisme plus vaste et moins ésotérique absorba et convertit par la suite les énergies des rebelles internationaux, et seuls des révolutionnaires aussi notoirement archaïques et romanesques que Bakounine continuèrent à fonder des « alliances secrètes » de ce type. On ignore quelle put être leur efficacité, même à leur apogée.

La fraternité secrète classique était un groupe hiérarchisé d'élites possédant un gigantesque répertoire d'initiation et autres rites, de symbolisme, de nomenclature rituelle, signes, mots de passe et serments. Le candidat était soigneusement choisi et, une fois admis, avançait progressivement par une succession de degrés lui conférant chaque fois de nouvelles responsabilités et des connaissances plus ésotériques, avant d'entrer (s'il avait de la chance) ou plutôt d'être coopté dans les directoires les plus secrets. Marx ne goûtait guère ce genre d'association qu'il définissait comme « l'autoritarisme de la superstition ». La définition reste valable. La véritable fonction politique de la fraternité était double. En premier lieu chaque initié, qui était également membre de diverses organisations non-initiatiques plus larges, devait s'efforcer d'influencer ces dernières dans le sens désiré par la fraternité. La fraternité proprement dite n'agissait pas par l'intermédiaire d'un mouvement plus vaste spécialement identifié avec ses objectifs, mais noyautait toutes les organisations qui pouvaient l'intéresser. En second lieu, dans les situations insurrectionnelles, elle visait à provoquer par l'intermédiaire de petits groupes d'initiés dévoués des soulèvements qui devaient entraîner les masses ou réussir à prendre le pouvoir d'une manière ou d'une autre. En attendant la venue d'un climat insurrectionnel, elle avait à faire de l'agitation, du terrorisme individuel ou toute autre action susceptible de hâter la révolution. La meilleure illustration des activités (non rituelles) de ces fraternités nous est fournie par la plus durable d'entre elles, la *Fraternité républicaine irlandaise*, dont les membres étaient plus connus sous le nom de *Fenians*, et qui fonctionne depuis 1850[28].

Les organisations révolutionnaires secrètes, que les gouvernements avaient de bonnes raisons de persécuter, devaient évidemment prendre des mesures pour préserver leur sécurité, et il est naturel que des associations issues de la famille des fraternités artisanales-maçonniques aient adapté dans ce sens leurs rituels. Les « rites pratiques » avaient, nous l'avons vu, une raison d'être utilitaire, de même d'ailleurs que l'organisation hiérarchique des mouvements clandestins au sein desquels les membres d'un groupe ignorent les membres des autres groupes, tandis que les grades inférieurs ne connaissent que leur supérieur immédiat. Mais il est évident que les exigences de la clandestinité telles qu'on les conçoit aujourd'hui ne suffisent pas à expliquer entièrement le décorum excentrique qu'affectionnaient les fraternités classiques et qui nuisait même au secret. Le policier de La Hodde remarque en passant que les fraternités françaises ne devinrent véritablement secrètes que lorsque leur recrutement devint prolétarien, c'est-à-dire, du point de vue policier, anonyme, et que les réunions se tinrent dans des arrière-salles de café et non dans de vastes locaux appropriés dont l'ameublement était en tout état de cause trop riche et trop volumineux pour des bourses modestes. Le long et fastidieux rituel des Carbonari dont nous possédons des descriptions[29] constituait une provocation permanente à la police. Les fantastiques nomenclatures des fraternités n'avaient aucune utilité pratique, contrairement à l'usage des nouvelles organisations révolutionnaires qui se sont généralement efforcées de choisir des noms exprimant leur idéologie ou leur programme. La liste des fraternités existantes dans les Pouilles pourrait inspirer un librettiste d'opéra mais pas un révolutionnaire sérieux : Carbonari de diverses nuances, Maîtres suprêmes, Maçons parfaits, Filadelfi, Edennistes, Hellénistes, Patriotes Européens, les Hommes de Décision, les Hommes du Poignard, les Sans-Chemise, les Sans-Nom, les Illuminés, les Pélerins Blancs, les Trois Couleurs, les Quatre Couleurs, les Sept Lettres, les Huit Lettres, la Secte des Cinq, Saint-Jean Baptiste, La Société des Vénérables Âmes du Purgatoire, l'Oignon, la Tombe Centrale, la Société des saisons, la Belle Constantine, etc.[30] Blanqui, le plus sérieux des révolutionnaires professionnels, constitua même une Société des saisons dont la cellule de base était la « semaine » (six hommes et un chef appelé Dimanche), quatre semaines composant un « mois » commandé par Juillet, trois mois faisant une « saison » commandée par le Printemps et quatre saisons totalisant une « année », sous les ordres de l'étonnamment prosaïque agent révolutionnaire[31]. Il est bien évident que le ritualisme des fraternités avait une fonction sociologique bien distincte des exigences pratiques de l'agitation subversive. La fraternité était à la fois secte religieuse et association politique.

IV

Avant d'examiner les raisons de leur ritualisme excessif, nous pouvons étudier le déclin des fraternités ritualistes. L'âge d'or des fraternités en tant que mouvement d'ensemble uni, au moins théoriquement, se termina avec les révolutions de 1830. Les conspirations de 1830 à 1848 ont peut-être conservé partiellement le modèle carbonariste, mais l'essor des mouvements nationaux et sociaux spécialisés entama leur cohésion. En dehors de l'Europe occidentale, la fraternité révolutionnaire secrète demeura importante, et progressa même dans les périodes de l'histoire du pays intéressé qui correspondirent à la période 1789-1848 de l'Europe de l'ouest. Quelques exemples particulièrement typiques nous viennent de l'Asie du XXe siècle. Par exemple le mouvement terroriste Bengali qui n'avait guère emprunté pour son rituel à la tradition occidentale mais avait puisé son inspiration dans la religion hindoue ; il exaltait le culte de la déesse Kali et préconisait à la fois la révolution, la construction d'un temple dans un endroit « éloigné de la corruption des cités modernes, peu fréquenté par l'homme, dans un air haut et pur, sédatif et tonifiant », et la création d'un ordre religieux dont certains membres seraient des *sanyasis* et dont la plupart des hommes célibataires retourneraient à un *ashram* lorsque la tâche prescrite, la libération de l'Inde, serait accomplie[32]. Mais un déclin général du ritualisme commença pour presque tous les groupes révolutionnaires, particulièrement ceux qui gravitaient autour du mouvement travailliste et socialiste, ce qui était le cas de certains révolutionnaires parmi les plus résolus. Les terroristes Bengalis étaient dans l'ensemble convertis au communisme en 1930, et le noyau communiste irlandais semble être né de scissions dans l'armée républicaine irlandaise. Et le déclin du ritualisme, à son tour émoussait l'attrait des fraternités.

Ce déclin peut être décelé de diverses manières. Il est significatif par exemple que la Société des saisons de Blanqui, après ses premiers échecs, se soit réorganisée et ait adopté une nomenclature beaucoup plus simple (*agents révolutionnaires, chefs de groupe, hommes*). Autant qu'on puisse le savoir, le cérémonial clandestin des nouveaux blanquistes ou de la plupart des groupes narodniks russes correspond bien à ce qu'on pouvait s'attendre à trouver chez des révolutionnaires professionnels clandestins farouchement déterminés, bien qu'égarés, peut-être, politiquement[33]. Mais l'exemple le plus clair du véritable déclin d'une organisation ritualiste est aussi le plus significatif car il touche aux origines du marxisme[34].

En 1834, lorsque l'activité révolutionnaire légale dut à nouveau cesser, une *Ligue de hors-la-loi* (*Bund der Geächteten*) naquit à Paris des cendres d'une société populaire allemande (large organisation d'émigrants allemands). Elle ne comportait pas d'aspects rituels spéciaux. (Il ne faut pas oublier pourtant que la majorité des émigrants allemands étaient des ouvriers nourris dans la tradition du compagnonnage.) La ligue présentait l'habituelle structure pyramidale et une nomenclature d'influence carbonariste : des *Hütten* (loges correspondant aux *ventes* ou *vendite* carbonaristes), *Berge* (montagnes), *Dicasteries*, et la *Nationalhütte* (loge nationale). Plus tard ces termes furent remplacés par une nomenclature militaire : tentes, camps, camps de district et foyers (*Brennpunkte*). Une distinction très nette était faite entre les deux grades inférieurs et les deux grades supérieurs. L'initiation rituelle y existait du moins pour l'entrée dans les *Berge*, mais le ritualisme déclinait déjà. Ainsi, alors qu'à Paris les candidats avaient les yeux bandés, cette pratique n'avait plus cours dans les sections allemandes. Les signes de reconnaissance et les mots de passe étaient naturellement en usage. Il s'agissait soit de questions et de réponses rituelles probablement empruntées à l'héritage maçonnique ou au compagnonnage soit de simples termes idéologiques tels que « vertu civique ». Il y avait un serment, bien que certains observateurs l'aient plutôt considéré comme une déclaration solennelle, car il n'avait pas une forme religieuse.

Les *Hors-la-loi* engendrèrent peut-être la *Ligue des justes*, qui à son tour, sous l'influence de Marx et Engels, devint la *Ligue des communistes*, pour qui fut rédigée le célèbre Manifeste. Les communistes n'étaient plus une fraternité sur l'ancien modèle. Marx, dont l'antipathie pour les fraternités était vive — il avait toujours refusé d'adhérer à l'une quelconque d'entre elles —, y veilla et exigea que tout autoritarisme de type religieux, quel qu'il fût, soit proscrit dans les statuts. La nouvelle association, démocratique mais centralisée, élisait tous ses cadres et pouvait aussi les destituer. Sur le plan pratique, c'était une organisation révolutionnaire tout à fait moderne. Nous avons donc ici un exemple de transition assez complète du quasi-carbonarisme des *Hors-la-loi* au rationalisme total. Le processus tout entier fut réalisé entre 1834 et 1846.

Pourquoi ce déclin et cette chute des fraternités ritualistes ? L'explication la plus simple semble résider dans leur découverte de l'inutilité et même parfois de la nocivité du ritualisme. Celui-ci, qui avait deux fonctions pratiques principales, attacher solidement les membres à leur fraternité et préserver ses secrets, n'était indispensable à aucun de ces deux objectifs. Le Brutus de Shakespeare n'a-t-il pas dit depuis longtemps :

> Non, pas de serment. Si la face des hommes,
> la souffrance de nos âmes, si l'insulte du siècle
> nous sont des motifs trop faibles, brisons là :
> il est temps encore que chacun retourne à son lit
> [douillet…
> Quel besoin peut nous être un éperon, quel
> [aiguillon nous redresser,
> sinon notre propre cause ?

Les hommes forts et résolus savaient garder un secret ; les faibles pouvaient trahir même leur serment. Ce n'est pas le serment mais la cause qui unissait les hommes et il semble bien — mais on n'en est pas sûr — que le serment, même dans de nombreuses fraternités classiques, n'était guère plus qu'une déclaration solennelle et qu'il ait cessé d'être l'élément-tabou que nous avons pu remarquer ici et là. Les rites pratiques contribuaient à la sécurité mais la vraie force de règles de sécurité comme celles de la conspiration, réside dans leur *bon sens.* Les inculquer sous une forme rituelle compromet l'efficacité de leur utilisation. Il n'est donc pas étonnant que chez des terroristes indiens des années 1900, les règles de l'action clandestine, d'ailleurs empruntées aux Russes, fussent très prosaïques, et que les idées religieuses sous-jacentes dans des publications comme le pamphlet Bhowani Mandir eussent été rapidement reléguées à l'arrière-plan, seuls subsistant les serments et les vœux.

Mais cette explication purement pratique du déclin du ritualisme est insuffisante. On peut en suggérer une autre.

Les fraternités ritualistes classiques étaient composées dans leur très grande majorité de ce que de La Hodde appelle des intellectuels en chômage et autres « impuissants » des classes moyennes et supérieures[35]. Elles attiraient aussi un autre milieu à demi déclassé — ayant sa propre prédilection pour le déguisement et les cérémonies —, les officiers et sous-officiers. La révolution que souhaitaient ces hommes était en quelque sorte un bienfait imposé de l'extérieur à ceux qui en bénéficieraient : le peuple n'avait aucune part dans leurs calculs[36]. Ils étaient nationalistes à une époque où la masse de leurs concitoyens ne l'étaient pas encore : l'isolement des Carbonari et des Mazziniens des villes par rapport à la masse paysanne italienne est légendaire. Ils étaient rationalistes — sinon sur le plan de l'organisation, du moins sur le plan idéologique — à une époque où le potentiel révolutionnaire des masses était endigué par la religion traditionnelle. (Paradoxalement, la libre pensée était peut-être plus répandue chez les conservateurs modérés et les Whigs [libéraux].) L'affranchissement de l'humanité de la tyrannie, aussi vaguement conçu qu'il ait été, ne jaillit point, et n'était pas censé jaillir directement des aspirations d'une classe ou d'un groupe particulier. Si nous considérons aujourd'hui les hommes comme « représentatifs » d'une classe quelconque, ils n'en étaient pas eux-mêmes conscients.

La stratégie et la tactique des fraternités classiques étaient donc celles de certaines élites qui s'étaient désignées d'elles-mêmes, imposant la révolution à une masse inerte mais reconnaissante, ou, au mieux, entraînant des masses passives dans l'action par leur exemple et leurs initiatives isolées, comme lors du soulèvement de Pâques à Dublin. Des hommes agissant ainsi dans l'isolement trouvaient que des rites symbolisant leur communion et leur cohésion étaient non seulement utiles mais indispensables. Plus l'isolement, réel ou imaginaire, par rapport au peuple était grand, plus il était amené à développer son propre formalisme.

Mais l'événement crucial des années 1830 — du moins dans un certain secteur du mouvement révolutionnaire — fut le déclin du conspirateur issu des classes moyennes au profit de son homologue ouvrier, et l'essor d'une théorie « prolétarienne » de la révolution. Les blanquistes illustrent bien ce phénomène. Leur catéchisme d'initiation tel que de La Hodde l'a rapporté en 1834 était déjà assez clair. Qu'était le gouvernement ? Il était composé de traîtres qui agissaient dans l'intérêt d'un petit groupe d'exploiteurs, d'aristocrates, de banquiers, de monopolistes et de gros propriétaires, tous exploiteurs de l'homme. Qu'était le peuple ? La masse des citoyens travailleurs vivant en esclavage. Quel était le sort du prolétaire sous le gouvernement des riches ? Celui du serf et de l'esclave. Une révolution sociale était-elle nécessaire ou suffisait-il d'une révolution politique ? Il fallait une révolution sociale. Peu après la composition des sociétés se transforma. « Le recrutement qui s'était fait dans les mauvaises couches de la bourgeoisie va s'opérer exclusivement dans les bas fonds de la classe populaire[37]. » La *Ligue des justes*, également, était le résultat d'une dissidence ouvrière (si l'on peut ainsi qualifier les compagnons artisans allemands) chez les

Hors-la-loi. Elle était dominée par des tailleurs, des imprimeurs et des cordonniers.

On aurait pu croire qu'une telle mutation dans le recrutement serait de nature à favoriser le ritualisme, des hommes dépourvus d'instruction et politiquement peu évolués étant plus sensibles à la solennité des serments secrets et du cérémonial. En fait — du moins dans les organisations blanquistes —, le ton du catéchisme d'initiation était devenu plus vif, les phrases plus tranchantes, la terminologie plus simple à mesure que la Société (prolétarienne) des saisons remplaçait la Société petite-bourgeoise des familles. Mais comme nous l'avons vu, le catéchisme était un document politique tout à fait rationnel. De telles variations mineures dans le style des organisations secrètes ne changent rien au fait que leur prolétarisation marqua le déclin du ritualisme qui ne leur était plus tellement nécessaire. Car le révolutionnaire prolétaire (ou l'intellectuel qui s'identifiait à lui) n'avait que faire des formules romanesques. Il était, de par sa définition révolutionnaire, porté par le courant historique prolétarien, il faisait corps avec lui. S'il était ouvrier, il appliquait avec les autres ouvriers (à condition qu'ils fussent imbus de l'esprit de classe) la stratégie qui leur paraissait convenir à leur situation sociale. Pour ces ouvriers à l'esprit de classe, la difficulté était de *ne pas* appartenir ou de ne pas sympathiser avec « le mouvement ». S'il était un intellectuel, il lui suffisait d'observer les ouvriers pour avoir le sentiment de faire partie d'une collectivité « naturelle ». Les groupes d'élite cessèrent d'être des unités de combat autonomes pour devenir selon la phrase de Lénine « les avant-gardes » d'une grande armée. L'avant-garde était peut-être à créer, mais l'armée était déjà là. L'histoire l'avait formée, la ferait croître et assurerait son triomphe. Marx n'était pas opposé aux fraternités secrètes simplement parce qu'il éprouvait un dégoût naturel et compréhensible pour le cabotinage politique et donc pour des gens comme Mazzini, mais parce que son type de mouvement suscitait plus de ralliements profonds chez un plus grand nombre de gens que les conspirations para-maçonniques.

Il serait imprudent de pousser plus loin nos hypothèses en l'état actuel de nos connaissances. Des travaux importants devront encore être effectués par des chercheurs sérieux (et non par des charlatans) sur les sociétés révolutionnaires secrètes des cent cinquante dernières années dans le monde entier avant que l'on puisse parler avec certitude de ce phénomène. Leurs rapports avec les mouvements de libération nationale, qu'il faut distinguer des mouvements de libération sociale, leurs liens avec les diverses traditions locales ou leurs emprunts aux traditions occidentales, leurs contacts avec les mouvements Primitifs du genre de ceux que nous avons examinés aux chapitres précédents, doivent être étudiés. Ce que nous avons expliqué ici s'applique aux fraternités qui furent éventuellement, directement ou indirectement, absorbées dans les mouvements ouvriers ou socialistes, mais pas nécessairement aux autres.

Leur absorption s'opéra assez facilement. Nombreux sont ceux de leurs membres qui, dans la mesure où ils n'étaient pas des révolutionnaires fantaisistes, passèrent dans des mouvements non ritualistes et y occupèrent des postes de choix : on peut le voir en suivant les carrières de ceux des membres fondateurs de la *Ligue des justes* ou des associations blanquistes dont nous possédons l'histoire. La forme d'organisation conspiratrice qu'ils créèrent continua, dépouillée de son ritualisme, à rendre d'utiles services chaque fois que la situation exigeait un dévouement total et une action illégale dangereuse. Les bolchevik de Lénine doivent plus qu'ils n'ont voulu le reconnaître à l'expérience et aux méthodes de la tradition buonarrotiste et populiste, bien que Marx dans son antiritualisme se soit efforcé d'introduire délibérément une atmosphère de parfait et total réalisme jusque dans les activités de cape et d'épée les plus romanesques ; comme le montre leur appellation populaire, celles-ci compensent par un certain fond de romantisme la tension considérable dans laquelle vivent les hommes qui en sont les héros. Les fraternités plus anciennes déclinèrent parce que la politique cessa d'être fondée sur la conspiration, sauf dans les circonstances limitées qui offraient encore là et là un terrain propice au genre d'activités qui les intéressait. En fait, le temps s'est chargé de résoudre le problème des fraternités. Celles-ci étaient « primitives » parce qu'elles représentaient une forme archaïque d'organisation révolutionnaire qui devait compenser de diverses manières leur manque de stratégie, de tactique et de perspectives politiques. Dans la mesure où ces mouvements révolutionnaires survécurent au-delà de cette étape, ils devinrent inutiles et, comme les blanquistes après la Commune, furent parfois oubliés, perdus de vue dans de plus vastes activités, parlementaires ou non, qui soutenaient leur cause. Mais leur archaïsme était devenu largement fortuit : la combinaison d'une certaine forme d'action propre à une élite isolée et d'un héritage historique de recettes idéologiques et d'organisation. À l'encontre des autres mouvements examinés dans ce livre, ceux-ci appartiennent à l'histoire plus qu'à la préhistoire des mouvements sociaux modernes, mais à une phase très précoce de cette histoire.

Appendice

La voix des rebelles

1. Lettre de Pasquale Tanteddu, hors-la-loi et bandit (Sardaigne, 1954).

2. Le brigand Vardarelli secourt les pauvres (Pouilles, 1817).

3. Interrogatoire d'un brigand bourbonien.

4. Donato Manduzio démasque un faux apôtre.

5. Une paysanne de la « bonne société » (Piana dei Greci, 1893).

6. Une commune paysanne qui n'a pas été corrompue par l'influence citadine (Ukraine, 1918).

7. Les paysans se méfient des gouvernements (Ukraine, 1917).

8. La volonté du Tsar (Ukraine, 1902, 1905).

9. Conversation avec Giovanni Lopez, cordonnier (Calabre, 1955).

10. Deux sermons grévistes de la mine de Loray (Caroline du Nord, 1929).

11. Un syndicaliste du Lincolnshire : Joseph Chapman (Alford, 1899).

12. Les « Hommes de décision » recommandent un frère (Lecce, Pouilles, 1817).

13. Quelques serments secrets (Angleterre, vers 1830, Naples, 1815-20, Paris, 1834).

*

Les documents rassemblés ici ne sont pas destinés à illustrer tous les aspects du texte mais à aider le lecteur — s'il en a besoin — à penser et à se mettre dans la peau des héros des révoltes archaïques dont il est question dans ce livre. Je n'ai pas cherché systématiquement ces « dossiers », me contentant simplement de reproduire les documents appropriés que j'ai pu rencontrer au cours de mes lectures sur le sujet. L'un des documents est le texte d'une interview tel qu'il a été enregistré au cours d'une conversation d'une heure.

Le lecteur trouvera peut-être utile de lire ces documents soit pour goûter l'atmosphère qu'ils traduisent, soit pour les analyser lui-même à la lumière du texte qu'ils illustrent de diverses façons. Les documents 1, 5, 6, 9 et 11 sont probablement ceux dont l'analyse minutieuse offre le plus d'intérêt. Le document 1 illustre l'action du style Robin des Bois, l'égocentrisme et la flamboyance de l'individualiste, champion et vengeur du pauvre; le document 3 le loyalisme et la foi surnaturelle dans le roi et l'église. Le document 4 nous fait entrer dans le monde des ferments religieux dont jaillirent le millénarisme et les sectes ouvrières. Le document 5, qui est par plusieurs côtés le plus important des documents présentés ici, constitue un exposé clair et concis de l'idéal des paysans révolutionnaires, tandis que le document 6 offre une description de sa mise en œuvre. Le document 6 et le document 7 illustrent la profonde méfiance des paysans révolutionnaires à l'égard de « la ville ». Le document 8 nous montre la foi en la « justice du roi » et l'artifice millénariste de l'« ordre nouveau » tant attendu, ou du « manifeste en lettres d'or » instituant la liberté. Il projette une lumière nouvelle sur la force destructive des révolutionnaires archaïques. Dans le document 9 le lecteur trouvera une interprétation sociale de la Bible, l'anticléricalisme et le désir d'égalité, mais aussi le mélange caractéristique de l'amour fraternel et de l'implacabilité (comparer aussi le texte 5 avec le texte 11). Le document 10 montre à la fois une conscience politique profondément primitive et non évoluée, et une interprétation de la religion fondée sur « l'autre vie », qui tout en considérant la primauté du salut et la supériorité de Dieu sur les richesses terrestres, reste cependant axée sur la protestation sociale. Le document 11 recèle les implications du millénarisme (voir aussi les textes 5 et 9), l'hostilité aux prêtres et aux « professeurs stériles et inutiles », l'exclusion du millénium de ceux que ne guident point l'esprit de Dieu et le ressentiment contre l'inégalité sociale. Mais ces sentiments sont émoussés en un réformisme modéré. Le document 12 illustre le cabotinage des fraternités secrètes sous sa forme la plus spectaculaire. Le document 13 enfin donne des exemples de serments secrets et préfigure le déclin du ritualisme.

1. Lettre de Pasquale Tanteddu, hors-la-loi et bandit

Source : F. Cagnetta, « Inchiesta su Orgosolo », dans *Nuovi Argomenti* (sept.-oct. 1954), pp. 209-11. Pasquale Tanteddu naquit à Orgosolo en 1926. Il a été hors-la-loi depuis 1949. En 1953 il fut condamné par contumace par la cour d'assises de Cagliari pour les massacres de Villagrande et « sa verula », accusé du meurtre de six carabiniers, de neuf tentatives de meurtre contre des carabiniers, de deux vols, de création de bandes criminelles, etc. Il a été acquitté provisoirement (*in absentia*) des meurtres de Nicolo, Giovanni et Antonio Taras supposés indicateurs de police. La récompense pour sa capture était en 1954 de 5 millions de lires. La lettre fut adressée à Rome où elle arriva le 8 août 1954. Le docteur Cagnetta, qui s'est livré à un important travail sociologique dans le village, décrit Tanteddu comme « un bandit très populaire à Orgosolo car on estime généralement que, contrairement à Salvatore Giuliano par exemple, il n'a jamais commis de crimes contre « les pauvres » et n'a jamais accepté de servir les « seigneurs ».

Mario Scelba, dont il est question dans la lettre était ministre italien de l'intérieur puis premier ministre. Salvatore Giuliano est le célèbre bandit sicilien.

C'est délibérément que j'ai respecté la gaucherie du style.

Cher Cagnetta,

Ayant été informé que vous avez été à Orgosolo dans l'intention de dénoncer à l'opinion publique par le moyen des journaux notre situation tragique et puisqu'il n'était pas possible pour vous de m'interviewer personnellement parce que je dois éviter les espions et autres fauteurs de troubles, je me fais écrire cette lettre par d'autres puisque je ne sais même pas signer mon nom et je vous adresse cette lettre pour éclaircir tous ces mensonges qui sont écrits et répétés dans les journaux

— moi qui n'ai jamais vu un seul journaliste, quels clowns ils font ! — et les mensonges qui circulent dans les bouches de tant de fainéants qui essaient de profiter de ma triste situation de hors-la-loi illettré. Surtout je désire que vous donniez une belle forme littéraire et exacte aux faits que je vais maintenant souligner.

Je veux commencer avec la première persécution. La première fois que je fus accusé c'est pour m'être battu. J'avais seize ans et j'étais un berger. Alors que nous étions dans l'étable un de mes compagnons, je ne sais pourquoi, abusa de sa force et me traîna par les jambes jusqu'au milieu de la pièce : je me retrouvai avec un poignard à la main et je voulais lui faire peur pour qu'il me lâche alors je fis un geste de la main mais il changea de position à ce moment-là, et la pointe du couteau entra dans sa colonne vertébrale. On m'arrêta et le tribunal pour enfants de Cagliari m'acquitta après six mois de prison.

En 945 (*sic*) j'ai été accusé d'avoir volé des chevaux par un autre palefrenier qui après avoir été torturé par les *carabinieri* a été obligé de donner mon nom et celui d'un autre collègue.

En 947 (*sic*), pendant que j'assistais à une audience du tribunal de Nuoro j'ai été tout à coup bousculé par un carabinier qui dit que je provoquais du désordre. J'ai essayé de me justifier disant que je n'avais rien fait mais quand il m'a vu répondre il s'est jeté sur moi. Quand je l'ai repoussé il est tombé par-dessus la balustrade. Un groupe de policiers m'a alors saisi par la peau du cou pour m'emmener aux cellules. On m'accusa de crime d'outrage et violence et après quatre mois en prison j'ai été condamné à quatorze mois.

Après avoir purgé ma peine j'ai travaillé chez moi avec un troupeau de moutons qui nous appartenait et je m'occupais d'un jardin que nous avions loué ensemble avec mon frère Pietro. Il avait été un partisan, il avait compris la vraie situation de l'exploitation et de l'oppression par les riches contre nous qui sommes pauvres. Le fait qu'il était un homme de ce genre rendait les propriétaires et les espions fous contre lui dans le pays. Et en 1949 moi et mon frère on nous recherchait pour nous envoyer au *Confino* simplement pour ça. Nous avons essayé de nous échapper parce que nous savions que nous étions innocents. Mais quand on est devenu un oiseau de la forêt, les *marescialli*, soutenus par les riches, essayent de vous mettre tous les crimes sur le dos. Le plus fidèle « Benjamin » était le *maresciallo* Loddo qui avait les pleins pouvoirs à Orgosolo pendant deux ou trois ans pour jouer les saints inquisiteurs envoyant au *Confino* tous ceux qui voulaient échapper à son joug et menaçant du *Confino* ceux qui avaient un casier et pas de caractère et les achetant et les forçant à collaborer avec lui. Ils ont monté tellement de machinations criminelles qu'à la fin eut lieu le massacre de « sa verula » où tous ces pauvres carabiniers perdirent la vie qui peut-être ignoraient tout des plans insensés des *marescialli* Loddo, Ricciu et Serra, les chefs inquisiteurs de la région de Nuoro. Et les frères Tanteddu furent accusés de ces homicides et de tous les autres. Et bien que toutes les autres accusations portées contre moi par Loddo, au nombre de dix aient été rejetées par les tribunaux celle-là ne le fut pas grâce au plus infâme dénonciateur des annales de la Sardaigne le fameux Mareu Sebastiano digne serviteur de ces *marescialli* assoiffés d'injustice et de désordre. Et je devais être condamné aux travaux forcés et il devait recevoir la « récompense de la bonne conduite » des mains de l'assassin sicilien Mario Scelba (la même récompense qu'il donna aux Lucas après qu'ils eurent trahi et tué leur ami Salvatore Giuliano le meurtrier des ouvriers). Cet indicateur méprisable qui réussit à incriminer tellement d'honnêtes citoyens dit qu'il me reconnaissait d'après une photo de groupe qui avait été prise quand j'étais enfant, et à une époque où je souffrais de la fièvre pernicieuse et où j'étais tellement maigre que personne à Orgosolo ne pouvait me reconnaître. Je suis surpris que les juges aient accepté de croire un aussi misérable individu et j'espère que la cour d'appel me rendra justice.

Ceci est vrai pour « sa verula » comme pour Villagrande car je suis innocent et je ne veux pas payer pour des crimes qu'on a traîtreusement mis sur mon dos.

C'est à cause des répugnantes actions et des méthodes viles et criminelles des carabiniers que le pays vit dans une lutte terroriste secrète.

En fait cette soi-disant police qui ne connaît que les « machinations répugnantes » s'efforce de retrouver ma trace par tous les moyens et parce qu'elle ne peut pas m'atteindre elle s'en prend à ma famille. Peut-être elle pense que l'arrestation de mon frère, un garçon qui n'a jamais été accusé de quoi que ce soit et qui s'occupe du troupeau et de ma sœur qui était seule à la maison après la mort de ma pauvre mère et de mon pauvre père, un vieil homme paralysé, m'obligera à me rendre.

Ou peut-être elle s'attend à me voir devenir un agneau devant tant d'injustice, à la place d'un criminel, ce que je ne suis pas.

La preuve que je ne suis pas un assassin c'est que si j'en étais un, après tout ce qu'on m'a fait, je devrais tuer au moins dix policiers chaque jour et peut-être quelques-uns de cette meute ridicule que Scelba a envoyée dans notre campagne qui a tant besoin d'améliorations agricoles, de technique, de tracteurs et non de policiers, de prêtres et d'espions. Et si ce n'est pas mon destin de mourir ils ne me prendront jamais même s'ils se lancent à dix mille derrière moi.

Je déteste la vie de hors-la-loi mais je préférerais cent fois être mort qu'envoyé aux galères. Ma tête souffre terriblement lorsqu'ils m'enferment et je mourrais certainement. Mon seul désir est de voir le *Confino*, les primes de capture de la police, le chômage et l'exploitation des ouvriers abolis et ainsi de voir notre pays martyr vivre une vie de paix tranquille et de progrès civil.

Pasquale TANTEDDU.

2. Le Brigand Vardarelli secourt les pauvres

Source : A. Lucarelli, *Il Brigantaggio Politico del Mezzogiorno.*

a) De Matteis, juge à Andria, rend compte au procureur de la Haute Cour à Triani le 11-2-1817 :

En partant à cheval, Don Gaetano Vardarelli appela l'intendant et lui ordonna de distribuer sur le champ un *rotolo* (3 livres environ) de pain à chaque travailleur de la propriété. Il était impossible de procéder à cette dsitribution immédiatement car il y avait cent travailleurs et le stock de pain était insuffisant. Don Gaetano ordonna donc à l'intendant d'exécuter ses ordres le plus rapidement possible et si à son retour il apprenait qu'un seul travailleur n'avait pas reçu son pain il tuerait l'intendant comme il avait déjà tué deux intendants dans d'autres propriétés.

b) Gaetano Vardarelli au maire d'Atella.

Moi, Gaetano Vardarelli, vous ordonne et vous commande de réunir tous les propriétaires de la commune d'Atella, et de leur faire comprendre qu'ils autoriseront dorénavant tous les pauvres à glaner sur leurs terres sinon il leur en cuira dans le bas du dos et je sais ce que je dis.

Gaetano VARDARELLI,
Commandant de la Patrouille montée Éclair.

c) Gaetano Vardarelli au maire de Foggia.

Monsieur le maire, vous serez assez aimable d'ordonner à tous les propriétaires en mon nom de cesser de donner leurs glanures à leurs bestiaux et de laisser glaner les pauvres et s'ils restent sourds à mon ordre je brûlerai tout ce qu'ils possèdent. Faites cela et je vous saluerai avec respect et je vous avertis que si je reçois la moindre plainte indiquant que vous n'avez pas exécuté mes ordres je vous tiendrai pour responsable.

Le 30 juin 1817 Moi, VARDARELLI.

3. Interrogatoire d'un brigand bourbonien

Source : Maffei, *Brigand Life in Italy*, II, pp. 173-77.

Le Juge. — Si telles sont vos convictions pourquoi vous et vos compagnons ne vous êtes-vous pas rendus ? Vous deviez savoir que, haïs comme vous l'étiez par toute la population, votre vie était constamment en danger ? Vous savez que le village de Sturno qui était effrayé par les rumeurs exagérées du nombre de brigands qui l'entouraient dès qu'il se serait débarrassé des deux ruffians qui y avaient pénétré, hisserait à nouveau les armes de Victor-Emmanuel et bénirait son nom et l'unité italienne.

Le Brigand. — Nous combattions pour la Foi.

Juge. — Qu'entendez-vous par la Foi ?

Brigand. — La Sainte Foi de notre religion.

Juge. — Mais vous savez sûrement que notre religion condamne le vol, l'incendie volontaire, le meurtre, la cruauté et tous les méfaits impies et barbares par lesquels chaque jour le brigandage laisse sa marque et que vous-même et vos compagnons avez perpétrés.

Brigand. — Nous combattions pour la Foi et nous avions la bénédiction du pape et si je n'avais pas égaré un document qui venait de Rome vous seriez convaincu que nous combattions pour la Foi.

Juge. — Quel genre de document était-ce ?

Brigand. — C'était un document imprimé qui venait de Rome.

Juge. — Mais quel était le contenu de ce document ?

Brigand. — Il disait que tous ceux qui combattent pour la cause sacrée du pape et de François II ne commettent pas un péché.

Juge. — Vous souvenez-vous de quelque autre chose dans ce document ?

Brigand. — Il disait que les vrais brigands sont les Piémontais qui ont pris son royaume à François II, qu'ils étaient excommuniés et que nous sommes bénis par le pape.

Juge. — Au nom de qui ce document était-il écrit et quelles en étaient les signatures ?

Brigand. — Le document était une commission au nom de François II et était signé par un général qui avait un autre titre dont je ne me souviens pas plus que de son nom. Un ruban y était attaché par un sceau.

Juge. — De quelle couleur étaient le ruban et le sceau et que représentait le sceau ?

Brigand. — Le ruban était blanc comme le drap et le sceau était blanc avec en relief l'effigie de François II et des lettres qui parlaient de Rome…

Juge. — Comme il est impossible de penser que le pape pourrait bénir de tels méfaits ou que François II pourrait compromettre sa dignité de roi en ordonnant des meurtres, des extorsions et des incendies même s'il pouvait espérer par des moyens aussi déshonorants recouvrer sa couronne, ce que vous avez affirmé doit être faux.

Brigand. — Eh bien puisque vous avez fait venir les *bersagglieri* et que je dois être fusillé, — car je sais que je vais mourir — je vous dis que j'avais ce document et que son contenu était tel que je vous l'ai décrit ; et si un de mes compagnons vient à être arrêté comme moi vous serez alors convaincu que je n'ai pas menti.

Juge. — Que vous conserviez sur votre poitrine une médaille à l'effigie de François II n'est pas surprenant car vous estimez que lorsque vous tuez, rançonnez et volez vous combattez pour lui. Mais que tout en commettant de telles infamies vous gardiez, comme un témoin et l'on pourrait même dire, si les mots n'étaient pas impies, comme un complice de vos crimes, la Sainte Vierge attachée à votre poitrine en cette crasseuse médaille de la *Madonna del Carmine* est étonnant. Non content de me montrer que votre religion est plus impie et plus pervertie que la religion des diables eux-mêmes, si tant est que les diables ont une religion, il faut encore que vous adressiez à Dieu la plus infernale de toutes les insultes !

Brigand. — Moi et mes compagnons gardons la Vierge comme protectrice et si j'avais gardé la commission portant la bénédiction je n'aurais certainement pas été trahi.

Apprenant que l'heure de l'exécution approchait, il répondit : « Je confirmerai tout ce que j'ai dit au confesseur si comme je l'espère on m'en accorde un. »

4. Donato Manduzio démasque un faux apôtre

Source : Elena Cassin, *San Nicandro, Histoire d'une conversion* (Paris, 1957), pp. 28-30.

Donato Manduzio était le fondateur et le chef d'une petite communauté de gens convertis au judaïsme à San Nicandro, province de Foggia, dans les Pouilles. La communauté fut créée vers 1930 et la plupart de ses membres ont depuis émigré en Israël. Le jeune homme qui lui rend visite (inspiré semble-t-il par la littérature des missionnaires protestants) croit être le cheval blanc de l'Apocalypse. (« Et je vis un cheval blanc : et celui qui le montait portait un arc, et une couronne lui fut donnée et il partit pour vaincre et conquérir. » Apocalypse, 6, 2). On imagine qu'il exhorte Manduzio, le nouveau Christ, à entrer dans Rome, nouvelle Jérusalem. Le parallèle avec le roi Pépin provient des *Reali di Francia*, un recueil de romans chevaleresques très populaire en Italie du Sud. Soit dit en passant, c'était la lecture non religieuse préférée de Davide Lazzaretti. L'incident illustre le ferment apocalyptique intense mais quelque peu chaotique d'une société paysanne de formation médiévale.

« Un soir, c'était un jeudi, un jeune homme vint à lui et lui demanda si c'était là la maison d'Israël. Il déclara être « un envoyé du Seigneur », venu lui annoncer l'imminence du Royaume des Cieux et ajouta « Je suis le Cheval Blanc ». Manduzio, sceptique était sur ses gardes mais le jeune homme continua à parler de la Bible et du peuple élu si bien que Manduzio ne put faire autrement que de l'inviter à dîner et à passer la nuit, agissant comme le patriarche Abraham n'aurait pas manqué de faire en pareille circonstance. Le jour suivant le jeune homme déclara que Donato était un docteur de la loi et qu'ils devaient écrire au rabbin de Rome de l'inviter et de le faire venir à Rome. Les soupçons de Donato grandissaient et pour éprouver le jeune homme il lui demanda d'écrire à Rome lui-même… Le jeune homme écrivit la lettre. Ce soir-là sa « malice » commença à percer. Manduzio lui demanda tout à coup « qui est le vrai Fils de Dieu » et le jeune homme — fidèle au proverbe selon lequel « celui qui a du fiel dans l'estomac ne peut pas vomir du sucre » — répondit sans hésitation « Jésus-Christ ». Donato tremblant d'émotion lui fit alors lire l'Exode 4, 22-3, les Psaumes 2, 1 et Osée 11, 1 et le jeune homme répondit : « Oui, c'est vrai mais celui-là était aussi son fils. » Donato alors lui répondit que selon Isaïe 56, 4-5, tous ceux qui observent le sabbat et la loi sont les Enfants du Seigneur. Après cet incident qui eut lieu le vendredi soir Donato pria Dieu de lui faire connaître dans une vision la vérité sur l'inconnu ; et cette nuit-là il vit un arbre et dans l'arbre une fillette avec un couteau à émonder. Elle lui montra une branche morte et lui dit de couper cette branche car elle était pourrie. Donato commença à couper la branche et la vision disparut. Donato médita : la vision était claire, le jeune homme devait être chassé.

Le samedi matin comme à l'habitude, le petit groupe de Frères et Sœurs se réunit à la maison de Manduzio : une lampe brûlant à l'huile d'olive éclairait leur prière commune. Le jeune homme arriva et voyant la lampe allumée s'écria : « Il n'est plus besoin de lampe car le Messie est arrivé. » Manduzio lui répondit qu'il mentait mais que Dieu lui pardonnerait s'il était bon. Le jeune homme répondit que lui Manduzio était mauvais puisqu'il lui refusait sa confiance. À ce moment les Frères et les Sœurs intervinrent demandant à Donato de laisser le jeune homme en paix et de le laisser faire ou croire ce qu'il voulait. Manduzio nota dans son journal qu'à ce moment il comprit comment les enfants d'Israël « étaient capables de tuer le vrai prophète pour suivre le mauvais berger qui transgressait la loi » (I Rois, 19, 14). Mais l'image qui se présenta spontanément à son esprit fut celle du roi Pépin qui — lorsqu'il vit qu'Élise, qui avait pris dans son lit la place de Berthe aux Grands Pieds, l'avait trompé — voulut jeter la traîtresse et les deux fillettes qu'il avait eues d'elle dans le feu mais en fut empêché par ceux qui l'entouraient.

5. La Bonne Société

Source : Adolfo Rossi, *L'Agitazione in Sicilia* (Milan 1894), p. 69 et suiv. C'est une paysanne de Piana dei Greci (province de Palerme) qui parle à un journaliste du Nord lors du soulèvement paysan de 1893.

Nous voulons que chacun travaille, comme nous travaillons. Il ne devrait plus y avoir de riches ou de pauvres. Chacun devrait avoir du pain pour soi et ses enfants. Nous devrions tous être égaux. J'ai cinq enfants et une seule petite pièce où nous devons manger, dormir, tout faire, pendant que tant de seigneurs (signori) ont dix ou douze pièces, des palais entiers.

— Et donc vous voulez le partage des terres et des maisons ?

— Non. Il suffirait de mettre tout en commun et de partager équitablement ce qui est produit.

— Et ne craignez-vous pas qu'avec ce collectivisme, des personnes à l'esprit confus ou des escrocs ne viennent profiter de la situation ?

— Non car il faudrait que règne un esprit fraternel et si quelqu'un transgressait cet esprit il serait puni.

— Comme vous entendez-vous avec vos prêtres ?

— Jésus était un vrai socialiste et il voulait précisément ce que les Fasci réclament, mais les prêtres ne le représentent pas bien, surtout ceux qui font les usuriers. Quand le Fascio fut fondé nos prêtres étaient contre et disaient au confessionnal que les socialistes sont excommuniés. Mais nous leur répondions qu'ils avaient tort et en juin nous protestâmes contre la guerre qu'ils faisaient au Fascio, personne ne suivit la procession du Corpus Domini. C'était la première fois qu'une telle chose se produisait.

— Acceptez-vous au Fascio les personnes convaincues de crimes ?

— Oui mais il n'y en a que trois ou quatre sur des milliers et nous les avons acceptés pour les rendre meilleurs car s'ils ont volé un peu de grain ils ne l'ont fait que parce qu'ils étaient pauvres. Notre président a dit que le but du Fascio est de donner à tous les hommes des raisons de ne plus commettre aucun crime. Si le peuple les rejetait aussi ils commettraient d'autres crimes. La société devrait nous être reconnaissante de les admettre au Fascio. Nous sommes pour la charité, comme le Christ.

6. Une commune paysanne qui n'a pas été corrompue par l'influence citadine

Source : Nestor Makhno, *La Révolution russe en Ukraine — Mars 1917-Avril 1918* (Paris, 1927), pp. 297-79. La commune est une de celles qui furent fondées à Gulai-Polye, par Nestor Makhno en Ukraine méridionale, entre le Dniepr et le Don, au nord de la mer d'Azov. Makhno (dont les mémoires nous fournissent cet extrait) était un anarchiste rural remarquablement doué pour mener les hommes à la guerre, dont les troupes paysannes, indépendantes des bolchevik ou des blancs (mais alliées avec ceux-ci contre ceux-là) eurent un rôle capital dans la guerre civile en Ukraine. Il incarne lui-même les caractéristiques de l'anarchisme paysan avec une précision remarquable. À l'exception du premier volume, ses intéressants mémoires n'existent qu'en russe. L'histoire de la Makhnovchtchina n'a hélas été écrite que par des exégètes qui l'idéalisent et l'embellissent ou par des adversaires qui la noircissent. Le compte rendu le plus classique est encore celui de P. Arcinov, disponible en russe, en allemand et en français et au British Museum dans l'édition italienne plus récente. (P. Arcinov, *Storia del Movimento Makhnovista* 1918-1921, Naples, 1954.)

Les *pomechiki* sont des aristocrates et les nobles propriétaires terriens. Les *koulaks* sont les riches paysans. Les *skods* sont les réunions périodiques de toute la communauté villageoise.

Dans chacune de ces communes il y avait quelques anarchistes paysans mais la majorité de leurs membres n'étaient pas anarchistes. Pourtant dans leur vie communale ils se comportaient avec cette solidarité anarchiste dont sont seuls capables dans la vie courante ces travailleurs dont la simplicité n'a pas été infectée par le poison politique des villes. Car les villes sentent toujours le mensonge et la trahison, dont nombre de nos camarades qui se disent anarchistes ne sont pas exempts.

Chaque commune comprenait dix familles de paysans et d'ouvriers soit un total de cent, deux cents ou trois cents membres. Par décision du Congrès régional des communes agraires, chaque commune recevait une superficie normale de terre, c'est-à-dire autant que ses membres pouvaient en cultiver, située dans le voisinage immédiat de la commune et composée des terres ayant appartenu aux pomechiki. Elle recevait aussi du bétail et de l'équipement provenant des anciennes propriétés.

Ainsi les travailleurs libres des communes se mirent à l'ouvrage au son des chants libres et joyeux qui reflétaient l'âme de la Révolution et des travailleurs qui étaient morts pour elle ou qui avaient lutté de longues années pour le grand idéal de justice qui devait triompher de l'oppression et devenir le flambeau de l'humanité. Ils semaient et cultivaient leurs jardins confiants en eux-mêmes, fermement résolus à ne jamais laisser les anciens propriétaires reprendre la terre que les paysans avaient maintenant conquise sur ceux qui ne l'avaient jamais travaillée…

Les habitants des hameaux et des villages bordant les communes n'avaient pas encore acquis une conscience politique et n'étaient pas encore affranchis de leur servage sous les *koulaks*. Ils étaient donc jaloux des habitants des communes et plus d'une fois avaient fait mine de reprendre bétail et équipement, tout ce que les habitants des communes avaient pris au pomechiki. Ils voulaient partager cela entre eux. « Les habitants des communes libres pourront toujours nous le racheter plus tard s'ils le désirent », disaient-ils… Mais ces velléités étaient très sévèrement accueillies aux assemblées générales de village et aux congrès par la très grande majorité des travailleurs qui voyaient dans les communes agraires le germe vigoureux d'une nouvelle vie sociale qui progressait à mesure que la Révolution se rapprochait de son triomphe. Ils savaient qu'elle se développerait et stimulerait la création d'une société semblable pour l'ensemble du pays ou du moins dans les hameaux et les villages de notre région.

7. Les paysans se méfient des gouvernements

Source : Nestor Makhno, *op. cit.*, pp. 166-7. Bien que Gulai-Polye ne fût pas vraiment, isolée les nouvelles de la Révolution d'octobre n'y arrivèrent pas avant la fin novembre. La méfiance envers les gouvernements reflétée dans cet extrait n'empêcha pas les paysans d'accueillir avec joie les nouvelles de la Révolution particulièrement dans les régions de Zaporojhe et de la mer d'Azov car ils y voyaient la confirmation de leurs propres occupations des terres d'août 1917 (Makhno, p. 165). Le principal groupe révolutionnaire de Gulai-Polye étant constitué par les anarchistes il fallait s'attendre à une extrême méfiance à l'égard des Bolcheviks mais il n'y a aucune raison de douter que des sentiments comme ceux qui sont exprimés ici fussent largement répandus dans la paysannerie « non politisée » chez laquelle des siècles d'oppression avaient créé une hostilité passive mais résignée à toute autorité extérieure à la communauté villageoise.

« Quant à la masse des travailleurs ukrainiens, particulièrement les paysans des villages asservis ils ne voyaient guère plus dans le nouveau gouvernement socialiste (de novembre 1917) qu'un autre gouvernement comme tous les autres dont ils ne sentaient l'existence que lorsqu'il volait les paysans avec ses taxes, recrutait des soldats ou intervenait par quelque autre violence dans la dure existence de ceux qui travaillaient. On pouvait souvent entendre les paysans exprimer leur véritable opinion sur les régimes prérévolutionnaires et révolutionnaires. Ils avaient l'air de plaisanter mais en réalité ils parlaient très sérieusement et toujours avec amertume et hostilité. « Lorsque nous eûmes chassé le clown (*dourak*) Nico (Nikolko) Romanoff, disaient-ils, un autre clown essaya de prendre sa place, Kerensky, mais il lui fallut partir aussi. Qui va maintenant faire le clown à nos frais ? Le Seigneur Lénine. » D'autres disaient cependant : « Il faut pourtant un clown (et par le terme « dourak » ils désignaient toujours le gouvernement). La ville n'a pas d'autre raison d'être. L'idée de ville et le système citadin sont nuisibles. Ils favorisent l'existence de *dourak*, le gouvernement. »

8. La volonté du Tsar

Poltava 1902.

Source : Souvenirs des troubles agraires dans la Gouberniya de Poltava, *Istoritcheski Vyestnik* (avril 1908) reproduit par R. Labry dans *Autour du Moujik* (Paris, 1923).

« Notre village tout entier participa au pillage de la propriété de G. Cela se produisit si rapidement qu'à midi c'était terminé. Les paysans retournèrent chez eux joyeux en chantant. Nous étions à table, mais à peine avions-nous avalé notre première cuillerée à soupe que [je reçus] un mot… m'apprenant que nous serions pillés à 3 heures… L'heure fatidique n'était pas encore arrivée lorsque mon intendant se présenta pour annoncer l'approche des paysans…

— Que voulez-vous ? leur demandais-je.

— Exiger du blé, vous obliger à nous donner du blé, répondirent en chœur plusieurs voix.

— C'est-à-dire que vous êtes venus pour piller ?

— Pour piller, si vous voulez cria un jeune homme dans la foule.

Je ne pouvais m'empêcher de penser à la façon dont je les avais traités depuis si longtemps.

— Nous n'y pouvons rien, dirent plusieurs voix, nous ne faisons pas cela en notre nom mais au nom du Tsar.

— C'est la volonté du Tsar, cria une voix.

— Un général a distribué cet ordre au nom du Tsar dans les campagnes ajouta une autre.

Je dois dire qu'au début de l'agitation une rumeur persistante circulait dans le peuple selon laquelle un général était arrivé de Petersbourg, un émissaire du Tsar, avec mission de faire connaître au peuple un manifeste écrit “en lettres d’or”... On disait que de faux sergents de police faisaient la tournée des villages en distribuant au peuple de prétendus “décrets”. Le paysan croit facilement ce qui sert ses intérêts. Il accepta donc ces fables au sujet d’un général. Aucun de mes voisins ne l’avait vu mais Untel et Untel l’avaient vu et cela suffisait pour que chacun crût en l’existence de ces imposteurs et de leur mission.

De toute façon, *barine*, ajoutaient mes voisins, si vous ne donnez rien à vos paysans les étrangers viendront et prendront tout. S’ils savent que vous avez été pillé ils s’abstiendront. Nous ne vous ferons aucun mal mais les autres, qui sait ce qu’ils feront ? »

Tchernigov 1905.

Source : Les troubles agraires dans la Gouberniya de Tchernigov en 1905, *Istoricheski Vyestnik* (juillet 1913), reproduit dans Labry, *op. cit.*

Au plus fort des émeutes et après la fin du soulèvement l’attitude des paysans envers les fonctionnaires et les officiels demeura correcte. Ceux-ci ne craignaient pas de se montrer dans la campagne particulièrement les juges d’instruction et les substituts des procureurs qui étaient obligés par leurs fonctions de circuler à travers la province. Quant aux policiers sauf quelques rares exceptions, ils prenaient garde de se montrer dans les villages lors des pillages.

Les bonnes relations qui existaient entre les fonctionnaires judiciaires et les paysans sont illustrées par les événements qui se déroulèrent au village de

Ryetsky, district de Gorodna, où le pillage de la ferme du propriétaire Enko et un pogrome contre les juifs se produisirent simultanément. Durant le sac de la ferme les émeutiers se trouvèrent très près de l'appartement du juge d'instruction qui habitait une des maisons du dit Enko, mais n'y pénétrèrent pas. On entendit dans la foule des voix qui affirmaient : « Le juge est comme nous, il travaille pour gagner sa croûte. » L'appartement fut épargné…

Un grand nombre de ceux qui participaient à ces raids se refusaient à considérer leurs actions comme criminelles puisque, comme ils disaient, on leur avait donné des droits. Ils estimaient même qu'en agissant comme ils le faisaient ils aidaient le transfert des terres des propriétaires entre leurs propres mains, transfert qui était une conséquence naturelle des droits qui leur avaient été accordés. Cela explique pourquoi, dans les propriétés, ils détruisaient les orangeries et les jardins d'agrément — qui ne leur étaient d'aucune utilité — avec une fureur toute particulière et dans les résidences les tableaux et le mobilier, en un mot tout ce qu'ils ne considéraient pas comme essentiel dans l'existence mais comme objets de luxe. En revanche, ils épargnaient le bétail et prenaient soin des stocks de blé.

De nombreux paysans croyaient que les proclamations impériales les autorisaient à s'emparer des biens de l'aristocratie et des juifs. Cette illusion se manifesta d'une façon particulièrement saisissante au village de Koussiey, dans le district de Sorodna… Les 26 et 27 octobre à Koussiey des paysans rentrèrent du village de Dobrianka, ramenant du butin saisi au cours d'un pogrome contre les juifs. Par la suite tout le monde au village parlait avec conviction de la nouvelle loi qui autorisait n'importe qui à prendre ce qui lui plaisait où il lui plaisait. L'existence de cette nouvelle loi fut affirmée et confirmée très sérieusement par deux paysans, Vassili Sinenko et Kiril Yevtouchenko, qui revenaient de la région de Tchernigov où ils avaient travaillé. Ils expliquèrent que c'était précisément par respect pour cette loi que des pogromes contre l'aristocratie et les juifs avaient eu lieu dans la Gouberniya de Kiev et dans d'autres provinces…

L'attitude des pillards devant les injonctions des autorités est illustrée par les événements que nous allons relater, dont le récit fut établi au cours de l'instruction et confirmé devant le procès : immédiatement après le pogrome de Ryepki la police arrêta soixante-dix paysans convaincus d'y avoir participé et les transféra à la prison de Tchernigov. Seuls deux gardiens sans armes furent désignés pour convoyer les prisonniers de Ryepki à Tchernigov soit une distance de trente-trois verstes. De plus ils étaient tous deux des paysans du village, vraisemblablement impliqués eux-mêmes dans l'affaire. Lorsque le convoi fit halte pour la nuit à Roitchensky trois prisonniers demandèrent aux gardes la permission de rentrer à Ryepki pour arranger des affaires personnelles. Ils incendièrent la maison du paysan Fiodor Ryedki qui s'était opposé au pogrome et avait dénoncé les meneurs, puis pour ne pas être en retard prirent une charrette afin de rattraper leurs camarades. Tous les prisonniers se présentèrent à la prison.

9. Conversation avec Giovanni Lopez, cordonnier

Source : Enregistrée par E. J. Hobsbawm, septembre 1955, à San Giovanni in Fiore, Calabre, dans l'atelier de M. Lopez.

Giovanni Lopez, cordonnier à San Giovanni in Fiore, environ cinquante ans.

Je suis né en 1908. J'ai fait tous les métiers dans ma vie, chevrier, homme de peine, sacristain, domestique, cordonnier, je ne les compte plus. Je perdis mon père à l'âge de sept ou huit mois et nous étions très pauvres. À six ans je suis devenu berger. Tant il est vrai que les enfants sont les esclaves de tout le monde. Ensuite les prêtres me mirent la main dessus, je devins sacristain, et restai avec eux plusieurs années. Puis j'en eus assez des prêtres. « Tu devrais apprendre un métier », me disaient-ils. Alors j'ai trouvé un brave homme qui s'est occupé de moi et m'a appris la cordonnerie en me payant un salaire honnête. C'était une bonne idée. Le Seigneur a dit : « Tu gagneras ton pain à la sueur de ton front » et pas avec des mains soignées comme les prêtres, c'est pourquoi il est préférable d'être cordonnier ; mais je connais toujours un peu de latin et je peux discuter avec les prêtres.

J'ai fait mon service militaire mais à part cela, je suis toujours resté ici à San Giovanni. J'étais fils unique, maintenant je suis marié et j'ai deux enfants ; le fils est menuisier, il a un bon petit atelier et même un moteur électrique ; la fille doit se marier pour Noël. Après je resterai seul avec ma femme. Ma mère et mon père étaient tous deux socialistes. En ce temps-là il n'y avait pas de parti communiste. J'ai encore leurs cartes de membre avec leurs photos à la maison où je les avais cachées pendant le fascisme. Bien sûr que je suis communiste. Le Seigneur a dit : « Chassez du Temple les marchands. » J'approuve ce que disent les prêtres mais pas ce qu'ils font. Si vous me dites que cette semelle est en cuir et si je vois qu'elle est en carton je vous dirai que vous êtes un menteur. L'Écriture c'est le communisme. Le Seigneur a dit que tous les hommes sont égaux. S'il pleut, il doit pleuvoir pour tout le monde. Mais s'il pleut pour moi travailleur ou cordonnier et pas pour vous, pour un *benestante* (homme prospère) ou pour un fonctionnaire, alors je me révolte. Non que je sois mécontent de mon sort. Je suis un bon cordonnier, je travaille beaucoup pour les carabiniers du pays et les cantonniers. Le gouvernement me laisse tranquille parce que je suis un bon cordonnier et non parce que je suis communiste.

Notre ville est agréable, San Giovanni est une ville bien pourvue. Nous avons quatre usines. Il y a vingt ou vingt-cinq ans nous avons eu l'électricité et en juin dernier on a même installé le téléphone. Notre parti marche bien et nous avons de bons camarades et un bon maire, un travailleur du bâtiment. Autrefois nous étions asservis maintenant nous sommes libres. Regardez ces portraits sur mon mur : Staline, Togliatti ; je les ai découpés dans des journaux. Sous le fascisme ça n'aurait pas été possible. La liberté est une belle chose. Je m'entends bien avec tout le monde, même ceux qui étaient des fascistes et qui s'insinuent à nouveau. Je ne leur en veux pas car nous autres communistes ne souhaitons que le bien et le bonheur de tous les hommes. Nous voulons la paix parce que la guerre n'apporte rien de bon. Je discute avec les prêtres parce qu'ils parlent de paix avec une épée et je ne suis pas d'accord. Je suis pour la paix avec tout le monde mais pas avec les voleurs et les brigands. Je dis qu'on devrait leur couper les mains.

10. Deux sermons grévistes de la mine de Loray, Caroline du Nord, 1929

Source : Charlotte Observer et *Baltimore Sun*, cités dans Pope, *op. cit.*

1. « Je n'ai jamais mendié du secours. Je n'ai jamais demandé l'aide de quelqu'un. J'ai été bien près de crever de faim et j'aurais crevé si on ne m'avait pas aidé. Mais ce n'était pas quelqu'un de Loray. C'était quelqu'un de l'extérieur. »

La tirade souleva des applaudissements… « Mais, dit-il, il ne faut pas croire que ce combat pour obtenir quelque chose à manger et à se mettre sur le dos va vous rapporter la lune. Il ne suffit pas de vous battre pour l'existence, il faut aussi être un soldat du Seigneur. Certains, ici, ne sont pas rassurés mais rappelez-vous que ce n'est rien en comparaison de l'enfer que connaîtront ceux qui restent tranquillement chez eux. »

Le prédicateur gréviste demanda à ceux qui avaient été « sauvés par le sang du Christ » de lever la main. Une dizaine de mains se levèrent. Il raconta ses nombreuses aventures et précisa qu'il lui était arrivé de voir trois camarades tués en même temps. Il regardait souvent son texte et, subtilement, remarqua : « Je ne voudrais pas être à la place de ceux que je connais dans le comté de Gaston qui volent Dieu. » Cela lui valut des applaudissements nourris.

2. Aujourd'hui les grévistes sont retournés auprès des objets qu'ils avaient ramenés.

Agenouillé sur un vieux comptoir de magasin récupéré dans les ruines du quartier général des grévistes

H. J. Crabtree, prêtre de l'Église de Dieu, pria pour demander conseil à Dieu pour la grève. Pendant que le vieillard priait un groupe de grévistes restèrent immobiles courbant le front et lorsqu'il eut terminé une bonne douzaine reprirent son « Amen »... le frère Crabtree prêcha : Délivre-moi du méchant homme Ô Seigneur ; préserve-moi du violent. Nous savons qui a été le violent dans cette grève j'en prends Dieu à témoin dit-il mais nous devons être courageux. Paul et Silas ont vécu cela et aujourd'hui ils chantent assis auprès du grand trône blanc. Dans quelques jours nous chanterons dans les rues de Loray avec de bons salaires. Dieu est pauvre. Jésus lui-même est né dans une étable à Bethléem. On le chassait à coups de pied, à coups de lance et finalement on l'a cloué sur une croix. Et pourquoi ? À cause du péché. Le péché est responsable de tout ce gâchis. Le péché du riche, de celui qui se croit riche...

Que tous les hommes riches ici présents lèvent la main. Quant à moi je lèverai la mienne. Mon Père possède le monde Il est propriétaire de toutes les collines de cette terre et de chaque patate qui y pousse.

11. Un syndicaliste du Lincolnshire : Joseph Chapman

Source : Rex G. Russel-Russell, *The Revoit of the Field in Lines.* (Lincolnshire County Committee of the National Union of Agricultural Workers), 137-8. L'extrait provient d'un tract publié par Chapman en 1899. Il devint *Primitive Methodist* en 1836 à l'âge de quatorze ans.

« J'ai fait partie des Primitifs de la paroisse d'Alford pendant trente ans. Je me suis fait le prédicateur local pour la cause du Christ... Quand l'Union des travailleurs débuta à Alford j'y pris un grand intérêt... comme cadre bénévole je travaillais le jour pour gagner ma vie et passais mes soirées à faire des conférences pour l'Union... L'année 1872 vit la naissance de l'Union des travailleurs. Moi, Joseph Chapman, Joseph Arch et William Banks de Boston consacrâmes nos voix, nos esprits et nos cœurs au développement de ladite Union. Nous ne pensons pas que les lords, les ladies, les prêtres et leurs femmes sont sacrés et que les paysans sont de la vermine. Nous pensons qu'il n'est pas juste que les oisifs s'asseyent au banquet pendant que les travailleurs mangent les croûtes et les miettes. Je peux dire que nous avons fait plus pour l'émancipation des esclaves blancs en Angleterre que tous les prêtres réunis... Je pense que le moment n'est plus très éloigné ou Dieu enverra à Son Église des apôtres plus dignes d'elle, qui s'occuperont des vieillards sans ressources et chercheront à comprendre comment ils peuvent vivre avec trois shillings par semaine attribués par la paroisse en payant leur loyer, leur charbon et leur éclairage; qui protesteront contre une telle cruauté et prêcheront l'Évangile de Dieu avec force afin de tuer ou de guérir les pédants stériles et égoïstes...

On voit les signes avant-coureurs de la grande union dans laquelle princes, pairs et paysans conjugueront leurs efforts pour le bien de tous. Le jour viendra où l'union sera aussi grande que le monde, le monde uni.

12. Les « Hommes de décision » recommandent un Frère

Source : Mémoire of the Secret Societies of the South of Italy, particularly the Carbonari (Londres, 1821), pp. 130-2.

S.D.S.
(La Décision (Loge) Salentine. Santé.)
Grands Maçons No. 5.
L.D.D.T.G.S.A.F.G.C.I.T.D.U. etc.
(La Décision (loge) de Jupiter le Tonitruant espère faire la guerre contre les tyrans de l'Univers, etc.).

Le mortel Gaetano Caffieri est un Frère Décidé No. 5 appartenant à la Décision de Jupiter le Tonitruant, répandue sur la face du globe, par sa Décision, a eu le plaisir d'appartenir à cette Décision Républicaine Salentine. Nous invitons, donc, toutes les Sociétés Philanthropiques à prêter leur bras puissant au susdit et à l'assister lui qui a pris la Décision d'obtenir la liberté ou la mort. Daté ce jour, le 29 octobre 1817.

Signé :

. . . .

Pietro Gargaro (le Grand Maître Décidé No. 1).
Vito de Serio, Deuxième Décidé.
Gaetano Caffieri, Greffier des Morts.

Les lettres L.D.D.T. etc. et diverses autres initiales sont tracées avec du sang. Les quatre points sous la signature du Grand Maître dénotent sa faculté de prononcer des sentences de mort. Le document est enluminé de deux têtes de mort intitulées respectivement « Tristesse » et « Mort » avec deux tibias en sautoir liés ensemble dans les coins inférieurs par un ruban et sous lesquels sont inscrits respectivement « Terreur » et « Deuil » et de deux pavés représentant le faisceau et le bonnet de la liberté coiffant une tête de mort flanquée de deux haches; enfin d'un éclair sortant d'un nuage et frappant la couronne et la tiare. La loge fonctionnait à Lecce dans les Pouilles.

13. Quelques serments secrets

Le Syndicat des Peigneurs de Laine.

Source : *Character, Objects and Effects of Trade Unions* (Londres, 1834), pp. 66 et suiv.

Moi, A.B. peigneur de laine, me trouvant en l'auguste présence de Dieu Tout Puissant déclare en toute liberté et volontairement que je continuerai à m'efforcer de soutenir une fraternité connue sous le nom de Société Amicale des Opérateurs du Textile et autres Travailleurs, et je déclare et promets solennellement que je n'agirai jamais en opposition à la fraternité dans aucun de ses efforts pour améliorer les salaires mais ferai tout ce qui sera en mon pouvoir pour l'aider en toutes circonstances légales et justes à obtenir une rémunération honnête pour notre travail. Je demande à Dieu d'être témoin de cette promesse solennelle afin que ni l'envie, ni la peur, la récompense ou les punitions, ni la mort elle-même ne m'incitent jamais directement ou indirectement à divulguer une quelconque information relative à cette loge ou à quelque autre loge appartenant à la Société. Je n'écrirai ni ne ferai écrire sur papier, sur bois, sable, pierre ou autre matière quoi que ce soit qui puisse contribuer à la faire connaître, sans y avoir été autorisé par les responsables reconnus de la Société. Je n'accepterai jamais que de l'argent appartenant à la Société puisse être distribué ou consacré à un usage autre que celui de la Société et au soutien de la profession, avec l'aide de Dieu et dans l'espoir qu'il m'aidera à respecter cette obligation sacrée. Si je révèle jamais une ou des parties quelconques de cette obligation sacrée, puisse toute la Société à laquelle je vais appartenir, puisse tout ce qui est juste et droit me mépriser et me déshonorer ma vie durant, et puisse le fer qui est maintenant devant moi précipiter mon âme dans l'éternel abîme de souffrance. Amen.

Le Serment Carbonaro.

Source : Memoirs of the Secret Societies of the South of Italy (1821), p. 196.

Moi, N.N., promets et jure sur les statuts de l'ordre et sur cette lame, instrument du châtiment des parjures, de préserver scrupuleusement le secret du carbonarisme ; de ne jamais écrire, graver ou peindre quoi que ce soit le concernant sans avoir obtenu une permission écrite. Je jure d'aider mes Bons Cousins en cas de besoin, de toutes mes forces, et de ne jamais attenter à l'honneur de leurs familles. Je consens et souhaite, si je me parjure, que mon corps soit coupé en morceaux puis brûlé et mes cendres répandues dans le vent afin que mon nom puisse être un objet d'exécration pour les Bons Cousins sur toute la terre. Que Dieu m'assiste.

Le Serment et le rite abrégés de la Société des Saisons (1834).

Source : A. Chenu, *Les Conspirateurs* (Paris, 1850), p. 20.

Copreaux en tant que parrain me banda les yeux et on me lut une formule ainsi conçue :

— Êtes-vous Républicain ?

— Oui.

— Jurez-vous haine à la Royauté ?

— Je le jure.

— Alors je vous proclame membre de la Société des saisons. Au revoir citoyen nous nous reverrons bientôt »…

« Et voilà me dit Copreaux, « maintenant tu es des nôtres. Allons boire un verre pour arroser ça ».

Notes

Le bandit social

1. Pour cette région j'ai utilisé les renseignements inestimables du professeur Ambrogio Donini de Rome qui a eu des contacts avec d'ex-bandits, et les coupures des journaux.

2. J. L. H. Keep, Bandits and the Law in Muscovy, *Slavonic* Review XXXV, 84, déc. 1956, pp. 201-23.

3. Le roman d'Ivan Olbracht, *Nikola Chouhaj Loupeznik (Le voleur Nicolas Chouhaj)*, Edit. Allcmdante Ruetten Loening (Berlin, 1953), est non seulement un classique tchèque moderne mais de très loin le tableau le plus émouvant et le plus historiquement rigoureux de la rébellion individuelle qu'il m'ait été donné de lire.

4. « Angiolillo, capo di banditti », dans *La Rivoluzione Napolitana del 1799* (Bari, 1912).

5. Gavin Maxwell, *God preserve me from my friends* (1956).

6. P. Bourde, *En Corse* (Paris, 1887), p. 207.

7. En ce qui concerne la croyance en l'efficacité des amulettes, voir Appendice 3 : Interrogatoire d'un brigand bourbonien.

8. *Paese Sera*, 9-6-1955.

9. *La Voce di Calabria*, 1-2-9-1955 ; R. Longnone dans *Unita*, 8-9-1955, remarque que même lorsque la société secrète locale a cessé d'exercer ses autres fonctions les jeunes gens « continuent à enlever la femme

qu'ils aiment et qu'ils pourraient pourtant épouser sans difficultés ».

10. Velio Spano, *Il banditismo sardo e i problemi della rinascita* (Rome, bibliothèque de « Riforma Agraria »), pp. 22-4.

11. *Il banditismo sardo e la rinascita dell isola* (*Rinascita*, X, 12, décembre 1953).

12. R. Longnone dans *Unità*, 8-9-1955 : « Quand par exemple, un homme manque à l'honneur et gagne le maquis, la société secrète locale se considère obligée de l'aider à disparaître, à trouver un refuge et à se nourrir ainsi que sa famille, même s'il n'en est pas membre. »

13. G. Alongi, *La Mafia* (Turin, 1887), p. 109. En dépit de son titre ce livre parle beaucoup plus du brigandage que de la Mafia.

14. Bourde, *op. cit.*, pp. 218-19.

15. G. Racioppi, *Storia dei Moti di Basilicata... nel 1860* (Bari, 1909), p. 304. Un témoignage oculaire par un fonctionnaire local, libéral révolutionnaire.

16. J. Pitt-Rivers, *People of the Sierra* (1954), pp. 181-3.

17. Citation de Pani-Rossi, *La Basilicata* (1868), dans C. Lambroso, *Uomo Delinquente* (1896), I, p. 612.

18. E. Rontini, *I Briganti Celebri* (Florence, 1898), p. 529. Une galerie des grands bandits.

19. Lire les plaintes incessantes du verbeux Don Julian de Zugasti, gouverneur de la province de Cordoue, chargé de la suppression du banditisme, dans ses dix volumes, *El Bandolerismo* (Madrid, 1876-80), plus spécialement vol. I, pp. 77-8, 181, 186 et suivantes.

20. Pitt-Rivers, *op. cit.*, p. 183 ; Comte Maffei, *Brigand Life in Italy*, 2 volumes (1865), I, pp. 9-10.

21. La principale source est B. Becker, *Actenmässige Geschichte des Räuberbanden an den beyden Ufern des Rheines* (Cologne, 1804).

22. Robin Hood est le nom anglais de Robin des Bois.

23. « Voici la vérité : c'était un berger malingre, pauvre, infirme et simple d'esprit. Car comme le proclament les prédicateurs et les interprètes des saintes

écritures, le Seigneur voulu montrer par cet exemple que nous tous, les humbles, les pauvres, ceux qui ont peur, peuvent faire de grandes choses si Dieu l'a décidé. » Olbracht, *op. cit.*, p. 100. N. B. Les chefs de bandes légendaires en sont rarement les membres les plus forts et les plus méchants.

24. Voir l'édition spéciale calabraise de *Il Ponte* (1953).

25. Voir M. Ganci *Il Movimento dei Fasci nella provincia di Palermo* dans *Movimento Operaio* (nov.-déc. 1954).

26. « Brigantaggio » dans *Encicl. Italiana.* Même les *bandoleros* espagnols furent en partie victimes de la libéralisation du commerce. Comme l'explique un de leurs protecteurs (Zugasti, Introduction I, p. 94) : « Regardez, Monsieur, tous ces pauvres garçons qui avaient l'habitude de gagner quelques pesetas en faisant de la contrebande sur les grands chemins ; plus de tout cela maintenant, les malheureux ne savent pas comment ils pourront gagner leur prochain repas. »

27. « Selon une autre version vraiment fantastique, Romano ne serait pas tombé à Vallata mais un autre bandit qui lui ressemblait ; car l'imagination exaltée des masses considérait le « Sergent » comme invulnérable et « immortel » grâce à une bénédiction papale et Gastaldi rapporte qu'il aurait été vu pendant encore de nombreuses années errant, solitaire, à travers la campagne. » Lucarelli, *Brigantaggio*..., p. 133.

28. Olbracht, *op. cit.*, p. 98.

29. Il existe une excellente description de l'effet psychologique produit par l'incendie du quartier commercial d'une ville espagnole dans *Death's Other Kingdom* de Gamel Woolsey (1939).

30. « Ils ont ravagé les vergers, les cultures scientifiques, coupé les arbres fruitiers. Ce n'est pas seulement par haine irraisonnée contre tout ce qui a appartenu au seigneur, c'est aussi par calcul. Il fallait égaliser le domaine, l'aplanir... pour rendre le partage possible et équitable...

(Voilà) pourquoi ces hommes qui, s'ils ignorent la valeur d'un tableau, d'un meuble ou d'une serre, savent cependant la valeur d'une plantation d'arbres fruitiers ou d'une exploitation perfectionnée, brisent, brûlent et saccagent le tout indistinctement. » R. Labry, *Autour du Moujik* (Paris, 1923), p. 76 sur le pillage des propriétés de la *gubernia* de Tchernigov en 1905. La source est le recueil des procès-verbaux d'interrogatoire des paysans.

31. Racioppi, *op. cit.*, chap. XXI.

32. Ceci ressort clairement de l'étude du Soulèvement des *English Labourers* de 1830, dont J. L. et B. Hammond ont fourni dans *The Village Labourer* le seul compte rendu imprimé.

33. Labry, *op. cit.*, cite « Les Troubles agraires dans la Gubernia de Tchernigov en 1905 » de *Istoricheski Vyestnik* (juill. 1913), pp. 202-26. Neuf paysans et six cosaques furent tués. Labry note fort justement que cette région était sur les limites de la zone dans laquelle le *mir* était puissant et solide et dans laquelle son démembrement et la formation de parcelles individuelles progressait rapidement (p. 72 et suiv.).

34. Cf. Bakounine, « Le bandit est toujours le héros, le défenseur, le vengeur du peuple, l'ennemi irréconciliable de l'État, de tout régime social, l'ennemi mortel des institutions d'État, de l'aristocratie, de la bureaucratie et du clergé. » Le problème est plus abondamment discuté dans F. della Peruta, *La banda del Matese e il fallimento della teoria anarchica della moderna* « Jacquerie » in Italia (*Movimento Operaio*, 1954, pp. 337-85).

35. Le compte rendu le plus objectif de ce mouvement se trouve dans « La Révolution russe » de W. H. Chamberlin dont la citation est extraite. Le meilleur exposé Makhnoviste du mouvement est celui de P. Archinov. Les mémoires de Makhno — dont des extraits sont présentés dans l'Appendice — ne semblent pas aller au-delà de 1918. L'influence du banditisme est énergiquement contestée par les historiens anarchistes et exagérée par les historiens bolcheviks mais correspond

parfaitement au « primitivisme » remarquablement pur de ce mouvement intéressant et méconnu. Il est significatif d'ailleurs, bien que les activités de Makhno aient couvert une importante portion de l'Ukraine méridionale, qu'il soit retourné fréquemment à son village natal, Goulaï Polyé auquel il restait attaché comme n'importe quel chef de bande « primitif » (Chamberlin, *loc. cit.*, p. 237). Il vécut de 1884 à 1934, en exil après 1921. Il devint anarchiste vers l'âge de vingt ans.

Les mafias

1. Voir Zugasti, *op. cit.*, Introduction, vol. I : les rapports des *alcaldes* sur la situation criminelle dans leurs cantons de la province de Cordoba, vers 1870 ; notamment une « association secrète de voleurs » à Baeza, une « *sociedad de Ladrones* » à Montilla, quelque chose qui ressemble fort à une mafia dans le célèbre *pueblo* de contrebandiers de Benamej et la sourde opposition d'Iznajar où « selon les habitudes incorrigibles de cette ville, tous ces crimes sont restés impunis ». J'aurais tendance à accepter l'opinion de Brenan selon laquelle il s'agissait là d'une situation « proto-mafienne » plutôt que « mafienne ». Cf. également chapitre V, *infra*, sur l'anarchisme andalou.

2. G. Alongi, *La Camorra* (Turin, 1890), p. 30. Le passage sur La Camorra en Calabre (*Archivio di Psichiatria*, IV, 1883, p. 295) semble traiter exclusivement d'une organisation d'escrocs citadins à Reggio, et semble ignorer l'association rurale. Il y a lieu de noter que personne ne s'est intéressé plus passionnément à ce type de phénomène que l'école positiviste des criminologues italiens (Lombroso) dont l'*Archivio* était l'organe.

3. Les principales sources pour ce chapitre, outre quelques conversations personnelles en Sicile, sont N. Colajanni, *La Delinquenza in Sicilia* (1885), *La Sicilia dei Borboni ai Sabaudi* (1900), A. Cutrera, *La Mafia e i*

Mafiosi (1900), G. Alongi, *La Mafia* (1887), G. Montalbane, « La Mafia » (*Nuovi Argumenti*, nov.-déc. 1953), diverses enquêtes officielles et les classiques sur la situation économique et sociale en Sicile dont L. Franchetti, *Condizione Politiche e Amministrative della Sicilia* (1877) est un excellent spécimen ; les articles de G. Mosca dans le *Giornale degli Economisti*, 1900, et l'*Encyclopedia of Social Sciences*. La vaste majorité de la littérature sérieuse et raisonnable sur la Mafia apparut entre 1880 et 1910. La relative rareté des analyses moderne est regrettable.

4. E. Sereni, *Il Capitalismo nelle Campagne, 1860-1900* (Turin, 1948), p. 187.

5. En français dans le texte (N. d. T.).

6. Franchetti, pp. 219-21.

7. *Mafia* par Ed. Reid, journaliste américain (New York, 1952) qui est un des tenants de la centralisation, ne doit pas être pris au sérieux car le livre — vraisemblablement produit en hâte pour attirer la clientèle sensibilisée par l'enquête du Sénateur Kefauver sur la criminalité (qui formula de vastes accusations contre la Mafia) — fait montre d'une méconnaissance remarquable des problèmes siciliens. L'indication la plus nette d'une centralisation apparaît après 1943 et demeure ambiguë.

8. Cité dans Montalbane, *loc. cit.*, p. 179.

9. Alongi, *op. cit.*

10. Montalbane, *loc. cit.* La description la plus complète est celle des *Stoppaglieri* de Monreale et de la *Fratellanza* de Favara (province d'Agrigente). Ils font l'objet de descriptions dans divers ouvrages outre celui de Montalbane. Voir également F. Lestingi, « L'Associazone della Fratellanza », dans *Archivio di Psichiatria*, V (1884), p. 452 et suiv.

11. Montalbane, p. 191.

12. Ed. Reid, *op. cit.*, pour une initiation à New York en 1917, pp. 143-144 ; Alongi, p. 41.

13. Il est également probable que chez les immigrants d'Amérique du Nord la Mafia était plus centra-

lisée qu'au pays natal surtout parce que les nouveaux arrivants empruntaient un nombre assez réduit de routes et se concentraient dans quelques grandes villes. Mais ceci sort de notre cadre.

14. Voir dans Montalbane, p. 194-7 un exposé précieux de la question.

15. G. Pitré, *Usi et costume... del popolo siciliano*, III, 287 et suiv. (1889), art. « Mafia », dans *l'Encyclopedia of Social Sciences.*

16. S. Nicastro, *Dal Quarantotto a la Sessanta in Mazzara* (1913) » 8-1.

17. Cutrera, 170-4.

18. *Giornale di Sicilia*, 21-8-1877, cité par Montalbane, 167-74.

19. Outrera, 73, 88-9, 96. Franchetti, 170-2. Le spectacle du gangstérisme en tant que phénomène typique de la classe moyenne troublait et étonnait Franchetti.

20. Une des erreurs les plus répandues en ce qui concerne la Mafia est l'assimilation au brigandage. La Mafia maintenait l'ordre public par des moyens privés. D'une manière générale elle protégeait le public contre les bandits.

21. Voir N. Colajanni, *li Avvenimenti di Sicilia* (chap. V), sur le fonctionnement de la Mafia en tant que code régissant les relations entre différentes classes de mineurs de soufre, particulièrement pp. 47-8.

22. Je ne suis pas convaincu que l'essor de ces organisations vers 1870 puisse être interprété uniquement comme une révolte des jeunes éléments de la Mafia contre les vieux, comme le suggère Montalbane ; mais cela peut avoir été le cas à Monreale.

23. Montalbane, p. 197.

24. E. G. Galon, *La Mafia* (Madrid, 1906), II.

25. Voir l'inestimable carte de l'influence de la Mafia dans Outrera. Piana bien que plus lente à adopter l'organisation paysanne devint la grande forteresse des Fasci de 1893 et est demeuré depuis une place forte socialiste (puis communiste). L'histoire de la Mafia

à la Nouvelle-Orléans, dont la colonie sicilienne qui y arriva vers 1880 comprenait un fort contingent de Pianesi si l'on en juge par la fréquence des noms Albanais — Schiro, Loyacano, Matranga, donne à penser que Piana était fortement imprégnée par la Mafia. Les Matranga, qui étaient membres des Stoppaglieri, dominaient les rackets des docks et furent impliqués dans les incidents qui eurent lieu en 1889 à la Nouvelle-Orléans. (Ed. Reid, *op. cit.*, pp. 100 et suiv.). Cette famille poursuivit, semble-t-il, ses menées « mafiennes » car en 1909 le lieutenant Petrosino de la Police New-Yorkaise, tué plus tard à Païenne vraisemblablement par la Mafia, enquêtait sur la vie d'un de ses membres (Reid, p. 122). Je me souviens avoir vu la tombe richement décorée d'un Matranga à Piana en 1953. Un homme qui était revenu des U.S.A. et avait été trouvé quelques années auparavant tué sur une route dans des circonstances que personne n'était désireux d'élucider.

26. A. Damiani, *Inchiesta Agraria* (1884), Sicile, vol. III ; G. Lorenzoni, *Inchiesta Parlementare* (1910), Sicile, vol. VI, i-ii, et partic, pp. 649-51.

27. *La Sicilia dai Borboni ai Sabaudi* (éd. de 1951), p. 78.

28. La plus intéressante de loin est « Funzione e basi sociali della Mafia » de F. Renda dans *Il Movimento Contadino nella Società Siciliana* (Palerme, 1956), et Montalbane, *op. cit.*

29. Le préfet Mori, il faut lui rendre cette justice, mentionne au moins ce fait en passant.

30. Un certain Calogero Vizzini, mafioso notoire fut inculpé du premier et du troisième de ces crimes. Le bandit Giuliano fut poussé à commettre le second. (Montalbane, 186-7, citant le rapport de 1946 du Sig. Branca, général des carabiniers. Gavin Maxwell, *God Protect me from my Friends*, 1956, sur les rapports entre la Mafia et Giuliano).

31. Pour les chiffres électoraux par province jusqu'à 1953 cf. E. Caranti, *Sociologia e statistica delle Elezioni*

Italiane (Rome, 1954). Les chiffres de 1958 sont tirés du *Corriere della Sera*, 28, mai 1958. Le pourcentage socialo-communiste total pour les quatre provinces *mafiose* en 1958 est de 33,9 contre 43 % pour les démocrates chrétiens et le plus gros du reste pour l'extrême droite (circonscription électorale de Palerme, Trapani, Agrigente, Caltanissetta).

32. Renda, *op. cit.*, p. 219.

33. Pour les vieilles batailles, cf. Ed. Reid, *The Mafia*, 100, 146. Pour la purge de 1930 (ignorée par Reid et Kefauver), Turkus et Feder, *Murder Inc.* (Londres, 1953)

34. Renda, p. 213.

35. Les partis des régimes préfascistes — libéraux et monarchistes — demeurent remarquablement forts dans certaines régions ce qui peut d'ailleurs illustrer l'influence électorale de la « Vieille Mafia » : à Trapani ils sont devant les démocrates-chrétiens et les socialistes-communistes, à Partinico-Monreale — fief de la Mafia — devant les socialistes-communistes, bien que dans des régions aussi typiquement *mafiose* que Corleone et Bagheria ils se soient fait dépasser largement par la gauche et encore plus par les démocrates-chrétiens aux élections de 1958.

36. *Il Messagero* du 6-9-1955, sous le titre « *Le geste dei fuorilegge in Sicilia* » rapporte le meurtre par la Mafia sur ordres venus de Naples d'un trafiquant de tabac à Palerme.

37. Renda, p. 218.

38. C. Guarino, (« Dai Mafiosi ai Camorristi », *Nord e Sud* 13, 1955, pp. 76-107), assure que la mèche fut vendue par un membre de la Société, un certain Serafino Castagna, personnage peu populaire qui avait commis quelques sordides meurtres « personnels » et avait demandé à la Société de l'aider à disparaître. Celle-ci avait refusé et Castagna aux abois avait fait un marché avec la police. Il fut cependant condamné après avoir témoigné librement. Cf. aussi G. Cervigni, « Antologia della fibbia » (*Nord e Sud*, 81, 1956).

39. Mon exposé est fondé sur Guarino et Cervigni, *op. cit.*, A. Fiumano et R. Villari, « Politica et malavita » (Cronache Meridionali II, 10, 1955, 653 et suiv.), mais surtout sur des compte-rendus parus dans la presse en septembre 1955 et particulièrement les excellents articles de R. Longnone dans *Unità. Leggenda e realita della 'Ndranghita* 8-9-1955 est très précieux.

40. Fiumano et Villari, *op. cit.*, pp. 657-8.

41. Voir un exemple combinant deux phénomènes calabrais traditionnels, l'enlèvement des fiancées (chap. 1) et la « Société », dans *La Nuova Stampa* 17-11-1956. L'incident est rapporté de Bordighera. Pour la « Société » en Australie — un sujet que les sociologues australiens pourraient étudier avec profit — cf. l'affaire Rocco Calabro, chef de la Fibbia à Sinopoli qui vécut trois ans comme immigrant à Sydney et fut tué en 1955 dans sa ville natale à la suite, paraît-il, d'une dispute à Sydney. (*Paese Sera* 7-9-1955, *Messagero* 6-9-1955, 20 % des Sinopolitains ont émigré en Australie.)

42. Cette note est fondée principalement sur G. Alongi, *La Camorra* (Turin 1890) ; ce n'est pas un très bon livre mais du moins une synthèse de ce qui fut publié auparavant.

43. Avé-Lallemant, *Das deutsche Gaunerthum* I (1858), 48 n.

44. En français dans le texte (N.d.T.).

45. Guarino, *op. cit.*

Le millénarisme : Lazzaretti

1. *The search for the millenium* (1957). Cette étude érudite de nombreux mouvements millénaristes médiévaux est à mon sens viciée par une tendance à interprêter les mouvements médiévaux selon les critères des mouvements révolutionnaires modernes et vice versa, pratique qui ne clarifie pas plus notre compréhension des hussites que du communisme moderne.

2. Les travaux sur les millénarismes parus depuis la publication de ce texte m'obligent d'abandonner cette thèse.

3. L'interprétation moderne fut élaborée par J. Bronowski, *William Blake, A Man Without a Mask* (Londres, 1944 et Pelican Books).

4. M. Djilas, *The New Class* (1957), discute de ce point avec compétence. Ce livre d'un révolutionnaire désillusionné est valable par la lumière nouvelle qu'il projette sur la psychologie révolutionnaire, y compris celle de l'auteur. C'est à peu près tout.

5. Djilas, *op. cit.*, p. 153, « Entre hommes et femmes dans le mouvement des rapports propres, modestes et chaleureux se développent : des rapports dans lesquels la camaraderie affectueuse est devenue une véritable passion libre de toute arrière-pensée sexuelle ». Djilas, repensant sans doute à l'époque de la guerre des partisans, souligne ainsi le moment historique (« à la veille de la bataille pour la prise du pouvoir ») ou « il est difficile de séparer la parole de l'action », mais remarque avec beaucoup de pertinence que « ce sont là les règles morales d'une secte ».

6. Le plus connu, mais non le seul, de ce type fut le mouvement d'Antonio le Conseiller dans la forêt vierge brésilienne en 1896-97 qui fournit le sujet d'un chef-d'œuvre littéraire, *Rebellion in the Backlands* d'Euclides da Cunha. La rebelle Sion de Canudos combattit véritablement jusqu'au dernier homme. Lorsqu'elle fut prise pas un seul de ses défenseurs n'avait survécu.

7. Cf. A. La Cava, « La rivolta calabrese del 1848 », dans *Arch. Stor, delle Prov. Napolitane*, N.S. XXXI, 1947-8, p. 445 et suiv., pp. 540, 552.

8. Peter Worsley, *The Trumpet Shall Sound* (Londres, 1957), excellente étude des cultes « cargo » du Pacifique.

9. Mon attention fut attirée sur ce mouvement par le Professeur Ambriogio Donini, qui s'est entretenu avec les lazzarettistes actuels et a rassemblé certains de leurs écrits inédits. Outre ces informations j'ai puisé dans une

monographie d'un spécialiste local, Barzelotti, et dans quelques autres ouvrages.

10. E. Lazareschi, *Davide Lazzaretti* (Bergame, 1945), p. 248.

11. Lazareschi, *op. cit.*, p. 238.

12. *Ibid.*, 262.

13. Barzelotti, *Monte Amiata et il suo projeta.* (Milan, 1910), pp. 77-8.

14. Lazareschi, *op. cit.*, pp. 282-3.

15. Pour le meilleur exposé de ce problème général cf. E. Sereni, *Il capitalismo nelle campagne 1860-1900* (Turin, 1949). Ce livre mentionne les lazzarettistes en passant pp. 114-15.

16. Barzelotti, *op. cit.*, p. 79.

17. *Ibid.*, p. 256.

18. N. Rosselli, *Mazzini e Bakunine (1860-1872)*, (Turin, 1927), en fournit le meilleur compte rendu, pp. 213 et suiv.

19. Sereni, *op. cit.*, III.

20. Barzelotti, *op. cit.*, pp. 193-4.

21. *Ibid.*, 208, 235-6. On penserait plutôt que le troisième âge serait celui de la liberté.

22. Barzelotti, *op. cit.*, pp. 256-7.

23. En attendant, *San Nicandro* (Paris, 1957) d'Elena Cassin — étude détaillée d'un remarquable groupe de paysans convertis au judaïsme — contient une matière inestimable sur le ferment religieux au Monte Gargano, « l'éperon » de l'Italie et une carte des communautés « Pentecôtistes » en Italie. Œuvre très enrichissante. Sur le fondement de l'Église « pentecôtiste » et des autres Églises qui ont connu un regain de faveur depuis la guerre, cf. la description générale des sectes américaines, *Coton Mill* au chapitre VIII.

24. Rocco Scotellaro, *Contadini del Sud* (Bari, 1955), Vita di Chironna Evangelico.

25. Elena Cassin, *op. cit.*, n'indique malheureusement la situation sociale que de cinq des quelque vingt membres adultes mâles de la communauté.

26. Je suis reconnaissant à M. Lucio Conte, de la fédération provinciale de la CGIL de Foggia et à divers membres du parti communiste de San Nicandro pour leurs renseignements sur la composition sociale et l'appartenance politique des membres de la secte en 1957.

Le millénarisme : les anarchistes andalous

1. Ce chapitre doit beaucoup à Brenan et à certaines œuvres figurant dans sa bibliographie, particulièrement J. Diaz del Moral, *Historia de las agitaciones campesinas andaluzas* (Madrid, 1929), qui sur le plan des mouvements sociaux Primitifs est au-desssus de tout éloge. *People of the Sierras* de Pitt Rivers (1954), monographie anthropologique du *pueblo* de Grazalema mérite aussi d'être mentionné. Ses observations sur l'anarchisme local sont utiles mais ne tiennent pas assez compte du fait que cette petite bourgade n'était pas seulement anarchiste, mais un des centres classiques de l'anarchisme célèbre comme tel dans toute l'Espagne. On n'y relève aucune tentative d'explication des raisons pour lesquelles Grazalema était un centre beaucoup plus puissant de ce mouvement que d'autres *pueblos* ni de l'essor du mouvement et cela prive le livre d'une partie de sa valeur historique.

2. Angel Marvaud, *La Question sociale en Espagne*, Paris, 1910, p. 42.

3. Brenan, pp. 114 et suiv.; voir aussi les cartes pp. 332-5; *La Reforma Agraria en España* (Valence, 1937); « Spain : The distribution of property and land settlement » dans *International Review of Agricultural Economics*, 1916, n° 5, qui fixe le pourcentage de propriétaires (pour cent habitants ruraux occupés à des travaux agricoles) en dessous de 17 dans l'ouest et en dessous de 20 dans l'est de l'Andalousie, contre 60 dans la Vieille Castille (pp. 95 et suiv.).

4. Marvaud, *op. cit.*, pp. 137, 456-7 ; F. Valverde y Perales, *Historia de la Villa de Baena* (Tolède, 1903), p. 282 ff.

5. Ainsi y eut-il partout des majorités de front populaire aux élections de la province de Cadix en 1936, sauf dans une partie de la côte occidentale et dans le réduit montagneux proche de Ronda qui comprenait de légendaires et traditionnelles places fortes anarchistes où la politique d'abstention semble avoir été suivie. J'ai pris les chiffres publiés par le *Diario de Cadiz*, 17 février 1936.

6. Pitt Rivers, *op. cit.*, chap. XII sur le rôle du bandit dans la vie d'un *pueblo* moderne. Mais ce passage ne dénote pas une excellente compréhension du phénomène.

7. « The Agrarian Problem in Andalousia », dans *International Review of Agricultural Economics*, XI, 1920.

8. Mon ami Victor Kiernan que j'ai mis à contribution pour sa profonde connaissance des problèmes espagnols du milieu du XIXe siècle, m'assure qu'il s'agit d'une hypothèse — peut-être mal fondée — de N. Diaz y Perez dans *La Francmasoneria Española.*

9. Julian de Zugasti, *El Bandolerismo*, Introduction, vol. I, pp. 239-40. Selon la même source, Iznajar, autre centre pionnier de la révolution sociale, avait aussi un code très sévère d'*omerta*.

10. Dans la province de Cadix : à Arcos, Alcala del Valle, Cadix, Jerez, La Linea, Medina-Sidonia, San Fernando, Villamartin ; dans celle de Séville à Carmona, Moron ; dans celle de Cordoue à Bujalance, Castro del Rio, Cordoue, Fernan-Nuñiez ; dans la province de Malaga à Antequera et, dans celle de Jaen, à Linares.

10. Brenan, p. 156.

11. Un exemple : avant le soulèvement de Casas Viejas (1933) il y avait 4 gardes civiles dans le village ; aujourd'hui (1956) ils seraient 12 ou 16.

12. L'exposé de Brenan est, comme d'habitude, à la fois concis, lucide et sensible.

13. En français dans le texte (N.d.T.).

14. Voir Appendice 5.

15. F. Borkenau, *The Spanish Cockpit* (1937), pp. 166 et suiv.

16. Brenan, p. 189.

17. Brenan, p. 175, Marvaud, p. 43, notent que pendant la grève générale de Moron en 1902 des mariages furent différés jusqu'au jour du *reparto*, mais attribuent ce geste à un optimisme trop naïf.

18. La meilleure source est le *Diario de Cadiz* de l'époque. Tous les journaux et les livres espagnols ou étrangers sans exception donnent une version légèrement inexacte. J'ai aussi consulté un certain nombre de survivants de la révolution dans le village même.

19. C. Bernaldo de Quiros, *El Espartaquismo Agrario Andaluz* (Madrid, 1919).

20. Todas las niñas bonitas/tienen en casa un letrero con letras de oro que dicen/ Por un *asociado* muero. Bernaldo de Quiros, *op. cit.*, p. 10.

21. *Ibid.*, p. 39. Diaz del Moral, p. 207.

22. Pitt Rivers, *op. cit.*, p. 233. Ceci est peut-être dû en partie au fait que les noyaux de résistance armée dans les *sierras* derrière Gibraltar et qui survécurent à la guerre civile ou furent ravivés en 1944-1946, semblent avoir été ravitaillés en armes, en équipement et peut-être en hommes grâce à un trafic organisé, aussi efficace chez les communistes qu'il peut être inefficace chez les anarchistes.

Le millénarisme : les Fasci siciliens

1. Je parle ici de la presque totalité de l'Italie du Sud. Le cas d'une contrée comme la Romagne où l'anarchisme était assez influent est différent, mais il n'est pas comparable économiquement, socialement ou politiquement au Sud ou à l'Andalousie.

2. E. Sereni, *Il capitalismo nelle campagne 1860-1900*, pp. 175-188, brosse un excellent tableau que l'on peut

compléter avec n'importe quel compte rendu contemporain, tel celui de Sonnino et Franchetti en 1876. Ces deux irréprochables libéraux toscans furent violemment attaqués pour incitation à la lutte des classes par des journaux locaux à la solde des propriétaires. Voir G. Procacci, *Le Elezioni del 1874[e] l'opposizione meridionale* (Milan, 1956), pp. 78-9.

3. P. Villari, *Le lettere meridionali* (Turin, 1885), p. 27.

4. La pratique de la vengeance personnelle contribuait à un taux d'homicides extrêmement élevé. Cf. N. Colajanni, *La Delinquenza en Sicilia* (1885), p. 39. La liste suivante des mobiles des meurtres jugés en 1834 dans l'île donne une idée de son importance : total des meurtres : 64; vol ou autre mobile d'ordre matériel : 18; jalousie, adultère etc. : 16; vengeance : 30. (C.J.A. Mittermaier, *Italienische Zustaende*, Heidelberg, 1844, pp. 128-9).

5. Denis Mack Smith, « The peasants' revolt of Sicily in 1860 », dans *Scritti in onore di Gino Luzzato* (Milan, 1950); S.F. Romano, *Momenti del Risorgimento in Sicilia* (Messine-Florence, 1952).

6. Cet exposé sur les Fasci est fondé principalement sur N. Colajanni *Li avvenimenti di Sicilia* (Palerme, 1894), Adolfo Rossi, *L'Agitazione in Sicilia* (Milan, 1894) et le numéro spécial de *Movimento Operaio* (num. spéc. nov.-déc. 1954) sur les *Fasci Siciliani.*

7. Dans la littérature sur les causes du mouvement Fasci, je ne remarque que trois articles du *Giornale degli Economisti* I, 1894, particulièrement l'excellent « I moti di Sicilia » par E. La Loggia, cf. également F. Voechting *La questione meridionale* (Naples, n.d.), pp. 204-11.

8. F. Renda, « Origini e caratteristiche del movimento contadino della Sicilia occidentale », dans *Movimento Operaio* (num. spéc. mai-août 1955, pp. 619-69). L'auteur décrit les fraternités de sa ville natale jusqu'à la période fasciste : la Confraternité du Purgatoire qui recrutait des maîtres artisans, celle de l'Immaculée qui recrutait surtout des paysans.

9. Parmi la critique des mœurs politiques municipales siciliennes il faut citer G. Alongi, « Le condizioni economiche e sociali della Sicilia », dans *Archivio di Psichiatria* XV, 1894, p. 229 et part. 242 et suiv.

10. Voir la liste des émeutes dans *La Loggia, op. cit.*, en ce qui concerne l'absence d'émeutes dans les centres possédant de puissants Fasci, *ibid.*, p. 212.

11. Colajanni, *op. cit.*, p. 186.

12. Rossi, *op. cit.*, p. 7, 10.

13. *Ibid.*, p. 86, 69 et suiv. Les opinions des paysannes sont plus abondamment exposées à l'Appendice 5.

14. Rossi, *op. cit.*, p. 38.

15. *Ibid.*, p. 10.

16. *Inchiesta Parlementare* (1910), vol. VI, 1-2 G. Lorenzoni : *Sicilia*, p. 633.

17. Rossi, *op. cit.*, p. 70.

18. *Ibid.*, pp. 55, 89-90.

19. M. Ganci, « Il movimento dei Fasci nella provincia di Palermo », *Movimento Operaio, loc. cit.*, p. 873.

20. Rossi, *op. cit.*, pp. 6-7.

21. Cet exposé fragmentaire du mouvement de Piana est fondé en grande partie sur des renseignements locaux glanés dans la ville grâce à l'obligeance du député-maire, l'On. Michele Sala, et sur divers commentaires parus dans la presse et la littérature, Fort heureusement Piana qui est assez proche de Palerme, a fait l'objet de nombreux comptes rendus, journalistiques et autres.

22. Les Matranga, Schiro et Barbato sont cités comme « familles nobles originelles » dans P. P. Rodota, *Dell' rito greco in Italia* III (Rome, 1763), et dans V. Dorsa, *Su gli Albanesi* (Naples, 1847). En ce qui concerne les premiers émigrants voir aussi Amico et Stratella, *Lexic. Sicul* II ii, Piana Graecorum, p. 83 et Breve Cenno storico delle colonie greco-albanesi di Sicilia » dans *Roma e l'Oriente* III, 1911-12, p. 264.

23. Rossi, *op. cit.*, p. 32.

24. F. Guardione *Il dominio dei Borboni in Sicilia (1830-61)* (Turin, 1907), II, p. 56.

25. La Loggia, *op. cit.*, pp. 215-16.

26. F. Renda, « Origine e caratterische », *loc. cit.*, pp. 637-8.

27. Ganci, *loc. cit.*, pp. 861-2.

28. Rossi, *op. cit.*, p. 74.

29. Lorenzoni, *op. cit.*, p. 663.

30. J'ai discuté de certains aspects de cette discontinuité dans « Economie Fluctuations and some Social Mouvements », *Econ. Hist. Rev.* 2nd Ser. V, I, 1952.

31. Salvatore Costanza, « I Fasci dei Lavoratori nel Trapanese », *Movimento Operaio, loc. cit.*, 1028.

La foule urbaine et ses émeutes

1. G. Unwin, *Industrial Organization in the Sixteenth and Seventeenth Centuries* demeure le meilleur ouvrage sur ce sujet en ce qui concerne l'Angleterre.

2. L'article de Schoenlank, « Gesellenverbaende » dans les premières éditions du *Handwoerterbuch d. Staatswissenschaften* et le *Compagnonnage* de M. St. Léon sont les meilleures initiations. Pour une corporation aux traditions particulièrement vivaces également traitée par Unwin voir G. Des Marez : *Le Compagnonnage des chapeliers bruxellois* (Bruxelles, 1909) et J. Vial, *La Coutume chapelière* (Paris, 1941). Pour l'exercice de certaines fonctions syndicales par les compagnonnages voir E. Todt et H. Radant, *Zur Fruehgeschichte d. deutschen Gewerkschaftsbewegung 1800-1849* (Berlin, 1950).

3. Cf. Halévy, *A History of the English People in 1815* (Ed. Pelican) I, 193 et suiv.

4. E. J. Hobsbawm, « Economic Fluctuations and some social movements », *Econ. Hist. Rev.*, 2nd Ser. V, I (1952), p. 5.

5. George Rudé, « The Gordon Riots », *Trans. Royal Hist. Soc.* 5th. Ser. VI (1956) Les émeutes de Birmingham en 1791 ont été analysées par M. Barry Rose.

6. Je dois ce renseignement au docteur Ernst Wangermann.

7. B. Croce, *Curiosita Storiche* (Naples, 1919), pp. 136-7 ; *Storia del Regno de Napoli* (Bari, 1925) 224, *La Rivoluzione Napolitana del 1799* ; Maffei *Brigand's Life* pour le sac des maisons royalistes en 1860.

8. F. Brancato « Origini e carattere della rivolta palermitana del 1866 » dans *Arch. Storico Siciliano*, 3e série V (1952-3), I, 139 et suiv. pour des compte rendus consulaires français qui infirment cette interprétation.

9. Radicaux.

10. En français dans le texte (N.d.T.).

11. G. Rudé, « The motives of popular insurrection during the French Revolution » dans *Bull. Inst. Histor. Research* XXVI (1953), p. 55.

12. G. Rudé, « La Taxation Populaire de mai 1775 », dans *Annales Historiques de la Révolution française* (avril-juin, 1956), p. 38.

13. Croce, « I Lazzari » dans *Varietà di storia litteraria e civile* (Bari, 1935), I, pp. 89 et suiv.

14. Voir M. Schipa, *op. cit., loc. cit.*, N.S. Vols. II et III et aussi son « La Mente di Masaniello », *ibid.*, 1er Ser. XXXVIII, XXXIX.

15. Croce, « Varietä intorno ai « Lazzari », dans *Napoli Nobilissima* XIV (1905), pp. 140, 171, 190.

16. Silvagni, « La Corte », cité par L. Dal Pane, dans *Storia del Lavoro in Italia 1700-1815* (Milan, 1943), p. 102.

17. Dal Pane, *op. cit.*, p. 100.

18. *Ibid.*, pp. 279, 323.

19. En français dans le texte (N.d.T.).

20. B. Riguzzi, *Sindacalismo e Riformismo nel Parmense* (Bari, 1931).

21. Les votes monarchistes, qualunquistes (néofascistes) sont à juste titre considérés par les spécialistes de l'Italie méridionale comme des signes d'immaturité politique plus que comme des votes politiques. Un vote faible pour les démocrates-chrétiens ou les socialo-communistes dénote ce qu'on a appelé la « zone grise » de l'éveil du sens politique. Voir Rocco Scotellaro, *Contadini del Sud* (Bari, 1955), pp. 31-2.

22. J'ai une dette de gratitude envers M. Nino Cavatassi, secrétaire de la Fédération de Cosenza du P.C.I. pour les chiffres électoraux de la province répartis par ville et par village.

23. Pour cette insurrection extrêmement intéressante voir R. Labry, *Autour du Moujik* (Paris, 1923) et F. Venturi, *Il popolismo Russo* (Turin, 1952). vol. I qui est fondé, sur les dernières recherches russes.

24. Croce « I Lazzari », *loc. cit.*, pp. 197-8.

25. Le docteur Ernst Wangermann a extrait cette information des archives.

26. O. Rommel *Die Altwiener Volkskomödie* (Vienne, 1952) est l'ouvrage standard et Johann Nestroy l'acteur auteur typique de la période faubourienne avant 1848.

27. Silverio, le père du *flamenco* — normalement apolitique — avait une élégie sur le héros républicain Riego dans le répertoire de ses débuts : Demofilo, *El Cante Flamenco* (Seville, 1881), p. 194. Le ménestrel Fernando el de Triana explique *Arte y artistas flamencos* (éd. 1952 Madrid), pp. 85-9) comment il conquit le public de Barcelone peu favorable à la chanson andalouse en inventant un tango au sujet du général Prim.

28. Brenan *op. cit.*, p. 34. Son mouvement considéré comme anticatalan avait bénéficié de la tolérance tacite du gouvernement.

29. Pour l'influence sur l'urbanisme de la crainte de la révolution, cf. les travaux du baron Haussmann à Paris; et à Vienne H. Benedikt, *Die wirtschaftliche Entwicklung in der Franz-Joseph-Zeit* (Vienne-Munich, 1958), pp. 46-7.

30. Pour l'auteur c'est Stoke-on-Trent. (N.d.T.).

Les sectes ouvrières

1. Le *Religious Census* de l'Angleterre et du Pays de Galles en 1851 est la première grande enquête; les travaux de Le Bras et de l'École Française Catholique

de « sociologie religieuse » ont produit les meilleures études depuis 1941.

2. « Sentiments religieux et cultes populaires pendant la Révolution », dans *Archives de Sociologie des Religions* (juil.-déc. 1956), n° 2.

3. Cela n'implique pas que des groupes semblables n'aient pas existé ailleurs. Mais pour des raisons pratiques je ne discuterai presque exclusivement que des phénomènes anglais. Ils sont en tout état de cause les plus importants.

4. F. Linden, *Sozialismus und Religion* (Leipzig, 1932).

5. La thèse d'Halévy selon laquelle l'essor du méthodisme évita la révolution en Grande-Bretagne a été le fondement de la plupart de ces discussions. Pour un examen critique voir mon « Methodism and the threat of revolution in Britain » dans *History Today* (fév. 1957). La matière a été rassemblée par des historiens méthodistes désireux de montrer la contribution de leurs groupes au mouvement ouvrier et particulièrement par R. Wearmouth qui a publié une série de volumes sur le sujet où j'ai puisé abondamment pour ce chapitre. Durant les récentes années le slogan : « Le travaillisme britannique doit plus à Wesley qu'à Marx » a répandu l'obscurité plus que la lumière.

6. Ce résumé est fondé principalement sur le recensement religieux de 1851 et sur les statistiques d'adhésion aux différentes dénominations religieuses.

7. Wesleyiens et kilhamites pour 1805, wesleyiens, kilhamites, *Wesleyan Methodist Association, Wesleyian Méthodist Reformers* pour 1851. L'absence de statistiques utiles dans les sectes dissidentes moins centralisées complique le recensement en ce qui les concerne mais on peut se référer au recensement de 1851 pour des estimations.

8. Les remarques sur la religion de la classe ouvrière faites plus bas *ne s'appliquent pas* à ces groupes artisanaux plus anciens, même à ceux qui étaient des sectariens ouvriers à leur façon. Pour une excellente description

d'une telle communauté voir L. J. Saunders, *Scottish Democracy 1815-1850* (Edimbourg, 1950), p. 127.

9. Le meilleur compterendu que je connaisse de la religion dans la classe ouvrière au début de l'industrialisation est L. Pope, *Millhands and Preachers* (Yale, 1942) qui traite de Gastonia (Caroline du Nord) vers 1900-1939. Bien que mon exposé soit axé sur la situation en Angleterre, la religion des pauvres blancs montagnards devenus ouvriers du textile ressemble d'une manière tellement frappante à celle des membres des sectes au XIXe siècle que j'utiliserai Pope de temps en temps pour l'illustrer.

10. Mary Merryweather, *Experience of Factory Life* (3e éd. Londres, 1862), p. 18. Cf. Pope, pp. 90-91 pour les célébrations religieuses transformées en fêtes populaires et « les réunions de prières sont à peu près notre seule distraction », p. 89.

11. Dans les Églises « holiness » de Gastonia les échelons sont les suivants : sauvé, sanctifié, baptisé avec le Saint-Esprit, baptisé avec l'eau, ayant reçu la première, deuxième, troisième bénédiction, etc. Pope, p. 137.

12. « Leur religion est en rapport étroit avec les luttes et les vicissitudes quotidiennes de la vie, elle les réconforte ». Pope, p. 86.

13. Voir aussi Hilda Jennings, *Brynmawr* (Londres, 1934), p. 124.

14. « Superficiellement la religion des églises industrielles semble être indifférente aux conditions économiques, en fait elle est en partie le produit de ces conditions et comme elle en détourne l'attention elle les sanctionne indirectement », Pope, p. 91. Il faut remarquer que l'auteur est un chrétien qui déplorait fortement « l'interprétation économique de l'histoire ».

15. C. M. Davies, *Unorthodox London* (1873) I, pp. 89 et suiv.

16. Cf. Wearmouth, *Methodism and the Working class Mouvement 1800-1850* et mon article dans *History Today, loc. cit.*

17. J'ai puisé dans H. B. Kendall, *History of the Primitive Methodist Church*, 2 vol. (1906), Townsend, Workman et Eayrs, *A New History of Methodism*, 2 vol. (Londres, 1909), et dans les œuvres de R. Wearmouth.

18. Jas. Bennett, *The History of Dissenters during the last 30 years* (Londres, 1839), pp. 31-4.

19. *Monthly Repository*, vol. V (1820), 560, Wearmouth (1800-1850), pp. 211-12.

20. R. Halley, *Lancashire its Puritanism and Nonconformity* (Manchester, 1869), II, pp. 482-4.

21. Cf. *The Beehive* 15-6-1867.

22. Wearmouth : *Methodism and the Working Class Mouvement 1850-1900*, p. 101.

23. Royal Commission on the Poor Laws, *Parl. Papers* XXXIV of 1834, Rural questions. p. 53, Sutton Wick, Berks.

24. *Religious Census of 1851* XXXII.

25. Kendall, *op. cit.*, I, p. 474.

26. *Ibid.*

27. Un de ces documents provenant des travailleurs agricoles du Norfolk est reproduit dans mon livre *Labour's Turning Point* (Londres, 1948), p. 89.

28. « Ceux qui ont des dons de chef parmi les ouvriers trouvent à l'Église la seule expression de leur dynamisme ; ce fait aide à comprendre la popularité persistante des « réunions de témoignage » au cours desquelles des fidèles ont l'occasion de parler » (Pope, p. 89).

39. Wearmouth (1850-1900), p. 174.

30. R. Goetz-Girey, *La Pensée syndicale française* (1948), p. 24. Keufer pour les imprimeurs, Isidore Finance pour les peintres en bâtiment, principaux piliers du réformisme, étaient des positivistes.

31. La seule description utile de ce mouvement bizarre se trouve dans H. Pelling, *Origins of the Labour Party* (1954). La présente esquisse est fondée sur le journal de l'Église, le *Labour Prophet (1892-1898)*, sur les archives de l'Église travailliste de Birmingham et divers documents biographiques contemporains.

32. *My quest for God*, 1898.
33. *Labour Prophet* (1892), p. 4.
34. Pelling, p. 143.
35. *Labour Prophet* (1892), p. 64.
36. *Ibid.* (1893), p. 8.
37. Seth Ackroyd, « Labour's Case for a Labour Church », *ibid.*, pp. 1-3.
38. *Ibid.* (1894), p. 127.
39. Un « Leveller » : membre d'un mouvement politique égalitaire de l'époque cromwellienne. To level = niveler (N.d.T.).
40. G. D. H. Cole, *A Century of Co-operation* (1944). III-IV.
41. A. Swaine, « Heimarbeit in der Gewehrindustrie von Luettich », *Jahrb. Nationaloekonomie*, 3e Ser. XII (1896), p. 218.
42. « Grâce à mes études de théologie je compris rapidement que la situation sociale du peuple n'était pas ce que Dieu avait voulu qu'elle fût. Les injustices flagrantes dont mes parents avaient été victimes et les souffrances que j'avais endurées dans mon enfance avaient marqué mon âme comme un fer rouge. J'avais souvent fait le vœu de travailler à améliorer le sort de ma classe. » « George Edwards dans *From Crow-Scaring to Westminster* (éd. 1957), p. 36. Edwards, chef du Syndicat des ouvriers de ferme, fut converti au méthodisme primitif en 1869 et devint militant syndicaliste dès que Joseph Arch apparut.
43. *David Williams, John Frost* (1939), pp. 150 et 234 sur les appartenances religieuses des émeutiers.

Le rite dans les mouvements sociaux

1. F. C. B. Avé-Lallemant, *Das Deutsche Gaunertl mum*, 4 vols. (Leipzig, 1858) donne des détails intéressants quoique en l'espèce assez pénibles. Voir aussi le chapitre II.

2. D. Knoop et G. P. Jones, *The Genesis of Freemasonry* (Manchester, 1947), pp. 96-107.

3. L'emblème du Syndicat des Dockers (1889) est décrit en détail dans mon *Labour's Turning Point* (Londres, 1948), pp. 87-8. Le symbolisme des premiers syndicats britanniques dont on peut encore admirer quelques bannières, mériterait d'être plus amplement discuté.

4. *Artificial and Compulsory Drinking Usages of the United Kingdom.*

5. Pour une bonne description cf. « Office du travail », *Les Associations professionnelles ouvrières*, 4 vols, partic., vol. I (1894), chap. II, pp. 90 et suiv. Voir aussi R. Lecotté, *Essai bibliographique sur les compagnonnages de tous les devoirs du Tour de France et associations ouvrières à forme initiatique* (Paris, 1951).

6. Cf. La nouvelle rubrique « Compagnonnages », très détaillée, du Larousse du XIXe siècle.

7. Au XIXe siècle c'était simplement un « témoin » ; mais les documents du XVIIe — peu avant la condamnation théologique de l'initiation au compagnonnage en 1655 — le désignent comme un « curé ».

8. *Ass. Prof. Ouv.*, I, pp. 117-24.

9. W. Krebs, *Alte Handwerksbräuche*, Bâle, 1933, chap. IV. Plusieurs sermons sont ainsi reproduits dans R. Wissell, *Des Alten Handwerks Recht und Gewohnheit*, 2 vols. (Berlin, 1929-30).

10. K. Helfenberger, *Geschichte des Boettcher, Kuefer, und Schaefferbewegung* (n. p. 1928).

11. *Oddfellows Magazine*, I (Manchester, 1829), p. 146. C'est principalement à M. P. H. Gosden qui m'a aimablement autorisé à citer des extraits de l'ouvrage non publié qu'il leur a consacré que je dois mes citations sur les rites des Sociétés amicales.

12. Extrait de G. D. H. Cole, *Attempts at General Union* (1953), Appendice 5.

13. S. T. Davies, P. S., *Oddfellowship, its History, Constitution, Principles and Finances* (Witham, 1858).

14. E. Basner, *Geschichte der deutschen Schmiedebewegung* (Hambourg, 1912).

15. *Ass. Prof. Ouv.*, p. 103.

16. *General Laws of the Ancient Order of Foresters*, Bolton, 1865.

17. Voir O. Karmin, « L'influence du Symbolisme maçonnique sur le symbolisme révolutionnaire » dans *Rev. Hist. de la Rév. française*, I) (1910), pp. 176 et suiv.

18. Voir les *Reports* du *Select Committee on Combinations of Workmen 1838.*

19. *Ass. Prof. Ouv.*, II, p. 802.

20. *Larousse du* XIXe *Siècle, loc. cit.*, p. 769.

21. Cf. F. Venturi, *Il Populismo Russo* (Tunis, 1952), I, p. 587 pour l'influence de *La Conspiration égalitaire* de Buonarroti sur les Russes, le *Rapport du Comité sur la Sédition*, 1918 (Calcutta, 1918) plus connu sous le nom « Rapport Rowlatt » pour l'influence des Narodniks russes sur les terroristes bengalis et, pour l'inspiration que ces derniers ont puisé dans l'Armée républicaine irlandaise, Kalpana Dutt, *Chittagong Armoury Raiders : Reminiscences* (Bombay, 1945).

22. Pour un exemple de tribunal d'honneur, cf. E. H. Carr, *The Romantic Exiles* (Penguin), p. 127.

23. G. Perreux, *Au temps des sociétés secrètes* (Paris, 1931), pp. 365 et suiv.

24. Je reprends la thèse de G. Francovitch, « Gli Illuminati di Weishaupt e l'idea egualitaria in alcune società segrete del Risorgimento » dans *Movimento Operaio* (juill.-août, 1952).

25. Grâce aux récentes œuvres de Samuel Bernstein, Galante-Garrone et surtout à Saitta, dont les deux volumes éclairent d'un jour entièrement nouveau tous les milieux conspirateurs de cette époque.

26. La Première Internationale (1864-73) réalisa presque cet idéal bien que les blanquistes gardassent leurs distances. Mais les difficultés posées par l'attelage à un même chariot des marxistes, des mazziniens, des

proudhonistes, des bakouninistes et d'une variété d'autres nuances révolutionnaires ou gauchistes furent insurmontables. Toutes les Internationales subséquentes, exceptés les plus spécialisées, telles que les coopérateurs, furent idéologiquement exclusives.

27. Francovitch, *loc. cit.*, p. 584, Bernstein, *Buonarroti* (Paris, 1849), 167-8, 178 ; Jean Witt, *Les Sociétés secrètes de France et d'Italie* (Paris, 1830), pp. 6-7, 9.

28. Il semble qu'il n'en existe pas une histoire valable. Voir D. Macardle, *The Irish Republic* (Londres, 1937), 64 pour les serments de la F.R.I. Ses similitudes avec les structures continentales ont souvent été soulignées par exemple par le tendancieux *The Secret Societies of Ireland* de B. C. Pollard (Londres, 1922), pp. 46, 49, mais la filiation précise, s'il en existe une, n'a pas encore été établie.

29. Par exemple dans Perreux, *op. cit.*, pp. 371 et suiv.

30. A. Lucarelli, « I moti rivoluzionari del 1848 nelle Puglie », dans *Arch. Stor. delle Prov. Napoletane* XXXI (1947-9), pp. 436-7. La description la plus complète de l'atmosphère carbonariste, phénomène le plus connu du genre, se trouve dans les *Memoirs of the Secret Societies of the South of Italy particularly the Carbonari* (Londres, John Murray, 1821), apocryphes. L'auteur qui serait un certain Bertholdi est, aux dires des experts en la matière, extrêmement bien informé et le livre offre une documentation abondante.

31. De La Hodde, *Histoire des Sociétés secrètes et du parti républicain* (Paris, 1850), p. 217.

32. *Rowlatt Report* citant le tract de *Bhawani Mandir* de 1905. Le lien entre le révolutionnarisme et la chasteté rituelle demeurait solide. Kalpana Dutt, *op. cit.,* observe que le terroriste Suriya Sen demanda la présence d'un prêtre pour sa nuit de noce et qu'il ne toucha pas sa femme (1918-28).

33. Pour une forme très sommaire d'initiation voir *Les Conspirateurs* par A. Chenu (Paris, 1850), p. 20 et appendice 13.

34. Détails tirés de Wermuth et Stieber, *Die Communistenverschwörungen des neunzehnten Jahrhunderts* (Berlin, 1853) et de diverses biographies de Marx.

35. *Op cit.*, p. 13.

36. Cette opinion nécessite évidemment certaines précisions, particulièrement si l'on tient compte du fait que diverses loges de diverses fraternités suivaient diverses politiques avec un succès variable. Certaines exceptions à cette généralisation viendront à l'esprit de n'importe quel spécialiste surtout en ce qui concerne les sociétés italiennes méridionales. Mais elle demeure valable dans l'ensemble. Les ambitions révolutionnaires de fraternités telles que celles qui sont examinées en détail par exemple dans l'appendice VI des *Memoirs of the Secret Societies*… étaient essentiellement celles du classique *pronunciamento* ; et d'ailleurs les traditionnels coups d'état militaires chers aux nations ibériques, qui sont toujours fondés sur des fraternités d'officiers et de soldats, reflètent encore ce processus.

37. De La Hodde *La Naissance de la République en février 1848* (Bruxelles, 1850), donne les professions des quatre agents révolutionnaires de la *Société des saisons* après 1839 : ébéniste, doreur, chaudronnier sur cuivre et lui-même, journaliste (et, peut-on ajouter, indicateur de police). « Albert » l'ouvrier qui entra dans le gouvernement provisoire de février 1848 y accéda par l'intermédiaire de la *Société des nouvelles saisons*, l'héritière de la *Société des saisons*.

La Société communiste révolutionnaire (selon de la Hodde) avait comme principaux militants un barbier, un tailleur, un mécanicien et un tailleur de pierre. La *Nouvelle Société (des saisons)* avait parmi ses chefs deux tailleurs, un ancien soldat, un couvreur en chaume ainsi qu'un marchand de vin et un médecin (pp. 10,15-16). L'attrait du blanquisme par la suite chez les intellectuels, surtout les étudiants, ne doit pas nous faire perdre de vue qu'il était à l'origine beaucoup plus plébéien que es fraternités secrètes aux environs de 1820.

Table des matières

Composition réalisée par DATAGRAFIX

PAPIER À BASE DE
FIBRES CERTIFIÉES

Fayard s'engage pour
l'environnement en réduisant
l'empreinte carbone de ses livres.
Celle de cet exemplaire est de :
0,600 kg éq. CO_2
Rendez-vous sur
www.fayard-durable.fr

Imprimé en Espagne, par
BLACKPRINT CPI IBÈRICA S.L.
27-04-0860-0/01